Klaus Oppermann

Grundbegriffe Wirtschaft

Deutsch / Russisch

Клаус Опперманн

Основные Понятия Экономики

Немецко-русский глоссарий

проф. докт. Клаус Опперманн

Основные Понятия Экономики

400 Терминов по экономике народного хозяйства и предприятия

Немецко-русский глоссарий

GABLER

Prof. Dr. Klaus Oppermann

Grundbegriffe Wirtschaft

400 volks- und betriebswirtschaftliche Fachtermini

Deutsch / Russisch

Die Deutsche Bibliothek – CIP-Einheitsaufnahm

Oppermann, Klaus
Grundbegriffe Wirtschaft: 400 volks- und
betriebswirtschaftliche Fachtermini; deutsch/
russisch / Klaus Oppermann. – 1. Aufl. – Wies
baden : Gabler, 1993.
   Parallelsacht.: Osnovnye ponjatija ėkonomiki

   NE: HST

© Springer Fachmedien Wiesbaden 1993
Ursprünglich erschienen bei Betriebswirtschaftlicher Verlag Dr . Th. Gabler GmbH,
Wiesbaden 1993.
Softcover reprint of the hardcover 1st edition 1993

Lektorat: Brigitte Stolz-Dacol

Höchste inhaltliche und technische Qualität ist unser Ziel. Bei der Produktion und
Verbreitung unserer Bücher wollen wir die Umwelt schonen: Dieses Buch ist auf
säurefreiem und chlorfrei gebleichtem Papier gedruckt. Die Einschweißfolie besteht
aus Polyäthylen und damit aus organischen Grundstoffen, die weder bei der
Herstellung noch bei der Verbrennung Schadstoffe freisetzen.

Satz: Satzstudio RESchulz , Dreieich-Buchschlag

ISBN 978-3-322-93141-2   ISBN 978-3-322-93140-5 (eBook)
DOI 10.1007/978-3-322-93140-5

Vorwort

Vielfältig sind die Bemühungen, Formen und Methoden der Europäischen Gemeinschaft und ihrer Mitgliedstaaten zur Unterstützung der osteuropäischen Länder bei der Umgestaltung der Wirtschaft, auf dem Weg zu marktwirtschaftlichen Strukturen.

Die Wirtschaft der Bundesrepublik Deutschland und mit ihr alle staatlichen und gesellschaftlichen Organisationen stehen vor einer Herausforderung ungeahnten Ausmaßes. Soll der eingeleitete globale geopolitische Wandel in den Ost-West-Beziehungen nicht in den Wirren der Reformprozesse der östlichen Nachbarn stecken bleiben, müssen umfangreiche Programme und Maßnahmen zur Förderung der wirtschaftlichen Anpassung auf den Weg gebracht werden. Wem aber nutzen gut gemeinte Ratschläge, wenn sie wegen sprachlicher Barrieren unvollkommen oder fehlerhaft ankommen. Das Vermitteln marktwirtschaftlichen und betriebswirtschaftlichen Wissens bei der Managerausbildung, bei Consultingleistungen, bei der Geschäftsanbahnung und auf vielen anderen Gebieten setzt eine unverfälschte Wiedergabe voraus.

Diesem Anliegen dienen die „Grundbegriffe Wirtschaft" mit 400 wirtschaftswissenschaftlichen Fachbegriffen. Bei der Auswahl gebräuchlicher Begriffe des Wirtschaftslebens und ihrer inhaltlichen Erläuterung hat der Autor vor allem auf solche Termini Wert gelegt, die in den wenigen einschlägigen ökonomischen Wörterbüchern Deutsch-Russisch zum Teil gar nicht oder fehlerhaft übersetzt sind und deren Inhalte aus der bisherigen Sicht der politischen Ökonomie verzerrt wiedergegeben werden.

Das Glossar wird allen Übersetzern, Dolmetschern und Referenten nützlich sein, die vor der schwierigen Aufgabe stehen, russischen Interessenten marktwirtschaftliche Sachverhalte sowie Erfahrungen zu vermitteln.

Als Nachschlagewerk, so hofft der Autor, wird das Glossar für all jene in den GUS-Ländern zu einem unentbehrlichen Hilfsmittel werden, die sich mit deutscher wirtschaftswissenschaftlicher Fachliteratur neues Wissen und neue Einsichten aneignen wollen.

Mein Dank gilt allen, die durch ihr Interesse und als Gesprächspartner mit ihrer konstruktiven Kritik zur Herausgabe dieses Buches beigetragen haben.

Besonderen Dank schulde ich Frau Dr. Irina Karsunke, Frau Dipl.-Ing. Larissa Oppermann und Frau Dipl.-Ing. Nina Rudolf, die an der Übersetzung maßgebend mitgewirkt haben.

Verlag und Verfasser sind im Hinblick auf zukünftige Bearbeitungen dieses Buches für konstruktive Kritik und Verbesserungsvorschläge dankbar.

Klaus Oppermann

Предисловие

Многочисленны попытки, формы и методы, используемые странами Европейского Содружества для поддержки восточноевропейских государств на пути перехода их экономики к рыночным структурам.

Перед экономикой Федеративной Республики Германии и всеми её государственными и общественными организациями стоят задачи небывалых масштабов. Если начатые, глобальные геополитические изменения в западно-восточных отношениях не застрянут в неурядицах процесса реформ восточных соседей, то должны будут и далее проводиться в жизнь принятые обширные программы и мероприятия для стимулирования экономических преобразований. Но кому нужны полезные советы, если из-за языкового барьера они могут иметь неполное или иное толкование. Поэтому так необходимо правильное понимание терминологии при распространении знаний рыночной экономики, а также экономики и организации производства при обучении менеджеров, оказании консультационных услуг, при подготовке новых деловых связей и во многих других сферах деятельности.

Этим целям и должен служить данный глоссариум с представленными в нём 400 научно-экономическими терминами. При выборе наиболее часто употребляемых в экономической жизни терминов и объяснении их содержания автор уделял внимание прежде всего тем терминам, которых нет или они неточно переведены и их содержание представленно в искажённом виде, с существовавшей ранее точки зрения политэкономии, в немногих, имеющихся в наличии немецко-русских экономических словарях.

Глоссариум будет полезен всем переводчикам и референтам, перед которыми стоит трудная задача передачи опыта и знаний отношений рыночной экономики всем русским специалистам, проявляющим интерес к этой области.

В качестве справочника, как надеется автор, данный глоссариум может стать необходимым вспомогательным пособием для

всех людей стран СНГ, которые стремятся почерпнуть новые знания и новые взгляды из немецкой научно-экономической литературы.

Я благодарю всех, кто своей заинтересованностью и высказанной конструктивной критикой, способствовали выходу данной книги.

Особую благодарность я выражаю д-ру экон.наук Ирине Карзунке, дипл.-инж. Ларисе Опперманн и дипл.-инж. Нине Рудолф, которые работали над переводом этого издания.

Издательство и автор будут признательны за критические замечания и пожелания, которые будут учтены при подготовке следующих переизданий.

Клаус Опперманн

Wörterverzeichnis
Deutsch – Russisch
Russisch – Deutsch

A

ABC-Analyse, 1 — ABC-анализ

Abgaben, 2 — отчисления

Ablauforganisation, 2 — организация процессов по принципу последовательности операций

Absatz, 3 — сбыт

Absatzmarkt, 4 — рынок сбыта

Absatzpolitik, 4 — политика сбыта

Absatzpotential, 5 — потенциал сбыта

Absatzwege, 6 — каналы сбыта

Abschreibungen, 7 — амортизационные отчисления

Abschreibungsverfahren, 9 — метод проведения амортизационных отчислений

Abweichungsanalyse, 9 — анализ отклонений

Abwertung, 10 — девальвация

Aktie, 10 — акция

Aktiengesellschaft (AG), 11 — акционерное общество

Aktiengesetz (AktG), 12 — закон об акционерном обществе

Aktiva, 12 — активы

Amortisation, 13 — амортизация

Amortisationsdauer, 13 — срок амортизации

Angebot, 14 — предложение

Anhang, 15 — приложение к годовому отчёту

Anlagevermögen, 15 — имущество в виде сооружений и оборудования

Anleihe, 16 — ссуда

Annuität, 16 — аннуитет

Anschaffungskosten, 17 — издержки на приобретение

Arbeitgeber, 18 — работодатель

Arbeitgebervereinigungen, 18 — объединения предпринимателей

Arbeitnehmer, 19 — работополучатель

Arbeitnehmervereinigungen, 19 — объединения работополучателей

Arbeitsentgelt, 20 — оплата труда

Arbeitsmarkt, 20 — рынок рабочей силы

Arbeitsproduktivität, 21	производительность труда
Arbeitsteilung, 22	разделение труда
Aufbauorganisation, 22	организация управления
Aufschwung, 23	подъём
Aufsichtsrat, 23	наблюдательный совет
Auf- und Abzinsung, 25	начисление и отчисление процентов
Aufwand, 25	затраты
Aufwertung, 27	ревальвация
Ausgaben, 27	расходы
Außenwert, 28	стоимость на внешнем рынке
Auszahlung, 28	выплата

B

Barwert, 29	наличная стоимость
Beratungsdienst, 30	консультационная служба
Beschaffung, 31	закупка
Beteiligung, 32	участие
Beteiligungsgesellschaft, 33	общество-пайщик
Betrieb, 33	завод
Betrieb, mittelständischer, 34	завод средней величины
Betriebsabrechnungsbogen (BAB), 35	калькуляционная схема производственного учёта
Betriebsergebnis, 36	заводская прибыль
Betriebsrat, 36	заводской совет
Betriebstypen, 37	типы заводов
Betriebsverfassungsgesetz, 38	закон о заводской конституции
Betriebsvergleiche, 40	сравнительные анализы деятельности однотипных предприятий
Betriebswirtschaftslehre, 41	учение об экономике предприятия
Bilanz, 42	баланс
Bilanzanalyse, 44	балансовый анализ
Bilanzgewinn, 45	балансовая прибыль
Bonus, 46	бонус
Boom, 46	бум
Börse, 46	биржа

Geschäftsführer, 101	исполнительный директор
Geschäftsvorfälle, 102	хозяйственные операции
Gesellschaft des bürgerlichen Rechts, 102	общество гражданского права
Gesellschaft mit beschränkter Haftung (GmbH), 104	общество с ограниченной ответственностью
Gesellschafter, 105	участник
Gesellschafterversammlung, 106	общее собрание участников
Gesellschaftsformen, 107	организационно-правовые формы предприятий
Gewerbe, 108	промысел
Gewerbefreiheit, 108	свобода занятия предпринимательской деятельностью
Gewinn, 109	прибыль
Gewinn- und Verlustrechnung (GuV), 111	расчёт прибыли и убытков
Giroverkehr, 112	жирооборот
Gläubiger, 113	кредитор
Grenzkosten, 113	предельные издержки
Grundkapital, 114	основной капитал
Grundlohn, 115	основная заработная плата
Grundnutzen, 115	основная полезность
Güter, 116	блага

H

Haben, 117	кредит
Haftung, 117	ответственность
Handel, 118	торговля
Handelsgesellschaften, 118	производственно-торговые предприятия
Handelsregister, 119	торговый реестр
Handelsspanne, 119	торговая наценка
Handelsvertreter, 120	торговый представитель
Handlungsreisender, (Reisender), 120	разъездной представитель торговой фирмы
Harmonisierung, 121	гармонизация
Hauptversammlung, 121	общее собрание акционеров
Haushalt, 122	бюджетное учреждение

Herstellungskosten, 123 — издержки на производство
Holding-Gesellschaft, 123 — холдинговое общество
Humanisierung der Arbeit, 124 — гуманизация труда

I

Illiquidität, 125 — неликвидность
Image, 125 — имидж
Inflation, 126 — инфляция
Inkasso, 126 — инкассо
Innenfinanzierung, 126 — финансирование из собственных средств предприятия

Innovation, 127 — инновация
Inventar, 128 — инвентарь
Inventur, 128 — инвентаризация
Investition, 129 — инвестиция
Investitionsrechnung, 130 — расчёт рентабельности капиталовложений

Investmentgesellschaft, 131 — инвестмент-общество
Ist-Kosten, 131 — фактические издержки

J

Jahresabgrenzung, 132 — разграничение поступлений и затрат между смежными отчётными годами

Jahresabschluß, 132 — годовой отчёт
Jahresüberschuß/ Jahresfehlbetrag, 133 — годовой избыток/годовой убыток
Joint-venture, 133 — совместное предприятие
Just-in-time-Prinzip (JIT), 134 — джаст-ин-тайм-принцип

K

Kalkulation, 136 — калькуляция
Kapazität, 137 — производственная мощность
Kapital, 137 — капитал
Kapital, betriebsnotwendiges, 138 — капитал, вложенный в предприятие
Kapitalgesellschaft, 139 — капиталообщество
Kapitalmarkt, 140 — рынок ссудных капиталов
Kapitalrücklage, 140 — резерв капитала

Profit Center, 225	центр прибыли
Prokura, 225	общая доверенность
Promotions, 225	промошен
Provision, 225	комиссионное вознаграждение
Public Relations (PR), 226	паблик рилэйшнз

R

Rabatt, 228	скидка с цены
Rationalisierung, 229	рационализация
Rationalprinzip, 229	принцип рациональности
Rechnungsabgrenzung, 230	разграничение учёта затрат и поступлений между смежными отчётными периодами
Rechnungswesen, betriebliches, 230	заводская служба учёта и отчётности
Rechtsformen, 231	правовые формы
Reisender, 231	коммивояжёр
Relaunch, 232	обнавление продажных своиств продукта
Rendite, 232	рендиты
Rentabilität, 232	рентабельность
Rente, 234	рента
Return on Investment, 234	ретёрн он инвестмент
Rezession, 235	рецессия
Risikoanalyse, 235	анализ риска
Rohgewinn, 236	валовая прибыль
Rücklagen, 236	отчисления в резерв
Rückstellungen, 237	отчисления в резервный фонд

S

Sachanlagen, 238	сооружения и оборудования
Sales Promotion, 238	сейлс промошен
Sanierung, 240	санирование
Satzung, 241	устав
Schuldner, 242	дебитор
Schwarzarbeit, 242	незаконное занятие каким-либо промыслом
Scoring-Modelle, 243	модели типа скоринга

Umsatz, 260	оборот
Umsatzkostenverfahren, 260	расчёт прибыли на основе оборота и издержек
Umsatzsteuer, 261	налог с оборота
Unternehmen/Unternehmung, 263	предприятие
Unternehmensberatung, 264	консультационная служба предприятия
Unternehmensform, 266	правовая форма предприятия
Unternehmensfunktionen, 266	функции управления предприятием
Unternehmensziele, 266	цели предприятия
Unternehmer, 267	предприниматель
Unternehmerisch handeln, 268	действовать предприимчиво

V

Verbindlichkeiten, 270	обязательства
Verbrauch, 270	расход
Verbrauchsteuer, 271	налог на расходы
Verkäufermarkt, 271	рынок продавцов
Verkaufsförderung, 272	содействие продаже
Verlust, 272	убыток
Vermögen, 273	имущество
Vermögensteuer, 273	налог на имущество
Verrechnungspreis, 274	расчётная цена
Versandhandel, 274	посылочная торговля
Vertrag, 275	договор
Vertragsfreiheit, 276	свобода заключения договоров
Volkswirtschaft, 276	народное хозяйство
Vollkostenrechnung, 277	расчёт по́лных издержек
Vorstand, 277	дирекция акционерного общества

W

Wagniskosten, 279	издержки риска
Ware, 279	товар
Wechsel, 280	вексель

А

АВС-анализ, 1	ABC-Analyse
активы, 12	Aktiva
акционерное общество, 11	Aktiengesellschaft (AG)
акция, 10	Aktie
амортизация, 13	Amortisation
амортизационные отчисления, 7	Abschreibungen
анализ величины полезности, 197	Nutzwertanalyse
анализ издержек и полезности, 155	Kosten-Nutzen-Analyse
анализ отклонений, 9	Abweichungsanalyse
анализ риска, 235	Risikoanalyse
анализ рынка, 182	Marktanalyse
анализ сильных и слабых сторон, 249	Stärken-/Schwächenanalyse
анализ состояния конкуренции, 148	Konkurrenzanalyse
анализ стоимости, 283	Wertanalyse
анализ чувствительности, 244	Sensitivitätsanalyse
аннуитет, 16	Annuität

Б

баланс, 42	Bilanz
балансовая прибыль, 45	Bilanzgewinn
балансовый анализ, 44	Bilanzanalyse
банкротство, 149	Konkurs
биржа, 46	Börse
блага, 116	Güter
бонус, 46	Bonus
брек-ивен-анализ, 47	Break-even-Analyse
брек-ивен-пойнт, 48	Break-even-point
бум, 46	Boom
бюджетное учреждение, 122	Haushalt

В

валовая прибыль, 236	Rohgewinn
валовой социальный продукт, 49	Bruttosozialprodukt

К

O

обновление продажных свойств продукта, 232	Relaunch
оборот, 260	Umsatz
общая доверенность, 225	Prokura
общее собрание акционеров, 121	Hauptversammlung
общее собрание участников, 106	Gesellschafterversammlung
общество гражданского права, 102	Gesellschaft des bürgerlichen Rechts
общество-пайщик, 33	Beteiligungsgesellschaft
общество с ограниченной ответственностью, 104	Gesellschaft mit beschränkter Haftung (GmbH)
общие издержки, 97	Gemeinkosten
общие складские издержки, 165	Lagerhaltungskosten
объединение работо-получателей, 19	Arbeitnehmervereinigung
объединение предпринима-телей, 18	Arbeitgebervereinigung
объект издержек, 157	Kostenträger
обязательства, 270	Verbindlichkeiten
одноэлементные издержки, 67	Einzelkosten
олигополия, 200	Oligopol
оплата труда, 20	Arbeitsentgelt
опцион, 201	Option
организационно-правовые формы предприятий, 107	Gesellschaftsformen
организация процессов по принципу последователь-ности операций, 2	Ablauforganisation
организация управления, 22	Aufbauorganisation
основная заработная плата, 115	Grundlohn
основная полезность, 115	Grundnutzen
основной капитал, 114	Grundkapital
ответственность, 117	Haftung

ревальвация, 27	Aufwertung
регулирование цен, 213	Preisregulierung
режим наибольшего благо- приятствования, 191	Meistbegünstigung
резерв капитала, 140	Kapitalrücklage
результат хозяйственной деятельности, 72	Ergebnis
рендиты, 232	Rendite
рента, 234	Rente
рентабельность, 232	Rentabilität
ретёрн он инвестмент, 234	Return on Investment
рецессия, 235	Rezession
руководство, 169	Leitung
рынок, 182	Markt
рынок покупателей, 144	Käufermarkt
рынок продавцов, 271	Verkäufermarkt
рынок рабочей силы, 20	Arbeitsmarkt
рынок сбыта, 4	Absatzmarkt
рынок ссудных капиталов, 140	Kapitalmarkt
рыночная стратегия, 187	Marktstrategie
рыночная цена, 186	Marktpreis
рыночная экономика, 188	Marktwirtschaft
рыночное равновесие, 185	Marktgleichgewicht

С

санирование 240	Sanierung
сбыт, 3	Absatz
свобода заключения догово- ров, 276	Vertragsfreiheit
свобода занятий предприни- мательской деятель- ностью, 108	Gewerbefreiheit
сделка по сроку, 257	Termingeschäft
сдельная заработная плата, 168	Leistungslohn
себестоимость, 243	Selbstkosten
сегментирование рынка, 187	Marktsegmentierung
сейлс промошен, 238	Sales Promotion
сервис, 163, 245	Kundendienst, Service

A

Verfahren zur Bildung von Schwerpunkten durch Dreiteilung. A bedeutet wichtig bzw. dringend; B weniger wichtig; C unwichtig, nebensächlich. Wichtige Anwendungsgebiete: Materialwirtschaft, Organisationsanalyse, individuelles Zeitmanagement. In der Materialwirtschaft wird die ABC-Analyse zur optimalen Differenzierung der Beschaffungs- und Bereitstellungsmaßnahmen angewendet. Als Einteilungskriterium verwendet man dabei das Mengen-Wert-Verhältnis der Materialarten. A-Teile: geringer mengenmäßiger Anteil, hoher Wertanteil; B-Teile: mittlerer mengenmäßiger Anteil, mittlerer Wertanteil; C-Teile: hoher mengenmäßiger Anteil, geringer Wertanteil. Die Aktivitäten im Bereich der Materialwirtschaft werden sich vornehmlich auf die A-Teile konzentrieren.

Способ формирования критериев важности путём деления на 3 части. А - обозначает значительный или срочный; В - менее значительный; С - незначительный, второстепенный. Важные области применения: служба материально-технического снабжения, организационный анализ, индивидуальный временной менеджмент. В службе материально-технического снабжения способ АВС-а. используется для оптимального дифференцирования закупочных и подготовительно-снабженческих работ. Критерием подразделения является при этом количественно-стоимостное соотношение видов материала. А-части: низкая количественная доля, высокая стоимостная доля; В-части: средняя количественная доля, средняя стоимостная доля;

С-части: высокая
количественная доля, низкая
стоимостная доля.
Мероприятия в области
материально-технического
снабжения концентрируются
особенно в части А.

Abgaben	Отчисления

A. ist der Sammelbegriff für
alle erhobenen Zahlungen, die
kraft der Finanzhoheit zur Erzielung von öffentlichen
→ Einnahmen der Gebietskör-
perschaften erhoben werden.
Dazu zählen → Steuern,
→ Zölle, Gebühren, Beiträge
und Sozialabgaben an die
Träger der gesetzlichen
Sozialversicherung.

О.- общее понятие для всех
возникающих платежей,
которые в силу финансового
суверенитета государственных властей приносят
доходы государству. Сюда
относятся налоги, таможенные пошлины, сборы,
взносы и отчисления на социальное страхование.

Ablauforganisation	Организация процессов по принципу последова-тельности операций

A. und → Aufbauorganisation
sind zwei verschiedene Aspekte der organisatorischen Gestaltung. Während bei der Aufbauorganisation die Bildung
von Aufgabenkomplexen und
ihre aufgabenbezogene Koordination im Vordergrund stehen, betrachtet man bei der A.
die Organisation primär unter
zeitlichen und räumlichen
Aspekten. Maßnahmen zur

О.п.п.п.п.о. и организация
управления – это два
различных аспекта организационных структур. Если при
организации управления в
первую очередь рассматри-
вается формирование ком-
плексов задач и их взаимное
координирование, то при
О.п.п.п.п.о. в первую очередь
рассматриваются временные
и пространственные

Strukturierung von Arbeitsab-
läufen lassen sich auf drei
Kernprobleme zurückführen:
- Festlegung der zeitlichen
  Reihenfolge der einzelnen
  Arbeitsschritte innerhalb ei-
  nes Vorganges zur Erfüllung
  einer vorgegebenen Aufga-
  be,
- parallele Anordnung mehre-
  rer möglicher Vorgänge zur
  Aufgabenerfüllung,
- räumliche Anordnung, d.h.
  Festlegung der Arbeitsorte
  (Arbeitsplätze) und der
  Transportabläufe.

аспекты. Мероприятия по
структурному анализу
рабочих процессов можно
свести к трём основным про-
блемам:
- определение временной
  последовательности
  отдельных рабочих опе-
  раций одного процесса для
  выполнения заданной
  задачи,
- параллельное расположе-
  ние нескольких возмож-
  ных процессов для выполнения задачи,
- пространственное распо-
  ложение, т.е. определение
  рабочих мест и последовательности транспортных
  операций.

Absatz	Сбыт

Der A.-Begriff wird unterschiedlich verwendet.
1. Mit A. wird in einer arbeitsteilig organisierten Wirtschaft der Austausch von
   → Gütern gegen Entgelt
   verstanden.
2. Betriebswirtschaftlich stellt
   der A. die Schlußphase des
   betrieblichen Prozesses der
   Leistungserstellung dar
   (Gutenberg).
3. Mit A. wird häufig die Menge der in einer Zeiteinheit
   verkauften Güter eines
   → Unternehmens verstanden.

Понятие с. употребляется в
различном смысле.
1. Под с. в хозяйстве, осно-
   ванном на разделении
   труда, понимается обмен
   товаров на деньги.
2. В экономике и организации производства на предприятии с. является
   окончательным этапом
   производственного про-
   цесса (Гутенберг).
3. Под с. часто понимается
   количество товаров
   одного предприятия, проданных за определённый
   промежуток времени.

4. Teilweise wird der A.-Begriff auch als wertmäßiger Ausdruck für die realisierte Gütermenge verwendet. In diesem Falle ist der Begriff A. mit dem Begriff → Umsatz identisch.

4. Иногда понятие с. используется также как стоимостное выражение реализованного количества товаров. В этом случае понятие с. идентично с понятием оборота.

Absatzmarkt

Рынок сбыта

Gesamtheit jener Bedarfsträger, an die sich ein → Unternehmen als potentielle Abnehmer seiner Erzeugnisse und Leistungen wendet, um sie durch die Gestaltung seines Angebotes und den aktiven Einsatz der Absatzinstrumente zum Kauf zu veranlassen. Der A. eines Unternehmens ist damit nicht eine von vornherein gegebene Größe, sondern muß von ihm gesucht, bestimmt und durch aktive Maßnahmen vom potentiellen → Markt in einen realen A. verwandelt werden.

Совокупность всех возможных потребителей, к которым обращается предприятие, как к потенциальным потребителям своих изделий и услуг с целью, активно используя инструменты сбыта и оформление предложения, привлечь их к покупке. Р.с. предприятия, таким образом,- это не заранее определённая величина; он должен быть найден, определён и в результате активных действий преобразован из потенциального рынка в р.с.

Absatzpolitik

Политика сбыта

A. ist die Entwicklung, Abwägung, Auswahl und Durchsetzung der auf den → Absatzmarkt gerichteten Handlungs- oder Entscheidungsalternativen (Absatzprogramme). Dabei wird das absatzpolitische Instrumentarium zielgerichtet

П.с. – это разработка, оценка, выбор и реализация нацеленных на рынок сбыта альтернатив действия (программ сбыта). При этом целенаправленно используется инструментарий сбыта (микс-маркетинг). В общем

eingesetzt (→ Marketing-Mix).
Allgemein unterscheidet man
die grundsätzlichen Strategien:
1. Differenzierungsstrategie
   (Profilierung des Unternehmens durch eigene absatzpolitische Konzeptionen bzw.
   Abhebung von der Konkurrenz),
2. Anpassungsstrategien (Anpassung an die Konkur-
   renz),
3. passive Marktanpassung
   (Strategie der Anpassung an
   Umweltänderungen vor allem durch das produktions-
   und investitionspolitische
   Instrumentarium),
4. aktive Marktbeeinflussung
   (Verhaltensbeeinflussung
   der Umwelt vor allem durch
   Werbung, Verkaufsförderung und Marktpolitik).

случае основную стратегию
можно подразделить на
следующие группы:
1. Стратегия дифференцирования (профилирование
   предприятия в соответ-
   ствии с собственными раз-
   работанными концепци-
   ями сбыта и отрыва от
   конкуренции),
2. стратегия приспособляе-
   мости (приспособление к
   конкуренции),
3. стратегия пассивной при-
   способляемости к рынку
   (приспособление к изме-
   нению ситуации на рынке
   с помощью производственного и инвестиционно-
   политического инструмен-
   тария),
4. стратегия активного влияния на рынок (влияние на
   окружающую обстановку
   путём рекламы, поощре-
   ния продажи и рыночной
   политики).

Absatzpotential	Потенциал сбыта

Anteil am Marktpotential, d.h.
an der Gesamtheit möglicher
Absatzmengen eines → Marktes für ein bestimmtes Produkt
(Aufnahmefähigkeit des Marktes), den das → Unternehmen
durch Einsatz der absatzpolitischen Instrumente maximal erreichen zu können glaubt.

Доля потенциала рынка, т.е.
доля в общей совокупности
возможного сбыта опре-
делённого продукта на
рынке (ёмкость рынка),
которую предприятие наме-
ревается достигнуть с
помощью инструментов
сбыта.

Das Absatzvolumen stellt hingegen die Gesamtheit des getätigten → Umsatzes des Unternehmens bzw. die Absatzmenge dar. Das Marktvolumen ist die realisierte oder prognostizierte effektive Absatzmenge einer Branche.

Объём сбыта, в отличие от п.с., представляет собой совокупность реализованного оборота предприятия, или количество реализованной продукции и услуг. Объём рынка – это реализованное или прогнозируемое к реализации эффективное количество продукции и услуг отрасли.

Absatzwege   Каналы сбыта

Wege einer → Ware oder Dienstleistung über die Glieder der Absatzkette von der Erzeugung bis zur Verwendung bzw. zum Verbrauch. Die A. geben Aufschluß über Art und Umfang des Einschaltens von unterschiedlichen Absatzorganen. Die Gestaltung der A. (Vertriebsorganisationen) wird u.a. bestimmt von der Art, Komplexität, Erklärungsbedürftigkeit und dem Wert der Produkte, von der Kundenstruktur, der geographischen Verteilung der → Kunden sowie dem Kundenverhalten, der Konkurrenzintensität, den Konkurrenzstrategien und der Unternehmensgröße.

Путь товара или услуги по звеньям цепи сбыта от производства до использования или потребления. К.с. дают разъяснение о виде и объёме деятельности различных органов сбыта. Вид к.с. (сбытовых организаций) определяется видом, сложностью, потребностью в объяснении и стоимостью продуктов, структурой клиентов, их географическим положением и готовностью совершать покупки, а также интенсивностью конкуренции, стратегией конкуренции и величиной предприятия.

Abschreibungen	Амортизационные отчисления

A. sind Aufwandsposten in der → Gewinn- und Verlustrechnung (bzw. in der → Kostenrechnung als → Kosten) und verteilen die Anschaffungs- oder Herstellungskosten von materiellen und immateriellen Vermögensgegenständen auf die Perioden ihrer voraussichtlichen betrieblichen Nutzung. A. haben die Aufgabe, Wertminderungen zu erfassen, die im Laufe der Zeit an Gebäuden, Maschinen und Anlagen durch Gebrauch und Alterung entstehen. Als Abschreibungsursachen gelten nicht nur technische (Verschleiß), sondern auch wirtschaftliche Gründe, wie Nachfrageverschiebungen, Fehlinvestitionen sowie Ineffizienz. Man wendet im Rechnungswesen verschiedene Abschreibungsarten an, die sich inhaltlich und methodisch voneinander unterscheiden. Dazu zählen bilanzielle und kalkulatorische A. Bei den bilanziellen A. wird zwischen planmäßigen und außerplanmäßigen A. unterschieden. Gleichzeitig sind die unterschiedlichen Anforderungen des Handels- und Steuerrechts zu berücksichtigen. Planmäßige A. sind grundsätzlich für abnutzbare

А.о.- это вид затрат в расчёте прибыли и убытков (или вид издержек в расчёте издержек). А.о. распределяют издержки на приобретение или на производство материальных и нематериальных ценностей по периодам их предположительного рабочего срока службы. Задача а.о. охватить снижение стоимости зданий, сооружений, машин и оборудования, возникающее с течением времени в результате морального или физического износа. Причины амортизации бывают не только технические (износ), но и хозяйственные (изменение спроса, ошибочные капиталовложения, неэффективность). В системе учёта и отчётности используются различные по содержанию и отличающиеся друг от друга методически виды а.о. Сюда относятся балансовые и калькуляционные а.о. Балансовые а.о. подразделяются на плановые и внеплановые. Кроме того необходимо учитывать различные требования торгового и налогового права. Плановые а.о.

Anlagenvermögensgegenstände festzulegen. In einem Abschreibungsplan ist von den Anschaffungs- oder Herstellungskosten je Vermögensgegenstand, evtl. vermindert um einen Schrotterlös, als Bemessungsgrundlage der A. auszugehen. Weiterhin sind die voraussichtliche Nutzungsdauer und das festzulegende → Abschreibungsverfahren zu berücksichtigen. Nach dem deutschen Steuerrecht sind sechs Unterarten der bilanziellen A. zulässig:

– Absetzung für Abnutzung (AfA),
– Absetzung für außergewöhnliche technische oder wirtschaftliche Abnutzung (AfaA),
– Absetzung für Substanzverringerung (AfS),
– erhöhte Absetzungen (sofortige A.) für geringwertige Wirtschaftsgüter,
– Sonderabschreibungen und
– Teilwertabschreibungen.

Kalkulatorische A. werden in der Kostenrechnung angewendet, bei der entsprechend dem Ziel der Substanzerhaltung i.d.R. die Wiederbeschaffungskosten zum Bewertungsstichtag als Bemessungsgrundlage dienen. Die Gesamtabschreibung in der → Bilanz stimmt mit der in der Kostenrechnung nicht überein.

принципиально определяются для изнашивающегося имущества. План а.о. рассчитывается на основе издержек на приобретение или производство каждой единицы имущества за вычетом при необходимости выручки от лома. Кроме того необходимо учитывать предположительный срок службы и метод проведения а.о. Согласно налоговому праву ФРГ допустимы шесть подвидов балансовых а.о.:

– обычные а.о. на износ,
– а.о на чрезвычайный технический или хозяйственный износ,
– а.о. на уменьшение субстанции,
– повышенные а.о. (немедленные а.о.)на малоценное и быстроизнашивающееся имущество и инвентарь,
– особые а.о.,
– частичные а.о.

Калькуляционные а.о. применяются при способе расчёта издержек, основой исчисления которого, с целью сохранения субстанции, обычно служит восстановительная стоимость к моменту оценки. Суммарные а.о. в бухгалтерском балансе не совпадают в данном случае с а.о. в расчёте издержек.

Abschreibungsverfahren	Метод проведения амортизационных отчислений

Verfahren zur Ermittlung der planmäßigen → Abschreibungen. Man unterscheidet einerseits zwischen Abschreibungsmethoden nach Maßgabe der Zeit, und zwar
- lineare (konstanter Abschreibungsbetrag je Zeiteinheit),
- degressive (fallender Abschreibungsbetrag je Zeiteinheit),
- progressive (steigender Abschreibungsbetrag je Zeiteinheit),

und andererseits nach Maßgabe der → Leistung (d.h., es wird nicht von der → Nutzungsdauer, sondern von der voraussichtlichen Leistung in Mengeneinheiten ausgegangen).

М.п.а.о.- это метод расчёта плановых амортизационных отчислений. Различают м.п.а.о. соразмерно времени, а именно:
- линейный метод (постоянные а.о. в единицу времени),
- дегрессивный метод (уменьшающиеся а.о. в единицу времени),
- прогрессивный метод (увеличивающиеся а.о. в единицу времени),

и м.п.а.о. соразмерно выработки (т.е. исходя не из срока службы, а из предположительной выработки в количественном выражении).

Abweichungsanalyse	Анализ отклонений

Die A. dient der Aufdeckung der Ursachen für aufgetretene Differenzen zwischen Ist- und Planwerten. Mit der A. werden vor allem → Plankosten den vergleichbaren → Istkosten gegenübergestellt und die Verantwortlichkeit der Kostenstellenleiter festgestellt.

А.о. служит выяснению причин возникших отклонений между фактическими и плановыми величинами. С помощью а.о. осуществляется сравнение между плановыми и фактическими издержками и выясняется ответственность руководителя участка, где возникают издержки.

Abwertung

Als A. bezeichnet man die Senkung des → Preises der einheimischen Währung gegenüber einer ausländischen Währungseinheit durch Änderung des → Wechselkurses. Die A. verteuert Importe und verbilligt Exporte.

Девальвация

Под д. понимается снижение цены отечественной валюты по отношению к единице одной из иностранных валют путём изменения обменного курса. Д. делает импорт дороже и экспорт дешевле.

Aktie

Die A. ist ein unteilbares → Wertpapier, das den Aktionär als Teilhaber an einer → Aktiengesellschaft ausweist. Der Mindestnennwert einer A. darf nach → Aktiengesetz 50 DM nicht unterschreiten. Jeder andere Nennwert einer A. muß durch 100 teilbar sein. Die A. wird durch Emission auf den → Markt gebracht und an der → Börse gehandelt. Der → Wert der A. hängt vor allem vom → Gewinn und Vermögenswert des → Unternehmens, von der Zahl der ausgegebenen A., von der Konjunkturlage, von → Angebot und → Nachfrage der A. ab. Der → Preis einer A. ist der → Kurs an der Börse. Man unterscheidet: Inhaberaktien (Verkauf durch einfache Einigung und Übergabe), Namensaktien (Übertragung nur durch

Акция

А.- неделимая ценная бумага, удостоверяющая акционера как участника акционерного общества. Минимальная номинальная стоимость одной а. согласно закону об акционерных обществах составляет 50 марок ФРГ. Любая другая номинальная стоимость а. должна делиться на 100. А. поступает на рынок ценных бумаг в результате эмиссии и продаётся и покупается на бирже. Стоимость а. зависит главным образом от прибыли и стоимости имущества предприятия, от количества выпущенных а., от конъюнктуры рынка, от спроса и предложения а. Цена а.- это её биржевый курс. Различают а. владельцев (продажа путём простой договорённости и передачи

Änderung im Aktionärsbuch), vinkulierte Namensaktien (Zustimmung des Vorstandes bei Übertragung erforderlich), Stammaktien und Vorzugs-aktien.

другому лицу), именные а. (передача только путём вне-сения изменений в акцио-нерную книгу), „связанные" именные а. (для передачи в третьи руки требуется согла-сие правления акционерного общества), обыкновенные а., привилегированные а..

Aktiengesellschaft (AG)	Акционерное общество

Die A. ist eine privatrechtliche Unternehmensform mit eige-ner Rechtspersönlichkeit (auch juristische Person ge-nannt). Rechtsgrundlage ist das → Aktiengesetz vom 06.09.1965. Die A. hat ein in → Aktien zerlegtes → Grundkapital von mindestens 100 000 DM. Die Organe der A. sind Vorstand, → Aufsichts-rat und → Hauptversammlung. Die A. haftet nach außen durch das → Vermögen der Gesellschaft. Die Geschäfts-führung wird vom → Vorstand in eigener Verantwortung wahrgenommen und vom Auf-sichtsrat auf höchstens fünf Jahre bestellt. Der → Jahres-abschluß muß von unabhängi-gen Wirtschaftsprüfern geprüft werden. Die → Bilanz sowie → GuV-Rechnung ist zu veröf-fentlichen.

А.о. – форма частного пред-приятия с собственным пра-вовым лицом (т.н. юридическое лицо). Право-вая основа – закон об акцио-нерных обществах от 6.9.1965. А.о. обдадает раз-делённым на акции основ-ным капиталом в размере минимум 100000 марок ФРГ. Управляющими органами а.о. являются: правление, наблюдательный совет и общее собрание акционеров. А.о. несёт ответственность имуществом а.о. Руковод-ство а.о. с полной ответст-венностью осуществляется правлением, которое назначается наблюдательным советом сроком на пять лет. Годовой отчёт а.о. должен быть про-верен и подтверждён незави-симой аудиторской организа-цией. А.о. обязано опублико-вывать баланс и расчёт при-были и убытков.

Aktiengesetz (AktG)	Закон об акционерном обществе

Das deutsche A. vom 06.09.1965 regelt die Gründung, die Rechtsverhältnisse und die Auflösung von → Aktiengesellschaften, verbundene → Unternehmen, die Verschmelzung und Vermögensübertragung, die Umwandlung der Aktiengesellschaft in eine → GmbH und umgekehrt und enthält Straf- und Bußgeldvorschriften.

Немецкий з.о.а.о. от 6.9.1965 регулирует учреждение, правовые основы и роспуск акционерного общества и связанных с ним предприятий, слияние и передачу имущества, преобразование акционерного общества в общество с ограниченной ответственностью и наоборот, а также содержит предписания штрафного характера.

Aktiva	Активы

Die A. (linke Seite einer →Bilanz) bringt die Summe aller Vermögenswerte einer Wirtschaftseinheit nach art- und wertmäßiger Zusammensetzung, Rechnungsabgrenzungsposten und Bilanzierungshilfen zum Ausdruck. Die Aktivseite der Bilanz enthält damit die Mittelverwendung.

А.(левая сторона баланса) отражают сумму всех имущественных ценностей хозяйственной единицы по их статьям и стоимости, а также содержат статьи, разграничивающие учёт затрат между смежными отчётными периодами и вспомогательные статьи. А. баланса описывают, таким образом, использование средств.

Amortisation | Амортизация

Unter A. versteht man die planmäßige Rückzahlung einer → Verbindlichkeit, z.B. zum Zwecke der Deckung der → Aufwendungen für ein Investitionsobjekt durch erwirtschaftete → Erträge. So hat sich eine → Investition amortisiert, wenn die Kapitalrückflüsse die Anfangsausgaben für die Investition ausgleichen. Als Rückflußkomponenten zählen → Gewinne, → Abschreibungen, kalkulatorische → Zinsen.

Под а. понимается плановый возврат денег по обязательству, например, с целью покрытия затрат на инвестиционный объект за счёт полученных доходов. Инвестиция амортизируется в том случае, если возврат капитала покроет первоначальные затраты на инвестицию. К компонентам возврата капитала относятся прибыль, амортизационные отчисления, проценты на собственный капитал, включаемые в калькуляцию.

Amortisationsdauer | Срок амортизации

Die A. ist diejenige Zeitspanne, innerhalb der die Einzahlungsüberschüsse einer → Investition den Anschaffungsbetrag decken. Die A. wird auch als Kapitalrückflußzeit (Payoff-Periode) bezeichnet und ist ein wichtiges Kriterium für die Beurteilung der Vorteilhaftigkeit von Investitionsprojekten. Es gilt die grundsätzliche Forderung, daß die A. kleiner sein muß als die geschätzte Nutzungszeit.

С.а. – это промежуток времени, в течение которого поступления от инвестиции покрывают её первоначальную стоимость. С.а. называется также временем возврата капитала (пэйофф-период) и является важным критерием для оценки преимущественности проектов инвестиций. Основное требование: с.а. должен быть меньше предполагаемого срока службы объекта.

Angebot	Предложение

Der Begriff A. wird in der → Volkswirtschaft für diejenige Menge an → Gütern und Dienstleistungen verwendet, die auf dem → Markt verkauft werden soll. A. und → Nachfrage bestimmen den Marktpreis. Das A. verhält sich in Abhängigkeit von der Elastizität der Preis-Angebots-Funktion entweder proportional, über- oder unterproportional zur → Preisentwicklung. Wirtschaftsrechtlich gesehen ist das A. eine an eine bestimmte Person bzw. an ein bestimmtes → Unternehmen gerichtete Willenserklärung, Güter zu den angegebenen Bedingungen zu liefern. A. können verbindlich abgegeben werden oder mit Einschränkungen, z.B. mit dem Hinweis:
– solange der Vorrat reicht,
– Liefermöglichkeit vorbehalten,
– → Preis freibleibend oder
– unverbindlich.
Für A. gibt es keine Formvorschriften. Sie können schriftlich, mündlich oder durch entsprechendes Handeln abgegeben werden.

Понятие п. применяется в народном хозяйстве для того количества товаров и услуг, которое должно быть продано на рынке. П. и спрос определяют рыночную цену. В зависимости от гибкости функции цены и предложения, п. изменяется пропорционально, перепропорционально или недопропорционально по отношению к развитию цен. С точки зрения хозяйственного права п. – это намерение по отношению к определённому лицу или определённому предприятию поставить товары в соответствии с указанными условиями. П. могут поступать как в виде обязательств, так и с ограничениями, например, с дополнением:
– пока не кончатся запасы,
– при условии возможности поставки,
– цена не окончательная,
– п. ни к чему не обязывает.
Для п. не существует предписаний по форме. П. может быть сделано в устной или письменной форме, а также в виде соответствующих действий.

Anhang	Приложение к годовому отчёту

Der A. ist Bestandteil des → Jahresabschlusses bei → Kapitalgesellschaften und enthält Erklärungen und Ergänzungen zu einzelnen Positionen der → Bilanz und der → Gewinn- und Verlustrechnung.

П.к г.о.- это составная часть годового отчёта капиталообществ; содержит объяснения и дополнения по отдельным статьям баланса и расчёта прибыли и убытков.

Anlagevermögen	Имущество в виде сооружений и оборудования

Das A. umfaßt alle Vermögensgegenstände, die dazu bestimmt sind, dauernd dem Geschäftsbetrieb des → Unternehmens zu dienen. Dazu gehören Grundstücke, Gebäude, Maschinen, Beteiligungen. Das A. vermindert sich planmäßig um die → Abschreibungen bei abnutzbaren Anlagen. Die Bewertung des A. erfolgt zum Anschaffungs- oder Herstellungswert. Steigen die Grundstückspreise, so können sich erhebliche „stille" Reserven bilden.

И.в в.с.и о. охватывает все предметы имущества, предназначенные для постоянного использования в деловой деятельности предприятия. Сюда относятся земельные участки, здания, сооружения, машины, оборудование, капиталовложения в другие предприятия и участие в их делах. И.в в.с.и о. планомерно уменьшается на величину амортизационных отчислений на оборудование, подвергающееся износу. Оценка и.в в.с.и о. производится по издержкам на приобретение или на производство. В случае повышения цен на земельные участки образуются негласные резервы.

Anleihe

Die A. ist eine Form der langfristigen Finanzierung mit → Fremdkapital, die man auch als Schuldverschreibung, Obligation oder festverzinsliches → Wertpapier bezeichnet. Kapitalsuchende (Bund, Länder, Gemeinden, Industrieunternehmen) besorgen sich durch Ausgabe von Schuldverschreibungen vom → Kapitalmarkt Geld. Wesentliches Merkmal der A. ist damit die Verbriefung des Schuldverhältnisses in Form von Wertpapieren. Der Mindestnennbetrag beträgt 100 DM. Die Laufzeit liegt i.d.R. nicht unter 6 Jahren. Eine Kündigung seitens des → Gläubigers ist nicht zulässig.

Ссуда

С.- форма долгосрочного финансирования заёмным капиталом, иначе называемая долговым обязательством, облигацией или ценными бумагами с твёрдым процентом. Нуждающиеся в капитале (государство, земли, муниципалитеты, промышленные предприятия) путём выдачи долговых обязательств получают деньги с рынка ссудного капитала. Существенным признаком с. является, таким образом, закрепление правовых отношений между кредитором и должником в виде ценных бумаг. Минимальная номинальная стоимость составляет 100 марок ФРГ. Срок действия обычно бывает не менее 6 лет. Расторжение ссудного договора кредитором не допускается.

Annuität

Die A. ist eine in gleichen Zeitabständen (i.d.R. ein Jahr) regelmäßig wiederkehrende gleichhohe Zahlung, um mit dieser sowohl die Tilgung als auch die Verzinsung einer Schuld zu bewirken. Dabei verringert sich die Zinsquote

Аннуитет

А.- постоянно повторяющийся в одинаковых размерах через одинаковый промежуток времени (обычно 1 год) платёж с целью погашения кредита и долговых процентов. С этим уменьшается долговая сумма

(die Schuldsumme wird kleiner), gleichzeitig erhöht sich dadurch automatisch die Tilgungsrate.

и одновременно автоматически увеличивается процент погашения.

Anschaffungskosten	Издержки на приобретение

Das Deutsche Handelsgesetzbuch bezeichnet als A. „die Aufwendungen, die geleistet werden, um einen Vermögensgegenstand zu erwerben und ihn in einen betriebsbereiten Zustand zu versetzen ...". Die A. (oder Beschaffungskosten) für den Bezug von Material können z.B. folgendermaßen ermittelt werden:

    Angebotspreis
–　→ Rabatt
–　→ Bonus
+　Mindermengenzuschlag

= Zieleinkaufspreis
+ Bezugskosten
    Verpackung
    Fracht
    Rollgeld
    Versicherung
    → Provision
    → Zoll

= Anschaffungskosten
    (Einstandspreis)
Bei der → Beschaffung von Maschinen sind bei der Berechnung der A. die → Kosten des Einbaus und der Montage zu berücksichtigen.

Торговый кодекс ФРГ понимает под и.н.п. „затраты, которые надо осуществить для покупки предмета имущества и его приведения в рабочее состояние" . И.н.п., или закупочные издержки на материал можно, например, определить таким образом:
    предложенная цена
– скидка с цены
– бонус
+ надбавка за мелкую
    партию

= целевая закупочная цена
+ издержки по доставке
    упаковка
    фрахт
    плата за доставку железнодорожного груза к месту назначения
    страхование
    комиссионное вознаграждение за услуги
    таможенная пошлина

= издержки на приобретение
    (заготовительная цена)
При приобретении машин и оборудования в расчёте и.н.п. необходимо учитывать издержки на строительно-монтажные работы.

Arbeitgeber

A. sind natürliche oder juristische Personen, die abhängige → Arbeitnehmer beschäftigen, Weisungs- und Kündigungsrecht haben und die Kontrolle der Arbeitsleistungen der Arbeitnehmer ausüben. Nach dem Arbeitsrecht sind A. zur Zahlung eines Arbeitsentgeltes, nach dem Steuerrecht zur Abführung der → Lohnsteuer und der Versicherungsbeträge verpflichtet. Nach dem → Betriebsverfassungsgesetz haben sie die Rechte des → Betriebsrates und der Gewerkschaften zu achten.

Работодатель

Р.(предприниматели) – физические или юридические лица, обеспечивающие работой работополучателей, имеющие право на издание предписаний и распоряжений, на увольнение работополучателей и контролирующие их выработку. Трудовое право обязывает р.платить заработную плату лицам, работающим по найму. В соответствии с налоговым правом р. обязаны перечислять налог с заработной платы и страховой взнос. Согласно закону о правах предпринимателя и работополучателя на предприятии, р. обязаны соблюдать права совета предприятия и профсоюза.

Arbeitgebervereinigungen

A. sind Zusammenschlüsse von → Unternehmern, die gemeinschaftlich ihre arbeitsrechtlichen und sozialpolitischen Interessen verfolgen. Sie treten den Gewerkschaften gegenüber als Tarifvertragspartner auf.

Объединения предпринимателей

О.п.- это союзы предпринимателей, совместно преследующие свои интересы в области трудового права и социальной политики. Они выступают в качестве противоположной стороны на переговорах с профсоюзами по вопросам тарифов.

Arbeitnehmer	Работополучатель
A. sind abhängige Beschäftigte, die Arbeit für einen → Arbeitgeber gegen Arbeitsentgelt leisten. Zu den A. zählen Arbeiter, Angestellte und Auszubildende. Sie haben Recht auf Lohnzahlung, Fürsorge und Gleichbehandlung seitens des Arbeitgebers. Sie haben Anspruch auf sichere Arbeitsbedingungen, betriebliche Aufstiegsmöglichkeiten, Gehör in eigener Sache und Beschwerde. A. sind verpflichtet zu Arbeitsleistungen und zur Befolgung von Anordnungen des Arbeitgebers sowie zur Wahrung der Betriebsinteressen.	Р.(лица, работающие по найму) – зависимые трудящиеся, работающие для работодателя и получающие плату за труд. К р. относятся рабочие, служащие и ученики (на производстве, в сфере услуг и т.д.). Они имеют право получать заработную плату, пользоваться одинаковой заботой и обращением со стороны работодателя. Кроме того р. имеют право на безопасные условия труда, шансы на карьеру на предприятии, возможность высказать своё мнение и подать жалобу. Р. обязаны выполнять свою работу и следовать указаниям работодателя, а также соблюдать интересы предприятия.

Arbeitnehmervereinigungen	Объединения работополучателей
A. sind Zusammenschlüsse von → Arbeitnehmern, die gegenüber den → Arbeitgebervereinigungen ihre Interessen vertreten. In der Bundesrepublik Deutschland sind die Arbeitnehmer auf der Grundlage des Artikels 9 des Grundgesetzes im Deutschen Gewerkschaftsbund (17 Industriege-	О.р.- это союзы работополучателей, которые отстаивают свои интересы перед объединением предпринимателей. В ФРГ работополучатели организованы на основании статьи 9 Основного закона в Немецкий союз профсоюзов (17 промышленных профсоюзов), в

werkschaften), in der Deutschen Angestelltengewerkschaft, im Deutschen Beamtenbund und im Christlichen Gewerkschaftsbund Deutschlands organisiert.

Немецкий союз служащих, в Немецкий союз государственных служащих и в Христианский профсоюз Германии.

Arbeitsentgelt

Оплата труда

A. ist der allgemeinste Begriff für die Entlohnung geleisteter Arbeit. Jeder → Arbeitnehmer hat einen rechtlichen Anspruch darauf, auch wenn dies nicht ausdrücklich vereinbart wurde. Zu den Formen des A. zählen: → Lohn, Gehalt, zusätzliche Entlohnungen wie Prämien, Beteiligung am → Umsatz, Sonderzuwendungen, Gewinnbeteiligung, Sozialversicherung.

О.т. – это общее понятие для платы за произведённую работу. Каждый работополучатель имеет на это право, независимо от того, оговаривалось ли это особо. К формам о.т. относятся: заработная плата, оклад, дополнительная плата – премии, участие в обороте, единовременные пособия, участие в прибыли, социальное страхование.

Arbeitsmarkt

Рынок рабочей силы

Der A. ist der Ort des Zusammentreffens von Arbeitsangebot und Arbeitsnachfrage. Der A. läßt sich entsprechend der beruflichen und fachlichen Qualifikation der Arbeitskräfte in eine Vielzahl von Teilarbeitsmärkten untergliedern. Der A. ist kein freier → Markt, denn → Löhne und Gehälter werden kollektiv zwischen Arbeitgeberverbänden und Gewerkschaften in Tarifverhand-

Р.р.с. – это рынок спроса и предложения труда. Р.р.с. можно подразделить в соответствии с профессиональной квалификацией рабочей силы на многие отдельные р.р.с.. Р.р.с. не является свободным рынком, т.к. заработная плата и оклады устанавливаются согласно коллективному договору между объединениями предпринимателей и профсоюзами в

lungen festgelegt (Tarifautono-
mie). Der Staat greift durch
seine Arbeitsmarkt- und Bildungspolitik sowie Arbeits-
schutzgesetze (z.B. Kündi-
gungsschutzgesetz, Schwerbe-
hindertengesetz) regulierend
in das Marktgeschehen ein.
Das soll die → Arbeitnehmer
vor unternehmerischer Über-
macht und sozialen Notlagen
schützen.

результате переговоров о
тарифах (т.н. тарифная авто-
номия). Государство регулирует в определённой степени
ситуацию на р.р.с. с
помощью политики в обла-
сти образования и труда,
законодательства об охране
труда (например, закон о
защите от увольнения, закон
об инвалидах и т.д.). Государ-
ственное регулирование
должно защищать работо-
получателей от произвола
предпринимателей и от рез-
кого ухудшения социального
положения.

Arbeitsproduktivität

Производительность труда

Die A. ist eine Kennziffer, die
das Verhältnis von Arbeitser-
trag (Produktionsergebnis)
und Arbeitseinsatz (Arbeitskräfte, Arbeitsstunden) zum
Ausdruck bringt, z.B. → Umsatz je Mitarbeiter oder produ-
zierte Stückzahl je Arbeits-
stunde. Die Höhe der A. ist
vor allem abhängig von der
Leistungsfähigkeit und Lei-
stungsbereitschaft der Arbeitskräfte sowie von der Kapital-
ausstattung.

П.т.- это показатель,
отражающий соотношение
между результатом труда
(результатом производства)
и затратами труда (рабочей
силы, рабочего времени),
например, оборот на одного
работника или произ-
ведённое в час количество
единиц продукции. Величина
п.т. зависит в основном от
работоспособности рабочей
силы, а также от оснащения
капиталом.

A. ist die Auflösung einer Arbeitsleistung in mehrere Teilleistungen, die von verschiedenen Wirtschaftseinheiten und Aufgabenträgern ausgeführt werden. Sie zählt zu den grundlegenden Organisationsprinzipien einer modernen → Volkswirtschaft. Ziel der A. ist es, durch weitgehende Spezialisierung eine Erhöhung der → Arbeitsproduktivität und damit eine Senkung der Herstellungskosten zu erreichen. Die A. setzt jedoch voraus, daß über die Anwendung des Prinzips der Arbeitsverbindung die Einheitlichkeit des Arbeitsvollzuges gesichert wird. Man unterscheidet zwischen: innerbetrieblicher, volkswirtschaftlicher und internationaler A.

Р.т.- это разделение трудового процесса на отдельные виды деятельности, выполняемые различными хозяйственными единицами и отдельными работниками. Р.т. относится к основным организационным принципам современного народного хозяйства. Целью р.т. является повышение производительности труда путём специализации и с этим снижение издержек на производство. В то же время р.т. требует сохранения единства выполнения рабочего процесса с использованием принципа кооперации. Различают внутризаводское, народнохозяйственное и международное р.т.

Die A. (oder Strukturorganisation) befaßt sich mit der organisatorischen Gliederung der Kompetenz- und Aufgabenverteilung der Unternehmensleitung. In einer ersten Arbeitsetappe der organisierenden Tätigkeit ist die Gesamtaufgabe eines → Unternehmens in abgrenzbare Teilaufgaben zu zerlegen und zu ana-

О.у.(или структурная организация) занимается организационными вопросами распределения полномочий и задач при управлении предприятием. На первом этапе организационной деятельности необходимо разложить совокупность задач одного предприятия на отдельные ограниченные подзадачи и

lysieren (Aufgabenanalyse). Darauf aufbauend sind in einer zweiten Etappe Einzelaufgaben organisatorisch in Stellen (Abteilungen, Bereiche) zusammenzufassen (Aufgabensynthese). Diese so geschaffenen arbeitsteiligen Einheiten (Stellen) bilden in ihren Verknüpfungen die hierarchisch gegliederte organisatorische Leitungsstruktur des Unternehmens. Die Verknüpfung zwischen den Struktureinheiten spiegelt Unterstellungs-, Zuordnungs- und Kommunikationsbeziehungen wider.

проанализировать их (анализ задач). На основе этого на втором этапе необходимо сгруппировать отдельные подзадачи в комплексы по отделам, подотделам (синтез задач). Полученные таким образом комплексы образуют в совокупности их связей иерархию организационной структуры управления предприятием. Связи между структурными единицами отражают отношения подчинения, распределения и коммуникации.

Aufschwung / Подъём

Mit A. (bzw. Expansion) wird die erste Phase eines Konjunkturablaufes bezeichnet. Sie ist gekennzeichnet durch Absatz- und Beschäftigungszunahme, geringe Preissteigerungen, steigende Zinssätze und → Aktienkurse sowie durch Gewinn- und Lohnsteigerungen.

П. (или экспансией) называется первая фаза экономического цикла. Признаками п. являются рост сбыта и занятости, замедленный рост цен, рост процентных ставок и курсов акций, а также рост прибыли и заработной платы.

Aufsichtsrat / Наблюдательный совет

Der A. ist das gesetzlich vorgeschriebene Aufsichtsorgan für → Aktiengesellschaften, → Kommanditgesellschaften auf → Aktien und → Genossenschaften. Auch → GmbH können

Н.с. – предписанный законом наблюдательный орган для акционерных обществ, акционерных коммандитных товариществ и кооперативов (товариществ).

nen in der Satzung die Bildung eines A. bestimmen. Für GmbH mit mehr als 500 → Arbeitnehmern ist der A. obligatorisch. Der A. hat den → Vorstand (bzw. die Geschäftsführung) zu bestellen, die Führung der Geschäfte zu überwachen, die Bücher, Vermögensgegenstände, Bestände an → Wertpapieren und → Waren einzusehen und zu prüfen. Bestimmte Arten von Geschäften können i.d.R. nur mit Zustimmung des A. vorgenommen werden. Der A. wird von den → Aktionären (bzw. durch die Gesellschafter der GmbH) gewählt. Bei Gesellschaften, die dem Mitbestimmungsgesetz unterliegen, besteht der A. je zur Hälfte aus Vertretern der Anteilseigner und der → Arbeitnehmer (paritätische → Mitbestimmung). Gilt das → Betriebsverfassungsgesetz, besteht der A. zu einem Drittel aus Vertretern der Arbeitnehmer.

Общества с ограниченной ответственностью (ГмбХ) также могут закрепить в своём уставе учреждение н.с. Для ГмбХ с более чем 500 работополучателями создание н.с. обязательно. Функциями н.с. являются назначение правления (или руководства), контроль за ведением дел компании, проверка бухгалтерских книг, наличия имущества, товаров и ценных бумаг. Некоторые виды сделок правление может провести только с разрешения н.с. Н.с. выбирается акционерами (или в ГмбХ – компаньонами). В обществах, обязанных выполнять закон об участии работников в решении хозяйственных вопросов, н.с. состоит наполовину из представителей работополучателей и наполовину – из представителей акционеров или компаньонов (паритетное участие работополучателей в делах предприятия). Если общество обязано следовать закону о правах предпринимателя и работополучателей на предприятии, н.с. состоит на одну треть из представителей работополучателей.

Auf- und Abzinsung

Начисление и отчисление процентов

A. sind Begriffe der Zinses-zinsrechnung. Durch die Auf-zinsung erfolgt die Berechnung des Endwertes einer Zahlung am Ende eines Planungszeit-raumes. Durch die Abzinsung dagegen wird der → Barwert einer Zahlung zum gegenwärti-gen Zeitpunkt ermittelt. Der Endwert einer Zahlung wird berechnet, indem der Zeitwert mit dem Aufzinsungsfaktor multipliziert wird. Bei einem Zinsfuß von p (%) und einem Betrag, der n - Perioden vor Ende des Planungszeitrau-mes anfällt, lautet der Aufzin-sungsfaktor

$$q^n = \left(1 + \frac{p}{100}\right)^n$$

Н.и о.п.- это понятия расчёта сложных процентов. Путём н.п. производится расчёт окончательной стоимости платежа в конце планового промежутка времени. С помощью о.п. определяется наоборот наличная стои-мость платежа в настоящий момент. Окончательная сто-имость платежа рассчитывается путём умно-жения стоимости на момент оценки на коэффициент наращивания процентов. При процентной ставке p (%) и платеже, воз-никающем за n периодов до конца планового проме-жутка времени, коэффици-ент наращивания процентов рассчитывается по формуле:

$$q^n = \left(1 + \frac{p}{100}\right)^n$$

Aufwand

Затраты

A. ist der Geldwert aller wäh-rend einer Abrechnungsperio-de in einem → Unternehmen verbrauchten → Güter und → Leistungen. Der A. führt zu ei-ner Verminderung des betrieb-lichen Nettovermögens. Dem A. als Negativkomponente

З. – это денежное выраже-ние потреблённых на одном предприятии в опре-делённый промежуток вре-мени товаров и услуг. Затраты приводят к умень-шению фактического иму-щества предприятия (нетто).

steht bei der Ermittlung des → Gewinns (nach Handelsrecht) der → Ertrag als Positivkomponente gegenüber. Der Begriff A. ist vom Kostenbegriff abzugrenzen. Während → Kosten streng auf die Leistungserstellung bezogen werden, setzt sich der A. nicht nur aus dem im → Betrieb verursachten Zweckaufwand (Verbrauch von Roh-, Hilfs- und Betriebsstoffen, Personalausgaben, → Abschreibungen, → Steuern, Mieten, Versicherungen) zusammen, sondern auch aus Aufwandsarten, die auf betriebsfremde, außerordentliche oder periodenfremde Ursachen zurückzuführen sind und als neutraler A. bezeichnet werden. Neutraler A. wird nicht in die → Selbstkosten einbezogen. In die Kosten werden dagegen Zusatzkosten (z.B. kalkulatorische Eigenkapitalzinsen, kalkulatorischer Unternehmerlohn, kalkulatorische Wagnisse) einbezogen, die nicht zum A. zählen. Die Abgrenzung zwischen A. und Kosten geht aus folgendem Schema hervor:

З.,как отрицательной составляющей при определении прибыли, согласно торговому праву всегда противостоит положительная составляющая – доходы. Понятие з. надо отличать от понятия издержек. В то время как издержки строго связаны с производством товаров и услуг, з. включают в себя не только возникающие на предприятии целевые з. (расход сырья, основных и вспомогательных материалов, расходы по содержанию персонала, амортизационные отчисления, налоги, арендную плату, страхование), но и виды з., возникающих не на предприятии, связанных с чрезвычайными обстоятельствами или относящиеся к другим отчётным периодам (т.н. нейтральные или внеплановые з.). Внеплановые з. не учитываются при расчёте себестоимости. С другой стороны в себестоимость включаются дополнительные издержки, например, калькулируемые проценты на собственный капитал, калькулируемая заработная плата предпринимателя, калькулируемый риск, которые не относятся к з. Различие между з. и издержками показано на следующей схеме:

Aufwand		
Neutraler Aufwand	Zweckaufwand	
	Grundkosten	Zusatz-kosten
	Kosten	

затраты		
внеплановые затраты	целевые затраты	
	основные издержки	дополни-тельные издержки
	издержки	

Aufwertung

Unter A. versteht man die Erhöhung des Preises der einheimischen Währung gegenüber ausländischen Währungseinheiten durch Änderung des → Wechselkurses. Die A. verbilligt Importe und verteuert Exporte.

Ревальвация

Под р.понимается повышение цены внутренней валюты по отношению единицы валюты за рубежом в результате изменения обменного курса. Р. удешевляет импорт и делает дороже экспорт.

Ausgaben

A. sind alle Geldabflüsse eines → Unternehmens und das Eingehen von Schulden. Den A. stehen als Korrespondenzbegriff die → Einnahmen gegenüber. Die Differenz von Einnahmen und A. innerhalb eines bestimmten Zeitraumes ist ein Maß für die Veränderung der → Liquidität.

Расходы

Р.- это все денежные выплаты предприятия и поступление долгов. Понятие р. противоположно понятию доходов. Разница между доходами и р. за определённый промежуток времени характеризует изменение ликвидности.

Außenwert	Стоимость на внешнем рынке
A. ist die Kaufkraft einer über den Wechselkurs umgerechneten inländischen Währungseinheit im Ausland.	С.н.в.р. – это покупательная способность единицы внутренней валюты, после её пересчёта по обменному курсу, за рубежом.

Auszahlung	Выплата
Als A. wird der Betrag an Zahlungsmitteln (Bargeld und Sichtguthaben) bezeichnet, der von einem Wirtschaftssubjekt (→ Unternehmen, Verbraucher, Kommune) an andere Wirtschaftssubjekte fließt. Der Korrespondenzbegriff zur A. ist die → Einzahlung.	Под в. понимается сумма платёжных средств (денег и бессрочных вкладов), переходящих от одного хозяйственного субъекта (предприятия, потребителя, коммуны) к другому. Противоположное понятие – платёж.

B

Als B. oder Gegenwartswert wird der gegenwärtige Wert eines Geldbetrages bezeichnet, der in Zukunft z.B. als → Gewinn aus einer getätigten → Investition erwartet wird. Die Bedeutung des B. wird aus der Tatsache abgeleitet, daß → Einzahlungen und → Auszahlungen, die durch Investitionsobjekte hervorgerufen werden, im Zeitablauf unterschiedlich sein können. Die einzelnen Geldbeträge, die irgendwann während der Investitionsdauer anfallen, können nur vergleichbar gemacht werden, wenn der Zeitaspekt berücksichtigt wird, denn für ein → Unternehmen ist eine Einzahlung um so weniger wert, je weiter sie in der Zukunft liegt. Es ist demnach erforderlich, die Vergleichbarkeit von Geldbeträgen herzustellen. Das erfolgt, indem künftige Einzahlungen und Auszahlungen mit einem solchen → Zinssatz auf die Gegenwart abgezinst werden, der als gewünschte Mindestverzinsung (Kalkulationszinsfuß)

Н.с. или действительная стоимость означает стоимость определённой суммы денег на настоящий момент времени,которая в будущем ожидается например в результате проведенных капиталовложений как прибыль. Значение н.с. вытекает из того, что платежи и выплаты, возникающие при проведении капиталовложений, с течением времени могут быть различными. Отдельные суммы денег, поступающие в различные моменты времени в период проведения капиталовложений, можно сравнивать только с учётом времени, так как для каждого предприятия действует принцип: платёж имеет тем меньшую стоимость, чем в более отдалённом будущем он будет применён. Именно по этому необходимо установить сопоставимость денежных сумм. Это достигается тем, что ожидаемые платежи и выплаты начис-

den Forderungen eines Investors entspricht. Der B. ist somit das gegenwärtige Wertäquivalent eines künftigen Geldbetrages.

ляют с такой процентной ставкой на настоящее время, которая отвечает требованиям инвестора на минимальное начисление процентов (процентная ставка калькуляции).Таким образом, н.с. является настоящим стоимостным эквивалентом будущих денежных сумм.

Beratungsdienst / Консультационная служба

Der B. ist in vielen Unternehmen Bestandteil des → Marketing-Mix. Seine Aufgaben bestehen darin, vor dem Kauf aktive Kundendienstpolitik zu betreiben und dem potentiellen Abnehmer Problemlösungen mit dem Einsatz der → Produkte des anbietenden Unternehmens zu vermitteln. Der B. erweitert die Aufgaben des → Kundendienstes und dient damit der → Verkaufsförderung. Die Bedeutung des B. wächst mit dem zunehmenden Wunsch des Käufers nach Problemlösungen, die oft Produkt und Dienstleistung einschließen.

На многих предприятиях к.с. является составной частью микс-маркетинга. Её задачи заключаются в проведении активной политики обслуживания клиентов перед продажей и предложением решения проблем потенциальных покупателей с учётом применения продуктов предлагающего предприятия. К.с. расширяет задачи сферы обслуживания клиентов и служит, тем самым, содействию продаже. Значение к.с. возрастает с растущими потребностями покупателей не только в покупке продукта, но и в предлагаемых при этом услугах сервиса.

Beschaffung	**Закупка**

Als B. bezeichnet man alle Tätigkeiten des → Betriebes, die die Gewinnung der Mittel zum Ziele haben, deren sich der Betrieb zur Realisierung seiner gesetzten Zwecke bedient. Die B. aller → Güter und Dienste, die der Betrieb zur Durchführung des Produktionsprozesses benötigt, gehört zu den betrieblichen Grundfunktionen. In der Regel wird die B. in unterschiedlichen organisatorisch voneinander getrennten Beschaffungsstellen durchgeführt.

– Die B. oder, besser gesagt, Einstellung von Arbeitskräften ist Aufgabe der Personalabteilung.

– Die B. finanzieller Mittel (Kapitalbeschaffung) obliegt der Finanzabteilung.

– Die B. der Roh-, Hilfs- und Betriebsstoffe, Werkzeuge, Teile und Baugruppen erfolgt durch die Einkaufsabteilung des Betriebes. Entscheidungen über die Anschaffung von Betriebsmitteln (Grundstücke, Anlagen, Maschinen) werden i.d.R. von der Geschäftsleitung getroffen.

Der Begriff Einkauf wird enger gefaßt als der Begriff B. und bezieht sich nur auf die B.

З. называются все действия предприятия, направленные на приобретение средств, необходимых ему для реализации поставленных целей. З. всех благ и услуг, необходимых предприятию для осуществления производственного процесса, относится к основным функциям предприятия. Как правило, з. проводится различными, организационно отделёнными друг от друга закупочными службами:

– З. или, правильнее сказать, наём рабочей силы является задачей отдела персонала.

– З. финансовых средств (привлечение капитала) – дело финансового отдела.

– З. сырья, вспомогательных и производственных материалов, инструментов, частей и узлов осуществляется отделом снабжения предприятия. Решения на покупку производственных средств (земельных участков, сооружений, оборудования), как правило, принимаются руководством. Понятие покупка имеет более узкий смысл чем з. и

von Werkstoffen, → Waren
und Betriebsmitteln.

относится, прежде всего, к з.
материалов, товаров и производственных средств.

Beteiligung	**Участие**

Die B. ist der Anteil, den jemand an einem → Unterneh-
men besitzt, das entweder als
→ Personen- oder → Kapitalgesellschaft betrieben wird.
Eine B. an einer Personengesellschaft wird durch Vertrag
mit den bisherigen → Gesellschaftern begründet. Die B. an
einer → Kapitalgesellschaft,
deren Anteile an der → Börse
gehandelt werden, kann dadurch erworben werden, daß
man → Aktien kauft. Jemand,
der an einem Unternehmen
beteiligt ist, besitzt Rechte als
Eigentümer. Das betrifft das
Recht auf Mitsprache bei unternehmerischen Entscheidungen, auf Kontrolle der Unternehmensleitung, auf anteiligen
Liquidationserlös. Dem steht
die Pflicht zur Übernahme von
→ Verlusten sowie gegebe-
nenfalls auch die Übernahme
von persönlichen Haftungsrisi-
ken gegenüber.

У. это та доля
собственности, которой
владеет кто-то на предприятии, существующем в
форме товарищества или
капиталообщества. У. в
каком-либо товариществе
основывается на заключении
договора с прежними его
участниками. У. в
капиталообществе, доли
которого продаются и
покупаются на бирже, может
быть осуществлено путём
покупки акций. Кто-либо,
участвующий в предприятии,
обладает правами владельца.
Это касается права голоса
при принятии важных для
предприятия решений, права
контроля руководства
предприятия, права на долю
от ликвидационной выручки.
Обязанности участника
заключаются в несении
убытков,а в данном случае
также в несении личной
ответственности.

Als B. bezeichnet man ein → Unternehmen, dessen Geschäftszweck darauf gerichtet ist, kleinen und mittleren Unternehmen → Eigenkapital in Form von → Beteiligungen (i.d.R. Minderheitsbeteiligungen) zuzuführen. Die → Kosten dieser Eigenkapitalfinanzierung sind gewöhnlich deutlich höher als die einer Kreditfinanzierung. Die B. eignet sich als fruchtbringende Finanzierungshilfe für ertragreiche, aber kapitalarme Klein- und Mittelbetriebe, bei denen die bestehenden Mehrheitsverhältnisse unangetastet bleiben sollen.

О.п. называется предприятие, предпринимательский смысл которого заключается в том, чтобы предоставлять мелким и средним предприятиям собственный капитал в форме участия (как правило, миноритарное участие). Затраты при таком финансировании собственного капитала обычно бывают значительно выше, чем при кредитном финансировании. О.п. пригодно как приносящая плоды финансовая помощь для доходных, мелких и средних предприятий, имеющих малый капитал. При этом существующее преимущество доли собственного капитала не должно нарушаться.

Örtliche, technische und organisatorische Einheit zum Zwecke der Erstellung von → Gütern und Dienstleistungen, charakterisiert durch einen räumlichen Zusammenhang und eine Organisation. Als örtliche Einheit ist der B. insoweit mit der Arbeitsstätte gleichzusetzen, in der die Leistungser-

З.- это местная техническая и организационная единица, смысл которой заключается в производстве товаров и услуг и характеризующаяся осуществлением производственного процесса в едином, обозримом пространстве и единой организацией. К з., как организационно-

stellung und -verwertung in einem räumlich und technisch zusammengehörigen, überschaubaren Bereich erfolgt. Als organisatorisch-technische Einheit gehören zum B. im Gegensatz zur Arbeitsstätte Hilfs- und Nebenbetriebe, wenn sie getrennt vom Hauptbetrieb am gleichen Ort und unter derselben technischen Leitung arbeiten. Man unterscheidet B. z.B. nach der Größe in Groß-, Mittel- und Kleinbetriebe und nach der Leistung in Produktionsbetriebe, Dienstleistungs- und Verwaltungsbetriebe. B. werden als Produktionseinheiten den privaten → Haushalten gegenübergestellt. Als Unterscheidungsmerkmal gilt: B. produzieren überwiegend für den Fremdbedarf. Private Haushalte gelten als primär konsumtive Marktparteien. Soweit sie Güter produzieren, geschieht es für den Eigenbedarf. Nicht immer wird zwischen B. und → Unternehmen unterschieden.

технической единице, относятся также вспомогательные и побочные цехи, если они работают отдельно от головного завода, но в той же местности и под тем же техническим руководством. По величине з. делят на крупные, средние и мелкие, а по выработке на производственные, обслуживающие и управленческие. З., как производственную единицу можно противопоставить частному домашнему хозяйству. Основным отличительным признаком является то, что з. производит продукцию для потребностей других. Частные домашние хозяйства являются большей частью потребительскими частями рынка. В случае, если они производят блага, в основном для собственного потребления. Между понятиями з. и предприятие не всегда можно определить чёткие различия.

Betrieb, mittelständischer	Завод средней величины
Der Begriff wird verwendet für kleine und mittlere Unternehmen in den Wirtschaftsbereichen Industrie, Handwerk, Handel, Hotel- und Gaststättengewerbe, Verkehrswirt-	Понятие з.с.в. применяется к мелким и средним предприятиям таких экономических отраслей как промышленность, ремесленное производство, торговля,

schaft und sonstige Dienstleistungen, die von einem selbständigen Inhaber geleitet werden, der mitarbeitet und das unternehmerische Risiko trägt. Die Abgrenzung zu Großunternehmen erfolgt über Umsatzschwellen oder Beschäftigungszahlen (produzierendes Gewerbe: 50 bis unter 500; Großhandel: 10 bis unter 200; sonstiges Gewerbe: 3 bis unter 50 Beschäftigte). B., m. werden staatlich besonders gefördert und haben durch ihre hohe Anpassungsfähigkeit und infolge des steigenden Bedarfs nach Dienstleistungen sowie der Tendenz zur Ausgliederung von Produktionsbereichen bei Großunternehmen gute Zukunftsaussichten.

гостиничное дело, транспортное хозяйство и других сфер услуг, имеющих самостоятельных владельцев, работающих в них и несущих предпринимательский риск. Отнесение к крупному предприятию производится по двум признакам: по величине объёма оборота или по общему числу работающих (промышленное предприятие: 50 – 500; оптовая торговля: 10 – 200; прочие ремёсла: 3 – 50 работающих). З.с.в. особо стимулируются государством, и будет иметь в будущем хорошие шансы, благодаря своей способности быстро приспосабливаться к новым условиям рынка и, кроме того, в результате всё возрастающей потребности в сфере услуг, а также, наблюдающейся тенденции выделения производственных комплексов из крупных предприятий.

Betriebsabrechnungsbogen (BAB)	**Калькуляционная схема производственного учёта (КСПУ)**
Hilfsmittel zur manuellen Durchführung der Betriebsabrechnung. Heute nicht mehr gebräuchlich.	Вспомогательное средство для проведения производственного учёта вручную. Сегодня редко применяется.

Betriebsergebnis	**Заводская прибыль**

Das B. (Betriebserfolg) ist im Rechnungswesen das getrennt vom Unternehmensergebnis ermittelte Ergebnis des betrieblichen Leistungsprozesses (Betriebsgewinn oder -verlust). Es wird ermittelt durch Gegenüberstellung der → Kosten und Betriebserträge (→ Leistungen). B. und das neutrale Ergebnis bilden das Unternehmensergebnis. Das B. zeigt somit den wirtschaftlichen Erfolg an, den ein Unternehmen durch Produktion und → Absatz erwirtschaftet hat.

З.п. (или результат экономической деятельности предприятия) в заводской службе учёта и отчётности представляющий собой, высчитанный отдельно от годового результата общей деятельности предприятия, финансовый результат производственного процесса (прибыль или убыток). Он рассчитывается путём сопоставления заводских издержек и доходов. З.п. и нейтральный результат хозяйственной деятельности образуют совокупный результат экономической деятельности предприятия. Тем самым, з.п. отражает экономический успех хозяйственной деятельности предприятия в сферах производства и сбыта.

Betriebsrat	**Заводской совет**

Der B. ist das gesetzlich berufene Vertretungsorgan der Belegschaft eines → Unternehmens. Im Rahmen der Betriebsverfassung ist der B. der hauptsächliche Träger der → Mitbestimmungs- und Mitwirkungsrechte der → Arbeitnehmer. Der B. ist die gemein-

З.с. является законодательным, созывным органом, представляющим коллектив предприятия. Согласно „закону о заводской конституции ФРГ"; з.с. является основным носителем права принимать участие в делах завода всех

same Vertretung der Arbeiter und Angestellten. Im öffentlichen Dienst wird diese Aufgabe vom Personalrat wahrgenommen. Das → Betriebsverfassungsgesetz vom 15.01.1972 (zuletzt geändert am 26.04.1985) bestimmt, daß in allen → Betrieben mit i.d.R. mindestens fünf ständigen wahlberechtigten Arbeitnehmern, von denen drei wählbar sind, B. zu bilden sind. Der B. wird in geheimer und unmittelbarer Wahl von den Arbeitnehmern des Betriebes gewählt. Die Anzahl der Mitglieder richtet sich nach der Größe der Belegschaft. Der B. hat darüber zu wachen, daß die zugunsten der Arbeitnehmer geltenden Gesetze, Verordnungen, Tarifverträge und Betriebsvereinbarungen durchgeführt werden.

работополучателей. З.с. представляет собой совместное представительство рабочих и служащих. В государственных учреждениях эти функции выполняет совет персонала. В „законе о заводской конституции" от 15.01.1972 (последняя корректировка 26.04.1985 года) определено, что на всех заводах с минимальной численностью постоянно работающих и имеющих право голоса не менее 5 человек, должен быть выбран з.с. З.с. выбирается путём прямого, тайного голосования всех работополучателей завода. Число членов з.с. определяется величиной коллектива завода. З.с. обязан следить за соблюдением и претворением в жизнь всех, действующих в интересах работополучателей законов, постановлений, тарифных договоров и заводских договорённостей.

Betriebstypen / Типы заводов

Mit der Einteilung von → Betrieben nach B. wird in der wirtschaftswissenschaftlichen Literatur eine Systematisie-

При делении заводов на различные типы в научно-экономической литературе применяются различные

rung nach unterschiedlichen Merkmalen vorgenommen. So wird z. B. untergliedert nach:
– Wirtschaftsbranchen (Industrie, Landwirtschaft, Handel, Banken),
– der Betriebsgröße (Kleinbetriebe, Mittelbetriebe, Großbetriebe),
– der Art der Leistungserstellung (Konsumgüter-, Produktionsgüter-, Dienstleistungsbetriebe),
– dem vorherrschenden → Produktionsfaktor (arbeitsintensive, materialintensive Betriebe),
– der → Rechtsform.

признаки. Так, например, различие проводят по :
– отраслям экономики (промышленность, сельское хозяйство, торговля, банки),
– величине заводов (мелкие, средние, крупные),
– виду производства (потребительские товары, товары производственного назначения, услуги и обслуживание),
– главному производственному фактору (интенсивность труда, интенсивность использования материалов),
– правовым формам.

Betriebsverfassungsgesetz	Закон о заводской конституции

Das deutsche B. ist die Grundordnung für das Zusammenwirken von → Arbeitgebern und → Arbeitnehmern. Sein Ziel ist es, die Arbeitnehmer am betrieblichen Entscheidungsprozeß zu beteiligen. Hauptbestandteile des B. sind die Regelungen über den → Betriebrat (Wahl, Mitwirkungsrechte, Tätigkeit), die Mitwirkung der Arbeitnehmer im → Aufsichtsrat (nur bei Kapitalgesellschaften), die Bildung der Jugend- und Auszubildendenvertretung sowie bei

З.о з.к. в Германии является основным положением для сотрудничества руководства предприятий с работополучателями. Его цель составляет привлечение работополучателей к процессам принятия заводских решений. Основными составными частями з.о з.к. являются положения о заводском совете (выборы, полномочия, деятельность), участии работополучателей в наблюдательном совете

größeren → Betrieben der zu bildende Wirtschaftsausschuß. Angelegenheiten, die zwingend der → Mitbestimmung unterliegen, sind:
- Fragen der Ordnung des Betriebes,
- Beginn und Ende der Arbeitszeit einschließlich der Pausenregelung,
- vorübergehende Verkürzung oder Verlängerung der Arbeitszeit,
- Aufstellung allgemeiner Urlaubsgrundsätze,
- Einführung technischer Einrichtungen, die dazu dienen, das Verhalten der Arbeitnehmer zu überwachen,
- Regelungen zur Verhütung von Arbeitsunfällen und Berufskrankheiten,
- Form, Ausgestaltung und Verwaltung von Sozialeinrichtungen,
- Zuweisung, Nutzung und Kündigung von Werkswohnungen,
- betriebliche Lohngestaltung,
- betriebliches Vorschlagwesen,
- Erarbeitung von Sozialplänen.

(для различных капиталообществ типа акционерного),об образовании комитета молодёжи и учеников, а по крупным предприятиям – об экономическом комитете. Положениями, требующими совместного обсуждения, являются:
- вопросы существующего порядка на предприятии,
- регулировка рабочего времени, что касается начала и конца работы, а также относительно перерывов,
- временное удлинение или укорочение рабочего времени,
- общие положения об отпусках,
- внедрение технических систем, контролирующих поведение работополучателей,
- положения о профилактике несчастных случаев и профессиональных заболеваний,
- формы, оснащение и управление социальными учреждениями,
- получение, использование и освобождение заводских квартир,
- начисление заработной платы,
- заводские рационализаторские предложения,
- разработка социальных планов.

Betriebsvergleiche	Сравнительные анализы деятельности однотипных предприятий

Unter B. werden im allgemeinen systematische Vergleiche betrieblicher Kenngrößen verstanden, die der Beurteilung wirtschaftlicher Sachverhalte, insbesondere der Stärken und Schwächen des eigenen → Unternehmens im Vergleich zu anderen, dienen. Die Aussagekraft der zu vergleichenden Daten (z.B. Kapitalrentabilität, Umsatzrentabilität, → Arbeitsproduktivität, Energieverbrauch u.a.) hängt von der Einhaltung des Prinzips der Vergleichbarkeit ab. Das betrifft sowohl die Vergleichbarkeit des Produktionsprogrammes, der → Produktionstiefe, der Betriebsgröße, der Produktionstechnik als auch der gleichartigen Datenerfassung und der Anwendung gleichartiger Bewertungsprinzipien.

Под с.а.д.о.п. в общем и целом понимается систематические сравнения основных заводских показателей, которые служат для оценки экономического положения дел на предприятии, особенно для выявления сильных и слабых сторон по сравнению с другими предприятиями. Правдивость сравниваемых показателей (таких, например, как рентабельность капитала, рентабельность оборота, производительность труда, расход электроэнергии и т.д.), зависит от соблюдения принципа сопоставимости.Это касается сопоставимость не только производственной программы, расчленение производственного процесса в вертикали, размера завода, производственной техники, но и одинакового способа сбора данных и применение аналогичных принципов оценки.

Betriebswirtschaftslehre	Учение об экономике предприятия

Die B. ist neben der Volkswirtschaftslehre die zweite Teildisziplin der Wirtschaftswissenschaften. Sie befaßt sich mit dem Wirtschaften in → Betrieben und → Unternehmen im Sinne der rationalen Führung und berücksichtigt die Wechselbeziehungen zu anderen Betrieben sowie zu den sie umgebenden Wirtschaftsbereichen und → Haushalten als konsumorientierte Einheiten. Die B. entwickelt Methoden zur Planung, Organisation und Kontrolle der betrieblichen Arbeitsabläufe. Unter dem Aspekt der Erzielung hoher Wirtschaftlichkeit befaßt sich die B. schwerpunktmäßig mit:
– den → Produktionsfaktoren (menschliche Arbeit, Betriebsmittel, Werkstoffe, Organisation),
– dem betrieblichen Kreislauf und seinen Gesetzmäßigkeiten,
– den betrieblichen Funktionen (→ Beschaffung, → Finanzierung, Produktion, Vertrieb, → Personalwesen, → Rechnungswesen),
– der Leitung und Kontrolle der gesamten betrieblichen Tätigkeit, ihrer → Kosten und ihres → Erfolges.

Наряду с учением о народном хозяйстве у.о.э.п. является второй поддисциплиной экономических наук. Оно занимается вопросами хозяйствования на предприятиях, в смысле рационального управления с учётом взаимосвязи с другими предприятиями, а также с окружающими хозяйственными областями и домашними хозяйствами как единицами, ориентированными на потребление. У.о.э.п. разрабатывает методы планирования, организации и контроля протекания производственного процесса. Под аспектом достижения высокой экономичности у.о.э.п. рассматривает следующие основные вопросы:
– производственные факторы (живой труд, средства производства, материалы, организация),
– заводской кругооборот и его закономерности,
– заводские функции: закупка, финансирование, производство, сбыт, персональная политика, служба учёта и отчётности,

– руководство и контроль за общей заводской деятельностью, за издержками и за экономическими успехами.

Bilanz	**Баланс**

Die B. ist eine Gegenüberstellung von → Vermögen (→ Aktiva) und → Kapital (→ Passiva) eines Unternehmens für einen bestimmten Zeitpunkt (Bilanzstichtag). Sie ist Teil des → Jahresabschlusses und dient der Unternehmensleitung als Planungs- und Kontrollinstrument. Für Außenstehende (Finanzamt, Aktionäre, → Gläubiger) ist sie Informations- und Rechenschaftsinstrument und dient als Basis für die Gewinnausschüttung. Für das Finanzamt ist die B. Grundlage der Besteuerung. Banken und Gläubiger wollen wissen, wie es um das → Unternehmen steht. Das Vermögen setzt sich aus der Summe aller im Unternehmen eingesetzten Vermögensgegenstände und Geldmittel zusammen. Das Kapital enthält die Summe aller Verpflichtungen des Unternehmens gegenüber Beteiligten und Gläubigern. Die Passivseite der B. zeigt die Herkunft der finanziellen Mittel, die Aktivseite die Verwen-

Б. представляет собой противопоставление двух категорий: имущества (активы) и капитала (пассивы) предприятия на определённый момент времени (день, на который составляется баланс). Он является составной частью годового отчёта и служит руководству предприятия в качестве инструмента планирования и контроля. Для внешних представителей (финансового управления, акционеров, кредиторов), б. является источником получения информации и отчётности и служит базисом для распределения прибыли. Для налогово-финансового управления б. является основой для обложения налогами.Банки и кредиторы хотят знать о положении дел на предприятии. Имущество образуется из суммы всего имеющегося на предприятии вещественного имущества и

dung dieser. Die Differenz zwischen dem Bilanzvermögen und den → Verbindlichkeiten entspricht dem auf der Passivseite ausgewiesenen → Eigenkapital. Für die → Kapitalgesellschaften schreibt das deutsche Handelsgesetzbuch folgende verbindliche Mindestgliederung der B. (gekürzt) vor:

денежных средств. Капитал представляет собой сумму всех обязательств предприятия по отношению к пайщикам и кредиторам. Сторона пассив б. представляет источники финансовых средств, а сторона актив – их применение. Разница между балансовым имуществом и обязательствами соответствует стоящему на стороне пассив собственному капиталу. Для капиталообществ, торговый

Aktivseite	Passivseite
A. → Anlagevermögen	A. → Eigenkapital
I. Immaterielle Vermögensgegenstände (Konzessionen, Schutzrechte Lizenzen, Geschäfts- oder → Firmenwert, geleistete Anzahlungen)	I. Gezeichnetes Kapital
	II. → Kapitalrücklage
	III. Gewinnrücklagen
II. → Sachanlagen (Grundstücke, Anlagen, Maschinen, Betriebs-und Geschäftsausstattung)	IV. Gewinnvortrag/Verlustvortrag
	V. → Jahresüberschuß/ Jahresfehlbetrag
III. → Finanzanlagen (Anteile und Ausleihungen an verbundene Unternehmen, → Wertpapiere)	B. → Rückstellungen
	C. → Verbindlichkeiten (Verbindlichkeiten gegenüber Kreditinstituten, aus Lieferungen und Leistungen gegenüber anderen Unternehmen, sonstige Verbindlichkeiten)
B. → Umlaufvermögen	
I. Vorräte (Roh-, Hilfs- und Betriebsstoffe; unfertige und fertige Erzeugnisse und Leistungen, Anzahlungen)	
II. → Forderungen und sonstige Vermögensgegenstände	D. Rechnungsabgrenzungsposten
III. → Wertpapiere	
IV. Schecks, Kassenbestand, Guthaben	
C. → Rechnungsabgrenzungsposten	

кодекс (ФРГ) предписывает
следующее обязательное
подразделение б.
(укороченно) на:

АКТИВЫ	ПАССИВЫ
А. Имущество в виде сооружений и оборудования	А. Собственный капитал
I. Объекты интеллектуальной собственности (концессии, права на охрану, лицензии, стоимость фирмы, внесённые задатки)	I. Уставный капитал
	II. Резерв капитала
	III. Резерв прибыли
	IV. Перенос на следующий хозяйственный год прибыли или убытков
II. Сооружения и оборудование (земельные участки, сооружения, машины, заводской и конторский инвентарь)	V. Годовой избыток/ годовой убыток
	Б. Отчисления
III. Финансовые вложения (пай и ссуды сопряжённым предприятиям, ценные бумаги)	В. Обязательства (обязательства по отношению к кредитным институтам, обязательства из поставок и услуг по отношению к другим предприятиям, прочие обязательства)
Б. Имущество на оборотные средства	
I. Запасы (сырьевые, вспомогательные и производственные материалы, полуфабрикаты и готовые изделия, услуги, задатки)	Г. Статьи, разграничивающие учёт затрат и поступлений между смежными отчётными периодами
II. Требования и другие имущественные предметы	
III. Ценные бумаги	
IV. Чеки, кассовая наличность, вклады	
В. Статьи, разграничивающие учёт затрат и поступлений между смежными отчётными периодами	

Bilanzanalyse	**Балансовый анализ**

Die B. dient der Beurteilung der gegenwärtigen sowie der zukünftigen wirtschaftlichen Lage des → Unternehmens. Durch die Bildung von Kennzahlensystemen lassen sich Beziehungen zwischen Vermögens- und Kapitalpositionen

Б.а. служит для выявления настоящего и будущего экономического положения предприятия. Путём составления систем показателей определяются соотношения между позициями имущества и

herstellen, die Aussagen über die Liquiditätslage gestatten (goldene Bilanzregeln). Weiterhin können Einblicke in die Vermögensstruktur und Kapitalstruktur gewonnen werden.

капитала, которые говорят о положении ликвидности (золотое правило баланса). Кроме того, это даёт представление о структурах имущества и капитала.

Bilanzgewinn / Балансовая прибыль

Der B. ist nicht deckungsgleich mit dem „tatsächlich" von → Kapitalgesellschaften erwirtschafteten → Gewinn (→ Jahresüberschuß). Er entspricht dem Teil (Geldbetrag), der als → Dividende an die Aktionäre ausgeschüttet wird. Rechnerisch ergibt sich der B. wie folgt:

Jahresüberschuß/
Jahresfehlbetrag
+/- Gewinnvortrag/
Verlustvortrag
+/- Entnahmen/Einstellungen
aus (in) Gewinnrücklagen
+ Entnahmen aus der → Kapitalrücklage

= Bilanzgewinn/
Bilanzverlust

Der B. geht also von der teilweisen Verwendung des Jahresüberschusses aus.

Б.п. не идентична с „действительной" произведённой капиталообществом прибылью (годовым избытком). Она соответствует той части (денежной сумме), которая распределяется между акционерами в качестве дивидентов. Математически б.п. рассчитывается следующим образом:
годовой избыток / годовой убыток
+/- перенос прибылей / перенос убытков
+/- изъятия / зачисления из (в) резервов (-ы) прибыли
+ изъятия из резервов капитала

= балансовая прибыль / балансовый убыток

Таким образом, б.п. исходит из частичного употребления годовой прибыли.

Bonus	**Бонус**
Im Geschäftsverkehr werden allgemein unter B. Vergütungen verstanden, die den Abnehmern nachträglich (halbjährlich oder am Jahresende) als Treueprämie vom Lieferanten gewährt werden.	В деловых отношениях под понятием б. понимаются вознаграждения, которые поставщики дают дополнительно своим заказчикам за верность (каждые пол-года или в конце года).

Boom	**Бум**
Der Begriff B. wird für die Phase der Hochkonjunktur verwendet. Sie ist gekennzeichnet durch Höchstabsatz, verbunden mit Auftragsüberhängen, langen Lieferfristen, Vollbeschäftigung, starker Preisentwicklung, hohen Zinssätzen (Geldnachfrage > Geldangebot), hohen → Gewinnen sowie einem Rückgang der Aktienkurse, da man allgemein die → Rezession erwartet.	Понятие б. применяется к фазе высокой коньюнктуры. Он характеризуется самым высоким сбытом, связанным с наличием избытков заказов, долгими сроками поставок, полной загруженностью, быстрым развитием цен, высокими процентами (денежный спрос предложения денег), высокими прибылями, а также падением курса акций, т.к. все ожидают рецессии.

Börse	**Биржа**
Die B. ist eine staatlich genehmigte und beaufsichtigte Marktveranstaltung, an der fungible → Güter unter hoher örtlicher und zeitlicher Konzentration gehandelt werden. Die Güter, die börsenmäßig	Б. является согласованной с государством и находящейся под его надзором рыночной организацией, где торгуют заменимыми товарами при высокой местной и временной концентрации.

gehandelt werden, sind derart standardisiert, daß die einzige Eigenschaft, über die sich Käufer und Verkäufer zu einigen haben, der → Preis (→ Kurs) ist. Man unterscheidet:
- Wertpapierbörsen, an denen → Aktien und → Anleihen gehandelt werden,
- Wertpapierterminbörsen (Optionshandel),
- Devisenbörsen,
- Warenbörsen (Handel mit Edelmetallen, NE-Metallen, Genußmittel wie Tee und Kaffee).

Die Kurse der führenden B. sind an jedem Platz der Welt über international arbeitende elektronische Nachrichtendienste jederzeit verfügbar.

Товары, которыми торгуют на бирже, до такой степени стандартизированы, что цена (курс) является единственным параметром, о котором договариваются продавец и покупатель. Различают следующие виды бирж:
- биржи ценных бумаг, где торгуют акциями и облигациями заёмов,
- биржи ценных бумаг, допущенных к срочным сделкам (опцион),
- валютные биржи,
- товарные биржи (торговля благородными металлами, цветными металлами, продуктами вкусовой промышленности: чай, кофе).

Информацию о курсах ведущих б. можно получать в любой точке мира и в любой момент времени с помощью международных электронных информационных служб.

Break-even-Analyse / Брек-ивен-анализ

Mit Hilfe der B. (auch Gewinnschwellen-Analyse genannt) ermittelt man die kritische Absatzmenge eines → Produktes (bzw. einer Produktgruppe). Ist die Absatzmenge größer, erzielt das → Unternehmen → Gewinn.

С помощью б.-и.-а. (ещё называемого анализом достижения критической точки прибыли) рассчитывают критические для сбыта объёмы продукта. Если же объёмы сбываемого продукта больше

критического, то
предприятие получает
прибыль.

Break-even-point	Брек-ивен-пойнт

Der B. bezeichnet jene kritische Absatzmenge X_S eines Erzeugnisses mit einem gegebenen mengenunabhängigen Verkaufspreis p, bei der der Gesamterlös $E = p \cdot X_S$ die Gesamtkosten K deckt:

$$K = E = p \cdot X_S$$

Geht man weiter davon aus, daß die Erzeugung sowohl → fixe(K_f) als auch variable Kosten (K_v) verursacht, und unterstellt man, daß sich die variablen Kosten proportional verhalten, so errechnet sich der B. wie folgt:

$$p \cdot X_s = K_f + K_v = K_f + k_v \cdot X_s$$

$$X_s = \frac{K_f}{p - k_v}$$

Damit ergibt sich die gesuchte Break-even-Menge (B.) als Quotient aus den → Fixkosten und dem spezifischen (Stück-) → Deckungsbeitrag.

Б.-и.-п. обозначает тот критический объём сбыта X_S определённого товара с заданной, не зависящей от количества, продажной ценой p, при котором общий доход $E = p \cdot X_S$ покрывает общие издержки K:

$$K = E = p \cdot X_s$$

Если в дальнейшем исходить из того, что производство порождает как постоянные издержки (K_f), так и переменные издержки (K_v) и при этом принять, что переменные издержки изменяются пропорционально, тогда б.-и.-п. рассчитывается по следующей формуле:

$$p \cdot X_s = K_f + K_v = K_f + k_v \cdot X_s$$

$$X_s = \frac{K_f}{p - k_v}$$

Так рассчитывается искомое количество объёма сбыта, соответствующее б.-и.-п. как отношение постоянных издержек к специфической (штучной) величине покрытия постоянных издержек.

Bruttosozialprodukt	Валовой социальный продукт

Das B. (auch Sozialprodukt genannt) entspricht dem Wert aller produzierten → Güter (→ Waren und Dienstleistungen), die innerhalb eines Jahres in einer → Volkswirtschaft erstellt werden. Nicht enthalten sind im B. die Güter, die als Vorleistungen bei der Produktion verbraucht wurden. Enthalten sind im B. die aus dem Ausland empfangenen Erwerbs- und Vermögenseinkommen (netto). Das B. stellt somit das Gesamtergebnis volkswirtschaftlicher Tätigkeit eines Jahres dar.

В.с.п., называемый также социальным продуктом, представляет собой стоимость всех произведённых товаров и услуг, которые были изготовлены народным хозяйством в течение одного года. В в.с.п. не учтены авансовые товары, потреблённые при производстве готовых (конечных) продуктов. В в.с.п. учитываются трудовые доходы и доходы с собственности (нетто), заработанные за рубежом. Таким образом, в.с.п. является общим результатом народнохозяйственной деятельности одного года.

Buchführung	Ведение бухгалтерского учёта

Die B. hat die Aufgabe, planmäßig und lückenlos sämtliche wirtschaftlich bedeutsamen Vorgänge (Geschäftvorfälle), die mit Wertgrößen zusammenhängen, aufzuzeichnen. Diese Aufzeichnungen haben den Zweck:
– alle Geld- und Güterbewegungen dokumentarisch zu erfassen,

Задача в.б.у.состоит в планомерной, без пропусков, регистрации всех экономически значимых операций, касающихся величин стоимости. Эти записи преследуют следующие цели:
– документально отразить все денежные и товарные операции,

- in regelmäßigen Zeitabständen (monatlich, jährlich) Rechenschaft über die Geschäftslage abzulegen (Kosten- und Umsatzanalyse, → Gewinn- und Verlustrechnung, Analyse der Vermögenslage und der Finanzsituation, → Jahresabschluß) und
- gesetzlich vorgeschriebene Anforderungen z.B. zur Besteuerung des → Unternehmens zu erfüllen.

Das Handelsgesetzbuch schreibt die Buchführungspflicht vor und verlangt die Einhaltung der Grundsätze ordnungsgemäßer B. Sie gelten als gewahrt, wenn die Eintragungen der Form und dem Inhalt nach fortlaufend, vollständig und richtig erfolgen, so daß sich ein sachkundiger Dritter innerhalb einer angemessenen Frist einen Überblick über die Geschäftslage verschaffen kann. Entsprechend der unterschiedlichen Voraussetzungen werden drei grundlegende Methoden der B. angewandt:
- die einfache B.,
- die doppelte B.,
- die kameralistische B.

– предоставить отчёт об экономическом положении дел на предприятии за определённый промежуток времени (ежемесячно, ежегодно), в том числе анализ издержек и оборотов, расчёт прибыли и убытков, анализ имущественного состояния и финансовой ситуации, годовой отчёт,

– выполнять требования, предписанные законодательством, например, по налогообложению предприятия.

Торговый кодекс предписывает обязательность в.б.у. и обязывает соблюдать правильность его ведения. Эти требования соблюдаются, если все записи ведутся правильно, равномерно и полно по форме и содержанию, так, чтобы компетентный посторонний представитель смог составить себе представление о хозяйственном положении предприятия за определённый промежуток времени.В соответствии с различными условиями, как правило, применяются три основных метода в.б.у.:

– простая система бухгалтерского учёта,

– двойная система бухгалтерского учёта,

– карамелистический бухгалтерский учёт.

C

Der C. ist eine finanzielle Kennzahl, die den in einer Periode erwirtschafteten Überschuß an Zahlungsmitteln angibt. Der C. drückt damit die Finanzkraft eines → Unternehmens aus.

Berechnung:

Jahresgewinn (→ Bilanzgewinn)
+ → Abschreibungen
+ → Rücklagen
+ Erhöhung der langfristigen → Rückstellungen (z.B. Pensionsrückstellungen)

= Cash-flow

Der C. läßt eine korrektere Beurteilung der Ertragssituation eines Unternehmens zu als die im → Jahresabschluß ausgewiesene Gewinngröße. Gewinnbeeinflussungen durch unterschiedliche → Abschreibungsverfahren, durch die Wahl der → Nutzungsdauer oder durch unterschiedliche Bewertungsverfahren werden eliminiert.

К.-ф. является финансовым показателем, который выражает полученный за определённый период избыток средств платежа. К.-ф., таким образом, указывает на финансовые возможности предприятия.

Расчёт:

годовой доход (балансовая прибыль)
+ амортизационные отчисления
+ отчисления в резервный фонд (например, для пенсии)
+ повышение долгосрочных отчислений в резервный фонд (например, для пенсии)

= кеш-фло

К.-ф. позволяет сделать более корректную оценку уровня доходов предприятия,чем указанная в годовом отчёте величина дохода. Влияния на прибыль от неодинаковых методов амортизационного отчисления, от

выбора срока эксплуатации или от разных методов оценки элиминируются.

Controlling	Контроллинг

C., aus dem Amerikanischen übernommen, wird in der deutschen Wirtschaftspraxis (vorwiegend in Großbetrieben) als eine Subfunktion der Unternehmensführung angewendet. C. wird in der Managementlehre als Informations- und Führungskonzept für das gesamte → Unternehmen behandelt. Das C. umfaßt dementsprechend das gesamte funktionsübergreifende Instrumentarium der Analyse, Planung, Steuerung und Kontrolle, mit dem unternehmerische Entscheidungen umfassend vorbereitet werden und ihre Durchführung unterstützt wird. C. versteht sich nicht primär als Kontrollinstanz, sondern als Beratungs-, Anregungs-, Unterstützungs- und Motivationsaufgabe und damit als Entscheidungs- und Führungshilfe.

К. перенят с американского и применяется в немецкой хозяйственной практике (преимущественно на крупных предприятиях) как подфункция управления предприятия. В учении о менеджменте к. рассматривается как план информации и управления для всего предприятия. В соответствии с этим к. охватывает весь инструментарий анализа, планирования, управления и контроля, с которым всесторонне готовятся предпринимательские решения и поддерживается их реализация. К. понимается прежде всего не как контрольная инстанция, а как задача обсуждения, рекомендаций, поддержки и мотивизации и, таким образом, как помощь в решении и управлении.

D

Der D. eines einzelnen Erzeugnisses oder einer Produktgruppe ist die Differenz zwischen dem Nettoverkaufspreis und den direkt zurechenbaren → (variablen) Kosten. Diese Differenz umfaßt den Betrag, der zur Abdeckung der nichtvariablen → (fixen) Kosten und zur Erzielung eines → Gewinnes beiträgt. Der D. ist ein aussagefähiges Entscheidungskriterium für die → Produkt- und Absatzpolitik der Unternehmensleitung. Bei der Frage, ob die Ausdehnung der Produktion sich kurzfristig lohnt, muß die Kapazitätsauslastung berücksichtigt werden. Bei freien → Kapazitäten sind die Erzeugnisse besonders förderungswürdig, die den höchsten D. ausweisen. Bei ausgelasteten Kapazitäten geht man von den engpaßbezogenen oder relativen Deckungsbeiträgen aus. Sie entsprechen dem D. einer Produktart je benötigter Einheit eines Kapazitätsengpasses. Dividiert man z.B.

В.п.п.и. отдельного продукта или группы продуктов является разница между продажной ценой нетто и непосредственно причисляемыми переменными издержками. Эта разница охватывает ту сумму, которая способствует погашению постоянных издержек и извлечению дохода. В.п.п.и. является важным критерием для решений руководства предприятия в области стратегии развития производственной программы и сбыта. В решении вопроса – стоит ли краткосрочное расширение производственных мощностей – необходимо учесть их загрузку. При наличии свободных мощностей особенно пригодными для расширения производства являются те продукты, которые имеют самую высокую величину покрытия постоянных издержек. При загруженных мощностях исходят от относительной в.п.п.и. Она соответ-

den absoluten Stückdeckungs-
beitrag von 4 DM je Mengen-
einheit durch die Beanspru-
chung des Kapazitätsengpasses
von 2 Minuten je Mengenein-
heit, so erhält man den relativen D. in Höhe von 2 DM je
Minute.

ствует в.п.п. и. одного вида
продукта на необходимую
единицу одного узкого места
мощностей (относительно к
необходимой единице пара-
метра).

Например, когда делят
абсолютную штучную
в.п.п.и. в размере 4 марки за
единицу продукта на производительность агрегата
узкого места в размере 2
минуты машинного времени
на производство единицы
продукта, то получают отно-
сительную в.п.п.и. в размере
2 марки за минуту.

Deckungsbeitragsrechnung	Расчёт величины покрытия постоянных издержек

Die D. ist eine kombinierte Er-
lös- und → Kostenrechnung.
Sie dient unter Nutzung des
Kriteriums → Deckungsbei-
trag vor allem dazu, zweckmä-
ßige und ökonomisch begrün-
dete Entscheidungen zur Gestaltung des Absatz- und Pro-
duktionssortimentes, zur Auf-
tragsannahme, zur Wahl der
Vertriebswege und Kunden-
gruppen, zur Verkaufsgebiets-
politik, aber auch im Bereich
der → Beschaffung zu treffen.
Die Methode der D. ist ein
neueres Kontrollinstrument
für die Unternehmensführung
und tritt in zunehmendem

Р.в.п.п.и. является комбини-
рованным расчётом доходов
и издержек. С учётом критерия величины покрытия
постоянных издержек он служит прежде всего для того,
чтобы принимать целесооб-
разные и экономически
обоснованные решения по
развитию сортамента про-
дукции и сбыта, по принятию
заказов, по выбору каналов
сбыта и группам клиентов,
по политике географических
районов сбыта, а также в
области закупок. Метод
р.в.п.п.и. является новым
контрольным инструментом

Maße an die Stelle der früher weit verbreiteten → Vollkostenrechnung. Sie geht von den Umsatzerlösen eines Kalkulationsobjektes und denjenigen → Kosten aus, die diesem Objekt direkt zugerechnet werden können. Während die bisherigen Kostenrechnungssysteme auf der Basis der Vollkostenrechnung von der Forderung nach Abdeckung der umsatzabhängigen (variablen) und der → fixen Kosten ausgingen, berücksichtigt die D. die Kostentragfähigkeit der Erzeugnisse, die sich aus den erzielbaren → Marktpreisen ergeben. In der Praxis wird die D. sowohl einstufig als auch mehrstufig angewandt. Sind die gesamten Fixkosten F einer Periode (Blockkosten) bekannt, kann z.b. der Nettoerfolg einer Periode NE mit Hilfe der einstufigen D. wie folgt berechnet werden:

$$NE = \sum_{i=1}^{n} m_i (p_i - v_i) - F$$

$$= \sum_{i=1}^{n} m_i \cdot d_i - F$$

p_i = Preis einer Einheit des Produktes i (netto, nach Abzug von Rabatten, Erlösschmälerungen …)

m_i = Absatzmenge des Produktes i

по управлению предприятием и всё более заменяет ранее распространённый метод расчёта полных издержек. Р.в.п.п.и.исходит от доходов оборота калькуляционного объекта и от тех издержек, которые можно непосредственно причислять этому объекту. В отличии от до сих пор принятых систем расчёта издержек, которые на базе расчёта полных издержек исходили от требования на погашение переменных и постоянных издержек, р.в.п.п.и. учитывает допустимую нагрузку продукта издержками, которая получается из достигаемых цен на рынке. На практике р.в.п.п.и. применяется как одноступенчатый, так и двухступенчатый. Если все постоянные издержки F одного периода (издержки одного блока) известны, то можно рассчитать экономический успех (прибыль нетто NE) одного периода с помощью одноступенчатого р.в.п.п.и. таким образом:

$$NE = \sum_{i=1}^{n} m_i (p_i - v_i) - F$$

$$= \sum_{i=1}^{n} m_i \cdot d_i - F$$

p_i = цена одной единицы продукта i (нетто,

v_i = variable Stückkosten des Produktes i

n = Anzahl der Produkte

d_i = Stück-Deckungsbeitrag des Produktes i

после вычета скидок, уменьшения выручки),

m_i = объём сбыта продукта i,

v_i = переменные издержки в расчёте на единицу продукта i,

n = количество продуктов,

d_i = величина покрытия постоянных издержек в расчёте на единицу продукта i

Deflation

Дефляция

D. ist die Abwärtsbewegung der wirtschaftlichen Entwicklung, begleitet von einem Verfall der → Preise. Dabei entwickeln sich ähnlich wie bei der → Inflation Disproportionen zwischen dem Güter- und Geldkreislauf. Das gesamtwirtschaftliche Angebot übersteigt die kaufkräftige Gesamtnachfrage. Das kann sowohl auf den Rückgang der Auslandsnachfrage infolge Wachstumsschwächen, Abwertungen des Auslands oder protektionistische Maßnahmen der Handelspartner zurückzuführen sein als auch auf binnenwirtschaftliche Rezessions- und Depressionserscheinungen.

Д. означает движение экономического развития вниз, которое сопровождается резким падением цен. При этом, как и при инфляции, развиваются диспропорции между денежным и товарным обращениями. Общеэкономическое предложение превышает общий платёжеспособный спрос. Это может быть вызвано как уменьшением спроса из заграницы в связи с уменьшением темпа роста, девальвацией в других странах или протекционистскими мероприятиями торговых партнёров, так и с явлениями экономического спада или депрессии внутренней экономики.

Depression	**Депрессия**
Die D. ist die Niedergangsphase im Konjunkturzyklus. Sie folgt der Phase der → Rezession, entspricht dem Tiefpunkt der wirtschaftlichen Entwicklung und ist gekennzeichnet durch: – Absatzstockungen, – Betriebsstillegungen und Massenentlassungen, – Preistiefstände und Preiseinbrüche, – niedrige Zinssätze und Aktienkurse, – niedriges Steueraufkommen.	Д. является фазой спада конъюнктурного цикла. Она следует за фазой рецессии и соответствует низшей точке экономического развития и характеризуется: – перебоем сбыта, – закрытиями предприятий и массовыми увольнениями, – низким уровнем цен и их резким падением, – низкими процентными ставками и низким курсом акций, – низкими налоговыми поступлениями.

Design	**Дизайн**
Unter D. versteht man die Art der Produktgestaltung (industrielle Formgebung). Das D. dient als Instrument zur Produktdifferenzierung.	Д.- это оформление внешнего вида продукта (художественное конструирование). Д. служит инструментом при дифференцировании продукта.

Desinvestition	**Десинвестиция**
Unter D. versteht man die Freisetzung oder Rückgewinnung der in konkretensVermögenswerten gebundenen finanziellen Mittel. Das kann durch Verkauf, → Liquidation oder Aufgabe erfolgen.	Д. осуществляется путём освобождения или возвращения связанных в конкретных имуществах финансовых средств. Это может происходить путём продажи, ликвидации или прекращения фондов.

Direct costing	Расчёт частичных издержек

Unter D. wird ein einfaches System der → Teilkostenrechnung verstanden, das auf einer Trennung der → Kosten in fixe und variable Bestandteile basiert. Die Aufteilung in diese beiden Gruppen erfolgt in der → Kostenartenrechnung. Als Aufspaltungskriterium dient die Abhängigkeit von der Beschäftigung. Beim D. werden von den → Erlösen der einzelnen → Leistungen nur → variable Kosten (direct costs), z.B. Materialkosten und Löhne, in Abzug gebracht. Das D. verzichtet auf die in der → Vollkostenrechnung üblichen Umlageverfahren für → Gemeinkosten mit ihren zweifelhaften Bezugsgrößen. Das D. nutzt für die Durchführung kurzfristiger → Erfolgsrechnungen die → Deckungsbeiträge.

Р.ч.и.- это простая система расчёта, которая базируется на разделении издержек на постоянные и переменные составные части. Разделение на эти две группы происходит в рамках расчёта по видам издержек. Критерием деления служит зависимость от степени занятости. В ходе р.ч.и. от доходов отдельных видов производимой продукции и услуг вычитаются только переменные издержки (direct costs), например, расходы на материалы и заработную плату. Р.ч.и. отказывается от принятых в расчёте полных издержек методов отчисления общих издержек со своими сомнительными базовыми показателями. Р.ч.и. при проведении краткосрочных расчётов прибыли и убытков использует величину покрытия постоянных издержек.

Distribution	Дистрибуция

D. ist Verteilung der hergestellten → Güter. Sie ist damit das Bindeglied zwischen Produktion und Konsumtion.

Д. -это распределение произведённых товаров. Она является связующим звеном между производством и потреблением.

Distributions-Mix

Микс-дистрибуция

Das D., auch als Distributions-politik bezeichnet, gehört zu den vier grundlegenden Marketinginstrumenten und beschäftigt sich mit allen Entscheidungen und Handlungen, die im Zusammenhang mit dem Weg eines → Produktes oder einer → Leistung vom Produzenten zum → Kunden gefällt werden müssen. Dazu gehört die Festlegung der → Absatzwege und der jeweiligen Distributionsorgane sowie der physischen → Distribution (Marketing-Logistik). Das betrifft die Wahl der Transportmittel, des Lagernetzes (Art und Standort der Läger), die Auftragsabwicklung, Kommissionierung, Verpackung etc.

М.-д. или, как её ещё называют, политика дистрибуции – относится к четырём основным инструментам маркетинга. Она охватывает все необходимые решения и действия, связанные с путями сбыта продукта или услуг от производителя к потребителю. К этому относится определение каналов сбыта и соответствующих органов дистрибуции, а также физической дистрибуции (маркетинг-логистика). Это касается выбора транспортных средств, сети складов (вид и местонахождение складов), обработки заказов, составления заказов, упаковки и т.д.

Diversifikation

Диверсификация

D. bedeutet Ausweitung des Produktprogrammes auf Erzeugnisse und Leistungen, die im Vergleich zum bisherigen Programm deutlich abweichen. Bei der D. ist das Bestreben vorherrschend, das Absatzrisiko zu mindern, indem man sich auf mehrere „Absatzfüße" stellt. Die Ausdehnung kann → Produkte umfassen, die einen engen sachlichen Zusammenhang mit dem bisherigen

Д. означает расширение производственной программы на продукты и услуги, которые явно отличаются от продуктов и услуг прежней программы. При диверсификации доминирует стремление уменьшить риск сбыта, находя дополнительные опоры сбыта. Расширение производства может охватывать и продукты, которые имеют тесную сущест-

Produktprogramm (gleiche Werkstoffe, Technologien, Branchenzugehörigkeit) haben. Sie kann aber auch zu Produkten führen, die kaum einen Zusammenhang haben.

венную связь с прежней производственной программой (одинаковые материалы и сырьё, одинаковая технология, продукты данной отрасли). Оно может охватывать и продукты, которые почти не имеют ничего общего с данной отраслью.

Dividende	**Дивиденд**
D. ist der dem Aktionär zustehende Gewinnanteil einer → Aktie. Über ihre Höhe beschließt die → Hauptversammlung.	Д. является той частью прибыли, которая выплачивается акционеру на одну акцию. Его размер определяет общее собрание акционеров.

E

Effektivität / Эффективность

E. bringt die Wirksamkeit einer Handlung oder Maßnahme zum Ausdruck. In der wirtschaftswissenschaftlichen Literatur wird der E.-Begriff wenig verwendet.

Э. выражает экономическую результативность действия или мероприятия. В немецкой научной экономической литературе понятием эффективности мало пользуются.

Effizienz / Рациональность

Für den E.-Begriff hat sich bisher keine einheitliche Definition herausgebildet. Häufig wird E. als ein Prädikat oder Auswahlkriterium benutzt, mit dem unterschiedliche Handlungsmöglichkeiten gewertet werden.

Для понятия „рациональность" до сих пор ещё не разработано единое определение. Часто р. употребляется как предикат или как критерий выбора, которым оценивают разные возможности действия.

Eigenkapital / Собственный капитал

E. sind Mittel (→ Kapital), die den Einzelkaufleuten oder → Gesellschaftern gehören und einem → Unternehmen ohne zeitliche Begrenzung zur Verfügung gestellt werden. E. wird entweder durch Eigentümer von außen dem Unternehmen zugeführt (z.B.als Kapitalerhö-

С.к. являются средствами (капиталом), которые принадлежат частным коммерсантам или компаньонам и которые без ограничения времени предоставляются предприятию. С.к. вводится в предприятие собственниками со стороны (например,

hung gegen → Einlage) oder von innen (z.B. durch Verzicht auf Gewinnausschüttung). Die Darstellung des E. in der → Bilanz ist abhängig von der → Rechtsform. In der Bilanz des Einzelkaufmanns und der → Personengesellschaft wird das E. als Differenz zwischen → Vermögen der Aktivseite und den → Verbindlichkeiten der Passivseite ausgewiesen. Das E. ist damit eine variable Größe, die sich in Abhängigkeit von der Bildung von → Rücklagen, vom Gewinnvortrag (bzw. Verlustvortrag) und vom → Jahresüberschuß (Jahresfehlbetrag) von Jahr zu Jahr ändert. Das E. setzt sich in → Kapitalgesellschaften aus den Bestandteilen:
- Gezeichnetes Kapital,
- Kapitalrücklage,
- Gewinnrücklage,
- Gewinnvortrag/ Verlustvortrag und
- Jahresüberschuß/ Jahresfehlbetrag

zusammen. Je höher der Eigenkapitalanteil, desto sicherer werden Unternehmen wirtschaftliche Krisenzeiten überstehen.

в качестве увеличения основного капитала за вклад) или из внутренних ресурсов (например, путём отказа от распределения прибыли). Изображение с.к. в балансе зависит от правовой формы. В балансе частного коммерсанта и товарищества с.к. показывается как разница между имуществом активной части баланса и обязательствами пассивной части баланса. С.к. является переменной величиной, которая из года в год меняется в зависимости от отчислений в резервный фонд, от переноса прибыли (или переноса убытка) и от годового избытка (годового убытка). С.к. в капиталообществе состоит из следующих частей:
- уставный капитал,
- резерв капитала,
- резерв прыбыли,
- перенос прибыли (перенос убытка),
- годовой избыток (годовой убыток).

Чем выше доля собственного капитала, тем увереннее предприятие переживёт кризисные времена.

Einkommen

E. ist das einer Person in einer Zeitperiode zufließende Geld aus den zwei Quellen: den Arbeitsleistungen (Arbeitseinkommen) und aus dem Vermögensbesitz (Besitzeinkommen). Das E. ist für Individuen und → Haushalte die wichtigste Größe für alle ökonomischen Entscheidungen, die der Bedürfnisbefriedigung dienen und die zugleich die soziale Rangordnung und Position in der volkswirtschaftlichen Einkommensverteilung zum Ausdruck bringt. Man unterscheidet zwischen ursprünglichem E. (Primärverteilung) und versteht darunter die Verteilung der E. auf Personen, bevor die Umverteilung durch den Staat einsetzt, und dem abgeleiteten E. (Sekundärverteilung), das durch das Eingreifen des Staates in den Verteilerprozeß entsteht. In steuerlicher Hinsicht setzt sich das E. als Gesamtbetrag der (Rein-) → Einkünfte aus den sieben Einkunftsarten zusammen, die das Einkommensteuergesetz aufzählt.

Заработки

З. лица – это деньги, притекающие за определённый период времени из двух источников: результатов труда (трудовые з.) и владения имуществом (доход от владения имуществом). Для частных лиц и семей з. являются главной величиной всех экономических решений, служащих удовлетворению потребностей и одновременно определяющих социальный ранговый порядок и занимаемую позицию в народнохозяйственном распределении з. Различают первоначальные з. (первичное распределение)и понимают под этим распределение з. до того, как государство начнёт перераспределение и производные з. (вторичное распределение), которые возникают вследствии вмешательства государства в процесс распределения. По отношению к налогам з., как общая сумма всех (чистых) доходов, составляются из семи видов дохода, которые предусматриваются законом взимания подоходного налога.

Einkommensteuer	Подоходный налог

E. sind gesetzlich vorgeschriebene → Abgaben auf die Gesamtheit der → Einkünfte. Ihr
unterliegen natürliche Personen. Die Einkommensbesteue-
rung juristischer Personen ist
durch das Körperschaftsteuer-
gesetz geregelt. Bei der E. werden die persönlichen Verhält-
nisse (Alter, Kinderzahl) ebenso berücksichtigt wie die unterschiedliche Höhe des zu ver-
steuernden → Einkommens.
Die Bemessungsgrundlage für
die Berechnung der E. baut
auf sieben Arten von Einkünf-
ten auf. Auf das berechnete
und zu versteuernde Einkommen wird dann der Steuertarif
angewendet. Das deutsche →
Steuersystem ist zur Zeit so
aufgebaut, daß ein Grundbe-
trag (5600 DM) einkommen-
steuerfrei bleibt. Bis zu 8100
DM schließt sich mit einem
Steuersatz von 19 % eine untere Proportionalzone an. Bis
120 000 DM folgt eine Progres-
sionszone, in der sich der Steuersatz von 19 % auf 53 % erhöht. Das Steuersystem enthält sechs Steuerklassen, die
für die Höhe der E. besonders
wichtig sind.

П.н.- это обязательные, установленные законом
отчисления на совокупность
доходов. Платить п.н. обязано каждое физическое
лицо. Подоходное налогооб-
ложение юридических лиц
происходит на основе закона
обложения налогом при-
были. При установлении п.н.
учитываются как личные
обстоятельства (возраст,
число детей), так и разные
объёмы доходов, подлежа-
щих налогообложению.
Основа исчисления п.н. базируется на семи видах дохода.
На расчитанный и подлежа-
щий налогообложению
доход применяется соответст-
вующий тариф налогооб-
ложения. Немецкая налого-
вая система так построена,
что основная сумма доходов
(5600 марок ФРГ) налогообложению не подлежит. До
8100 марок ФРГ следует
низшая пропорциональная
зона с налоговой ставкой в
размере 19% . До 120 000
марок ФРГ последует зона
прогрессии, в которой налоговая ставка повышается с
19% до 53% . Налоговая
система имеет 6 разрядов
налогообложения, которые
имеют большое значение
для определения объёма п.н.

Einkünfte	Доходы
E. zählen zu den steuerrechtlichen Begriffen. Sie unterteilen sich in sieben Einkunftsarten, die im Einkommensteuergesetz festgelegt sind und der Berechnung des zu versteuernden → Einkommens dienen. Dazu zählen: 1. E. aus Land- und Forstwirtschaft 2. E. aus Gewerbebetrieb (Handwerk, Industrie, Handel ...) 3. E. aus selbständiger Arbeit 4. E. aus nichtselbständiger Arbeit (Löhne, Gehälter, Gratifikationen ...) 5. E. aus Kapitalvermögen (Zinsen aller Art, Gewinnanteile,Wertpapiere) 6. E. aus Vermietung und Verpachtung 7. sonstige E.	Д. относятся к понятиям налогового права. Они делятся на семь видов доходов, которые определены в законе о взимании подоходного налога и служат для расчёта дохода, облагаемого налогом. К ним относятся: 1. Д. от лесного и сельского хозяйства, 2. Д. от промыслов (ремесленное производство, промышленность, торговля), 3. Д. от ненаёмного труда, 4. Д. от наёмного труда (заработная плата, оклад, гратификация), 5. Д. от капитала (проценты всех видов, дивиденды, ценные бумаги), 6. Д. от сдачи в аренду, 7. Прочие доходы.

Einlagen	Вклады
Nach dem Handelsrecht sind E. alle Bar- und Sachleistungen, die ein → Gesellschafter in eine → Handelsgesellschaft einbringt und sich damit an ihr beteiligt. E. sind somit → Eigenkapital. Bei → Kapitalgesellschaften wird die E. durch Kauf von neuen → Aktien bzw. durch den Kauf von GmbH-Gesellschaftsanteilen	По торговому праву в. являются все наличные платежи и имущественные в., которые вносит компаньон в производственно-торговое предприятие и таким образом участвует в нём. Следовательно в. являются собственным капиталом. У капиталобществ в. осуществляются путём покупки

und bei → Personengesell-
schaften (z.B. bei der OHG
und KG) durch den vertraglich
geregelten Gesellschaftsbei-
trag vollzogen. Bei der →
GmbH wird der Betrag, der
von jedem Gesellschafter auf
das → Stammkapital geleistet
wird, als Stammeinlage bezeichnet. Der Begriff E. wird
auch im Bankwesen verwen-
det. Das Einlagengeschäft
(Passivgeschäft) ist die Voraussetzung dafür, daß das Kredit-
geschäft der Banken ermöglicht wird. E. werden in den
Bankbilanzen unter den →
Passiven ausgewiesen. E.-arten
werden nach dem Merkmal
der Befristung gegliedert in:
- täglich fällige Gelder (Sicht-
  einlagen), über die der →
  Kunde jederzeit durch
  Scheck oder Überweisung
  verfügen kann (Giralgeld),
- feste Gelder, die der Bank
  für eine bestimmte Laufzeit
  (mindestens 30 Tage) zur
  Verfügung gestellt werden,
- Kündigungsgelder, für die
  eine bestimmte Kündigungs-
  frist vereinbart wird und
- Spareinlagen mit unter-
  schiedlichen Kündigungsbe-
  dingungen.

новых акций или долей
общества (у общества с ограниченной ответствен-
ностью), а у товариществ
(например, у открытого
торгового товарищества и у
коммандитного товари-
щества) через регламентиро-
ванную договором долю в
обществе. В обществе с ограниченной ответственностью
в., внесённый каждым ком-
паньоном в уставный капи-
тал, называется уставным
вкладом.Понятие в. применяется и в банковском деле.
Приём в. (пассивная операция) является предпосылкой
для кредитных операций банков. В балансах банка в.
показываются как пассивы.
Виды в. различают по
назначению срока, а именно:
- деньги, ежедневно подле-
  жащие уплате (бес-
  срочный вклад), т.е.
  деньги,которыми клиент в
  любое время может распоряжаться через чек или
  перевод (деньги банков-
  ского жирооборота),
- срочные в., данные банку
  взаймы на определённое
  время (минимум на 30
  дней),
- срочные в., для которых
  договорен определённый
  срок отказа,
- сберегательные в. с
  различными условиями
  отказа.

Einnahmen	Приходы

E. sind im → betrieblichen Rechnungswesen alle Geldzuflüsse und Forderungszugänge als Gegenwert für den Verkauf von betrieblichen Leistungen. Ihnen stehen als Korrespondenzbegriff die „ → Ausgaben" gegenüber.

В заводской службе учёта и отчётности п.- это все притоки денег и требования, как эквивалент за продажу заводских услуг. Им противостоят „расходы" как аналоговое понятие.

Einzahlungen	Платежи

E. sind Zahlungsmittelbeträge (Bargeld, Giralgeld), die einem → Wirtschaftssubjekt von anderen Wirtschaftssubjekten, d.h. vom Beschaffungs- und → Absatzmarkt, von den Geld- und → Kapitalmärkten oder vom Staat, zufließen.

П. являются суммой денег (наличные деньги, деньги банковского жирооборота), поступающих хозяйствующему субъекту от другого хозяйствующего субъекта, т.е. от рынка закупки и рынка сбыта, от денежного рынка, рынка ссудных капиталов или от государства.

Einzelkosten	Одноэлементные издержки

E. sind → Kosten, die einem bestimmten Bezugsobjekt direkt zugerechnet werden können. Häufig werden als Bezugsobjekte für die verursachungsgerechte direkte Zurechnung → Kostenträger (Erzeugnisse, Sortimentsgruppen) gewählt. Die Anwendung des Kostenverursachungsprinzips (Kosteneinwirkungsprinzips)

О.и.- это издержки, которые можно прямо приписать определённому объекту. Обычно в качестве таких объектов для прямого приписания выбирают объекты (изделия, ассортиментные группы) вызывающие эти издержки. Применение принципа возникновения издержек ведёт к двум категориям

führt zu den zwei Kostenkategorien: den E. und den → Gemeinkosten. Die Zurechenbarkeit wird im Zweifel daran erkennbar, daß Kosten grundsätzlich dann wegfallen, wenn das Bezugsobjekt wegfällt. Aus Wirtschaftlichkeitsgründen werden jedoch nicht immer alle direkt zurechenbaren Kosten tatsächlich den Kostenträgern zugerechnet. So lohnt es sich nicht immer, alle Energiekosten an jedem Arbeitsplatz meßtechnisch zu erfassen und direkt zu verrechnen. Im wesentlichen unterscheidet man drei Gruppen von E.: Materialkosten, Fertigungslohnkosten, Sondereinzelkosten der Fertigung und des Vertriebes (z.B. Modellkosten, Werkzeugkosten, Verpackungskosten, Stückprovisionen).

издержек: к одноэлементным и к общим издержкам. Возможность приписания определённому объекту в случае сомнения можно проверить таким образом, что издержки принципиально отпадают, если отпадает объект. Из соображений эффективности не всегда приписывают все прямо приписываемые издержки действительно объектам издержек. Так, например, не всегда стоит все издержки за энергию измерять на каждом рабочем месте и прямо к нему причислять. В основном различают три группы о.и.: издержки на сырьё и материалы, издержки на заработную плату за производственную работу, особые издержки производства и сбыта (издержки на изготовление моделей, на приобретение и изготовление инструментов, на упаковку, штучные комиссионные вознаграждения).

Erfahrungskurve

Эмпирическая кривая

Die E. oder Lernkurve beruht auf der empirisch festgestellten Beziehung, daß mit einem Wachstum der Produktionsmenge der Zeitverbrauch für die Herstellung eines Stückes

Э.к. или кривая учения базируется на эмпирически установленных познаниях, что с количественным ростом производства уменьшается расход времени на изготовление

und damit die Arbeitskosten pro Stück zurückgehen. Mathematisch wird diese Erfahrung durch folgende logarithmische Funktion zum Ausdruck gebracht:

$$\log(y) = \log(a) - b \cdot \log(x)$$

x = Produktionsmenge
y = Fertigungskosten des letzten Stückes
a = Kosten des ersten Stückes
b = Kostensenkungskoeffizient

Die → Kosten werden bei einer Verdopplung der Produkterfahrung um 20 – 30 % zurückgehen.

единицы продукта и, следовательно, удельные трудовые издержки. Математически эта связь выражается следующей логарифмической функцией:

$$\log(y) = \log(a) - b \cdot \log(x)$$

x = физический объём производства
y = производственные издержки последней единицы
a = производственные издержки первой единицы
b = коэффициент снижения издержек

Издержки при удвоении производственного опыта уменьшаются на 20 – 30 %.

| Erfolg | Экономический успех |

Der Begriff E. zählt in der → Betriebswirtschaftslehre zu den verschiedenen Gewinnbegriffen. In allgemeinster Form versteht man unter E. das in Geld erfaßte Ergebnis der wirtschaftlichen Tätigkeit eines → Unternehmens innerhalb eines Zeitabschnittes. Häufig werden dafür auch die Begriffe Betriebserfolg, neutraler E. und Gesamterfolg verwendet. Der Betriebserfolg als Saldo aus Betriebsertrag und Betriebsaufwand gibt an, wie erfolgreich der → Betrieb

Понятие – э.у. в учении об экономике предприятия относится к разным понятиям прибыли. В самой общей форме э.у. означает выраженный в деньгах результат экономической деятельности предприятия за определённый период времени. Часто применяют и такие понятия как результат экономической деятельности предприятия, нейтральный э.у. и общий э.у. Результат экономической деятельности предприятия, как

gewirtschaftet hat. Dabei werden jedoch nur solche Vorgänge erfaßt, die
- der betreffenden Periode zuzurechnen sind,
- in den eigentlichen Betriebsprozeß und die damit verbundene Leistungserstellung und -verwertung gehören sowie
- „normalerweise" anfallen.

Der neutrale E. gibt dagegen an, was der → Betrieb „nebenbei" noch erwirtschaftet hat und was
- aus anderen Perioden herrührt,
- nicht aus dem eigentlichen Produktionsprozeß hervorgegangen ist oder
- einen „einmaligen" Vorgang darstellt.

Der Gesamterfolg setzt sich damit wie folgt zusammen:

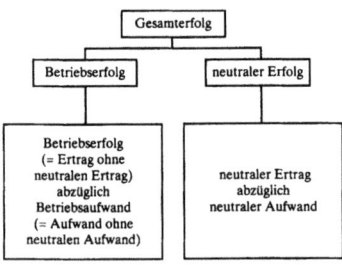

сальдо из заводских доходов и заводских затрат, указывает, насколько успешно работало предприятие. При этом охватываются только такие операции, которые:
- можно причислять данному периоду времени,
- относятся к собственному хозяйственному процессу данного предприятия и с ним связанными производственными процессами и процессами сбыта,
- возникают „при нормальных условиях".

Нейтральный э.у. указывает:
- что предприятие заработало ещё „побочно",
- что возникло в течении других периодов времени,
- что получилось не из собственного производственного процесса,
- что является „однократной" операцией.

Общий э.у. составляется следующим образом:

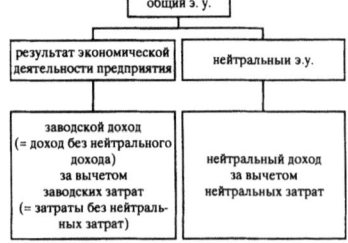

Erfolgsrechnung	Расчёт прибылей и убытков

Unter E. wird ganz allgemein die Ermittlung des → Erfolges innerhalb eines Zeitabschnittes (Periode) verstanden. Wird ein vergangener Zeitabschnitt zugrunde gelegt, wird die E. als Dokumentationsrechnung betrieben. Soll der Erfolg in Perioden der Zukunft ermittelt werden, wird die E. zur Planungsrechnung. Die E. kann je nach Zweck auf unterschiedliche Arten durchgeführt werden:

1. durch einfaches Gegenüberstellen des Anfangs- und Endkapitals (Quellen des Erfolges nicht erkennbar),
2. durch die auf → Ertrag und → Aufwand basierende → Gewinn- und Verlustrechnung, die den Gesamterfolg unternehmerischer Tätigkeit auf eine zurückliegende Periode bezieht (Quellen des Erfolges besser erkennbar),
3. durch Gegenüberstellung von → Erlösen und → Kosten im Rahmen des internen → Rechnungswesens. Von besonderer Bedeutung ist dabei die kurzfristige E., die nicht nur den periodengerechten Betriebserfolg des → Unternehmens ermittelt, sondern den Erfolg der einzelnen → Kostenträger und → Kostenstellen ausweist. Die kurzfristige E. wird in

Под понятием р.п.и у. в общем понимают установление экономического успеха в определённом периоде времени. Если на основе расчёта лежит прошедший период времени, то р.п.и у. ведётся как документальный расчёт. Если нужно выяснить успех на периоды будущего, то р.п.и у. становится плановым расчётом. Р.п.и у. в зависимости от цели можно провести разными методами:

1. Простым сопоставлением начального и конечного капитала (источники успеха при этом не выясняются).
2. Р.п.и у. на основе доходов и затрат, который относит общий экономический успех предпринимательской деятельности к истекшему периоду времени (источники успеха лучше заметны).
3. Сопоставление выручек и издержек в рамках заводской службы учёта и отчётности. Особенное значение при этом имеет краткосрочный р.п.и у., который выражает не только результат экономической деятельности предприятия в определённом периоде времени, но и экономичесий

der betrieblichen Praxis immer mehr zu einem entscheidungsorientierten Führungsinstrument der Unternehmensleitungen. Sie ist vor allem für Preisentscheidungen, Planungen des Fertigungsprogramms, Veränderungen im Verkaufssortiment und für andere marktstrategische Entscheidungen zum unentbehrlichen Hilfsmittel geworden.

успех отдельных объектов издержек и мест возникновения издержек. Краткосрочный р.п.и у. в предпринимательской деятельности всё более становится инструментом руководства предприятия по подготовке решений. И это, прежде всего, в области цен, планирования производственной программы, изменений ассортимента сбыта и для принятия других решений в области рыночной стратегии.

Ergebnis	Результат хозяйственной деятельности
Der Begriff E. wird in der wirtschaftswissenschaftlichen Literatur unterschiedlich gebraucht. In allgemeinster Weise wird darunter die Konsequenz einer Maßnahme oder Handlung verstanden. Im engeren Sinne wird damit die hergestellte Produktionsmenge eines Betriebes bezeichnet. Mitunter wird der E.-Begriff gleichgesetzt mit → Gewinn.	В экономической литературе понятие -р.х.д.- используется по разному. В самой общей форме он означает последствия мероприятия или действия. В более узком смысле так обозначают количество производственной продукции предприятия. Часто понятие -р.х.д.- приравнивают к прибыли.

Erlös	Выручка
E. ist der Gegenwert aus dem Verkauf, der Vermietung und Verpachtung von → Produk-	В.- это эквивалент от продажи или сдачи в аренду продуктов, товаров и услуг, за

ten, → Waren und Dienstleistungen reduziert um den Betrag der → Umsatzsteuer sowie Erlösschmälerungen. E. werden in der Buchhaltung auf besonderen Erlöskonten ausgewiesen. Die Begriffe E. und Umsatzerlös werden meist synonym verwendet und setzen sich als Gegenbegriffe zu den → Kosten (anstelle des früher dominierenden Leistungsbegriffs) zunehmend durch.

вычетом величины налога с оборота и уменьшения в. В. в бухгалтерском балансе показывается в отдельном счёте. Понятия в. и в. с оборота чаще всего применяются синонимически и во всё большей степени как противоположность к издержкам (вместо ранее доминированного понятия – выработка).

Eröffnungsbilanz

Вступительный баланс

Jeder Kaufmann ist gesetzlich verpflichtet, zu Beginn seines Handelsgewerbes und zu Beginn eines jeden Geschäftsjahres eine E. aufzustellen, die mit der Schlußbilanz des Vorjahres identisch ist. E. besonderer Art werden bei Währungsumstellungen erforderlich. Solche DM-Eröffnungsbilanzen wurden z.B. bei der Umbildung ehemaliger volkseigener → Betriebe der DDR in → Kapitalgesellschaften erstellt.

Каждый предприниматель по закону обязан в начале своей коммерческой деятельности и в начале каждого хозяйственного года разработать в.б., который идентичен с заключительным балансом предыдущего года. При изменении денежной системы требуются особые в.б. Например, такие в.б. в немецких марках были разработаны при преобразовании бывших государственных предприятий ГДР в капиталообщества.

Ertrag

Доход

E. ist der gesamte – in Geld ausgedrückte – Wertzuwachs,

Д.- это всё выраженное в деньгах возрастание стоимо-

der während einer Abrechnungsperiode in einem → Unternehmen zu verzeichnen ist, vorausgesetzt, er schlägt sich in einer Erhöhung des betrieblichen Nettovermögens nieder. So liegt z.B. bei einer Kreditaufnahme kein E. vor, weil sich mit dem → Vermögen in Form von Bankguthaben auch die Schulden vergrößern, so daß sich das Nettovermögen nicht verändert. E. ist die Positivkomponente, die bei der Ermittlung des → Gewinns dem → Aufwand als Negativkomponente gegenübergestellt wird. Der E. setzt sich aus zwei Bestandteilen zusammen:
– dem Betriebsertrag, der im unmittelbaren Zusammenhang mit der betrieblichen → Leistung steht und
– dem neutralen E., der dem Unternehmen aufgrund betriebsfremder (E. aus Kapitalvermögen, Kursgewinne, Mieterträge) und außerordentlicher → Geschäftsvorfälle (Anlagenverkäufe über dem Buchwert, Steuerrückerstattungen) zufließt.

сти, которое во время отчётного периода на предприятии констатируется при условии, если он отражается в повышении фактического имущества предприятия. Так, например, при получении кредита д. не имеет места, поскольку с ростом имущества в виде банковских актив растут и задолженности, так что фактическое имущество (нетто) не меняется. Д. является положительным компонентом, который при расчёте прибыли противопоставляется отрицательному компоненту – затратам. Д. состоит из двух частей:
– д. предприятия, который непосредственно связан с его заводской выработкой и
– нейтральный д., который поступает на предприятие на основе хозяйственных операций вне предприятия (д. от капитала, от курсовой прибыли, от договоров об аренде) или от особых хозяйственных операций (продажа сооружений и оборудования сверх балансовой стоимости, возврат налогов).

Ertragsteuern

Налог на доход

E. (auch Erfolgsteuern genannt) sind der Sammelbegriff
für alle Steuerarten, die im
Rahmen der Ermittlung ihrer
Bemessungsgrundlagen an die
→ Erträge einer Person oder
eines → Unternehmens ge-
knüpft sind. Zu den E. zählen:
die → Einkommensteuer, die
→ Körperschaftsteuer und die
Gewerbeertragsteuer. Allen
genannten Steuerarten ist ge-
meinsam, daß der Steuerbe-
trag vom wirtschaftlichen →
Ergebnis (→ Gewinn, → Ertrag, → Erfolg, Überschuß) einer Periode abhängig ist.

Н.н.д. (или так называемый
налог на экономический
успех) является сводным
понятием для всех видов
налогов, которые в рамках
определения основ их
исчисления связаны с доходами физического лица или
предприятия. К н.н.д. относятся: подоходный налог,
налог на прибыль и промыс-
ловый налог. Для всех
названных видов налога
характерно, что величина
налога зависит от результата
экономической деятельно-
сти (прибыли, дохода, экономического успеха,
избытка) определённого
периода времени.

Ertragswert

Доходная стоимость

Der E. ist ein Begriff der Un-
ternehmensbewertung und
dient der Feststellung möglichst objektiver Wertansätze
für die Berechnung des Ge-
samtwertes eines → Unternehmens. Die Ermittlung des E. ist
im Prozeß der Privatisierung
staatlicher Betriebe von besonderer Bedeutung. Verkaufs-
fähig ist ein Unternehmen nur,
wenn es die Nutzenerwar-
tungen des Käufers erfüllt.
Diese basieren primär auf dem

Д.с. является понятием для
оценки предприятия и слу-
жит определению более
объективных стоимостных
оценок для расчёта общей
стоимости предприятия.
Расчёт д.с. в процессе приватизации государственных
предприятий имеет особое
значение. Продавать пред-
приятие можно только в
том случае, если оно
отвечает ожиданиям покупателя на экономический

→ Ertrag, den das Unternehmen in Zukunft zu erbringen verspricht. Der E. drückt die Ertragskraft, d.h. die mögliche Gewinnlage in der Zukunft, aus und wird formal definiert als Summe der abgezinsten künftigen Unternehmenserfolge. Die Ertragswertrechnung geht dementsprechend von der → Gewinn- und Verlustrechnung aus und berücksichtigt den künftigen → Erfolg als Differenz zwischen → Ertrag und → Aufwand einer Periode (i.d.R. für die nächsten 3 – 5 Jahre) und den entsprechenden Kapitalisierungszinsfuß. Bei der Nutzung des E. werden die Grundsätze der Substanzerhaltung beachtet. Da man mit dem Erwerb eines Unternehmens weder die Vergangenheit noch die Gegenwart kauft, sondern die Zukunftschancen, müssen bei der Beurteilung der kommenden Geschäftsperioden vor allem die Markt- und Konkurrenzentwicklungen sowohl auf der Angebots- als auch auf der Nachfrageseite und die möglichen betrieblichen Kostenentwicklungen beachtet werden.

эффект. А они базируются прежде всего на доходе, который обещает предприятие на будущее. Д.с. выражает доходность, т.е. возможность получать доходы в будущем и формально её определяют как сумму будущих экономических успехов предприятия (с отчислением процентов). Расчёт д.с. исходит из расчёта прибыли и убытка и учитывает будущий экономический успех как разницу между доходом и затратами определённого периода (как правило, на ближайшие 3 – 5 лет) и процентной ставкой капитализации. При оценке д.с. соблюдают принципы сохранения субстанции капитала. Поскольку с приобретением предприятия покупают ни прошедшее, ни настоящее, а только шансы на будущее, то при оценке будущих периодов деятельности необходимо учитывать, прежде всего, развитие рынка и конкурентов, как со стороны предложения, так и спроса, а также развитие производственных издержек.

Erwerbstätige

E. ist ein Begriff der amtlichen
Statistik für Personen, die in
einem Arbeitsverhältnis stehen (einschließlich Soldaten
und mithelfenden Familienan-
gehörigen) oder selbständig
ein → Gewerbe bzw. eine
Landwirtschaft betreiben oder
einen freien Beruf ausüben.
Nach der Stellung im Beruf unterscheidet man:
- Selbständige,
- mithelfende Familienange-
  hörige und
- abhängig Beschäftigte, zu
  denen Beamte, Angestellte,
  Arbeiter und Auszubilden-
  de zählen.

Лица, имеющие заработок

Л.,и.з.- это понятие офици-
альной статистики для лиц,
которые состоят в трудовом
договоре (включая солдат и
помогающих членов семьи)
или которые самостоятельно
работают в промысловом
предприятии, в сельском
хозяйстве, или которые
имеют свободную про-
фессию. По профессиональ-
ному положению различают:
- лица, не работающие по
  найму,
- помогающие члены семьи,
- лица, работающие по
  найму, к которым отно-
  сятся чиновники, слу-
  жащие,рабочие и ученики
  профессионального
  обучения.

F

F. ist ein spezielles Finanzierungsgeschäft, bei dem ein spezialisiertes Finanzierungsinstitut, genannt Factor, alle offenen Buchforderungen aus Warenlieferungen und Dienstleistungen eines → Unternehmens laufend oder einmalig ankauft und bevorschußt. Das Finanzierungsinstitut, der Factor, übernimmt folgende Funktionen:
- die Finanzierungsleistung durch Vorschuß oder sofortige Gutschreibung des Kaufpreises der angekauften → Forderungen,
- die Wagnisübernahme (→ Haftung für den Geldeingang),
- die Serviceleistung durch Übernahme sämtlicher im Zusammenhang mit der Forderung stehender Verwaltungsaufgaben (Debitorenbuchhaltung, Mahnwesen, Statistiken, Beratung).

F.-Verträge sichern den Unternehmen, die ihre Forderungen verkaufen, im Finanzierungsbereich unabhängig von der

Ф.- это специфическая финансовая операция, в которой специализированное финансовое учреждение, так называемое фактор, постоянно или однократно покупает или предоставляет аванс для всех требований по открытому счёту за поставки товаров или услуг предприятием. Финансовое учреждение-фактор принимает на себя следующие функции:
- финансирование авансом или немедленной записью в кредит покупной цены купленных требований,
- принятие на себя риска – гарантия поступления денежных средств,
- услуги сервиса путём принятия на себя всех административных обязанностей, возникающих в связи с требованиями (ведение бухгалтерского учёта дебиторов, предупреждение должников, статистика, консультации).

Договоры о факторинге обе-

Lage auf den Finanzmärkten ein mittelfristiges Finanzierungsvolumen, das sich der Umsatzentwicklung anpaßt. Die Anwendung des F. führt – neben anderen Vorteilen – zu einer Verbesserung der → Liquidität und gestaltet somit eine wirtschaftlichere Finanzdisposition. Voraussetzung dafür ist allerdings die Eignung eines Unternehmens für das Factoringverfahren. F.-Institute legen großen Wert darauf, mit solchen Lieferfirmen Verträge einzugehen, die eine gesunde → Bilanz vorlegen. Interessante Partner für F. sind → Firmen mit normalen Forderungslaufzeiten von 30 – 60 Tagen. Bei kurzen Lieferzeiten oder gar Barzahlungen ist der Vorteil durch F. gering. Bei sehr langen Zahlungszielen (über 100 Tage) sind F.-Institute an einer Zusammenarbeit wenig interessiert. Damit wird deutlich, daß sich der Factor nicht als Sanierungshelfer sieht.

спечивают предприятиям, которые продают свои требования, в области финансирования среднесрочный финансовый объём независимо от ситуации на финансовом рынке и который приспосабливается к развитию оборота. Использование ф. ведёт наряду с другими выгодами к улучшению ликвидности и образует более экономичную диспозицию финансов. Предпосылкой для этого, однако, является пригодность предприятия к методу ф. Факторинг-учреждения придают большое значение тому, что предприятия-поставщики, с которыми они хотят заключить договор, могут предъявлять здоровый баланс. Интересными партнёрами для ф. являются фирмы с нормальными сроками действия требований в 30–60 дней. При более коротких сроках поставок или даже при платеже наличными выгоды от ф. незначительны. При наличии очень долгих сроков платежа (свыше 100 дней) факторинг-учреждения в сотрудничестве мало заинтересованы. Поэтому становится ясно, что фактор не является помощником санирования.

Faktoreinsatz	**Использование производственных факторов**

Der F. bringt die zur Leistungserstellung benötigte Menge oder den Wert an → Produktionsfaktoren, d.h. den Verbrauch menschlicher Arbeit, die erforderlichen Werkstoffe und Betriebsmittel zum Ausdruck. Die Erfassung des Einsatzes der Produktionsfaktoren erfolgt für Zwecke der Einsatz- und Bestellplanung, der Produktionsorganisation, der → Kostenrechnung sowie für die Planung der finanziellen Mittel. Charakteristisch ist, daß sich bei technisch-organisatorischem Fortschritt die Einsatzverhältnisse („Faktorproportionen") ändern.

Понятие и.п.ф. выражает необходимое количество или стоимость производственных факторов, т.е. расхода живого труда, необходимых материалов и средств производства. Учёт и.п.ф. ведётся с целью планирования расхода и заказов факторов, организации производства, расчёта издержек, а также планирования финансовых средств. Характерно, что при наличии технико-организационного прогресса отношения использования (пропорции между факторами) изменяются.

Faktorenanalyse	**Факторный анализ**

Unter F. versteht man die Bezeichnung für mehrere Verfahren, die das Ziel haben, Zusammenhänge innerhalb einer größeren Gruppe von Variablen zu analysieren. Dabei besteht das Hauptziel in der Datenreduktion, indem aus einer relativ großen Anzahl von Variablen eine kleinere Anzahl von Variablen herausgefiltert wird, ohne dabei wesentlich an Informationen zu verlieren.

Под понятием ф.а. подразумевают название нескольких методов, цель которых анализировать связи внутри большой группы переменных. При этом главная цель состоит в уменьшении количества данных путём выбора из относительно большого количества переменных более меньшего количества без значительной потери инфор-

Dabei geht man von dem Grundsatz aus, daß Variablen, die miteinander korrelieren, auch partiell das gleiche darstellen und deshalb als Faktor zusammengefaßt werden können. Die F. wird häufig in der → Marktforschung z.B. als Hilfsmittel zur Aufstellung von Skalen in der Imageforschung oder zur Bestimmung der gravierenden Eigenschaften eines → Produktes angewandt, die für den Käufer kaufentscheidend sind. Die Gesamtheit der verschiedenen Eigenschaften, die sich für die Charakterisierung eines Produktes finden lassen, können als Faktoren aufgefaßt werden, die miteinander mehr oder weniger stark korrelieren. Aufgabe der F. ist es nun, herauszufinden, ob der Vielzahl von Faktoren einige wenige Faktoren zugrunde liegen, mit deren Hilfe sich das Produkt eindeutiger und anschaulicher darstellen läßt. I.d.R. kann durch eine Reduktion der Datenfaktoren auf einige wenige, grundlegende Faktoren die Aussagefähigkeit erhöht werden.

мации. При этом исходят из принципа, что переменные, коррелирующие между собой и частично представляющие одно и то же, могут быть совместимы как один фактор. Ф.а. часто применяют в изучении рынка, например, как вспомогательное средство составления шкал при исследовании имиджа продукта или для определения основных свойств продукта, которые для покупателя являются решающими. Различные свойства, характеризующие продукт, можно рассматривать как факторы, которые между собой более или менее коррелируются. Задача ф.а. состоит в том, чтобы выяснить, не лежат ли в основе множества факторов лишь несколько, при помощи которых можно яснее и убедительнее характеризовать продукт. Как правило путём уменьшения количества данных до нескольких основных факторов можно повысить качество информации.

Faktorkosten · **Факторные издержки**

Unter F. wird die Zusammenfassung desjenigen Teils des Sozialproduktes verstanden,

Ф.и. является сумма той части социального продукта, которая распределяется на

der auf die → Produktionsfaktoren Arbeit, → Kapital, Boden und Unternehmerleistung verteilt wird. Die F. ergeben sich aus dem Produkt aus Faktoreinsatzmengen und Faktorpreisen.

производственные факторы: труд, капитал, земля и предпринимательские трудовые результаты. Издержки по факторам производства вытекают из умножения количества производственных факторов на цены факторов производства.

Fehlmengenkosten	Издержки связанные с недостачей заказов

F. fallen an, wenn durch nicht rechtzeitig beschafftes oder fehlendes Material der Fertigungsprozeß teilweise oder ganz unterbrochen wird und Kundenaufträge nicht termingerecht erfüllt werden können. Sie entstehen durch:
- mögliche Preisdifferenzen, wenn höherwertigeres Material zur Überbrückung der Störung eingesetzt wird,
- entgangene → Gewinne, weil nicht gefertigt und verkauft werden konnte und
- Konventionalstrafen, die wegen Nichtlieferung an die Vertragspartner zu zahlen sind.
Die Höhe der F. hängt von den Möglichkeiten der Umstellung des geplanten Fertigungsablaufes, von der Dauer der Störung und von den Vertragsbeziehungen mit den → Kunden ab.

И.с.с н.з. возникают, когда производственный процесс частично или совсем прерван из-за не во время полученного или не достающего материала, и заказы клиентов не могут быть выполнены в срок. Они имеют место из-за:
- возможных разниц цен, когда употребляют более ценный материал для устранения помех в производстве,
- не реализованной прибыли, поскольку не было произведено и продано,
- конвенционального штрафа, который нужно было платить партнёру по договору из-за невыполнения поставок.
Размер и.с.с н.з. зависит от возможностей перестройки запланированного производственного процесса, от дли-

тельности помех и от договорных отношений с покупателем.

Fertigprodukt	Готовый продукт

Der Begriff F. (oder Fertigerzeugnis, Fertigfabrikat) wird für → Produkte verwendet, die den Produktionsprozeß bis zum Ende durchlaufen haben und zum Verkauf an nachgelagerte Betriebe oder an Endverbraucher bereitstehen oder zum Verbrauch im eigenen Betrieb bestimmt sind. In der → Kostenrechnung erfolgt die Übernahme auf Fertigwarenläger i.d.R. mit den bis dahin aufgelaufenen Ist-Kosten (→ Herstellungskosten). Produkte, die den Produktionsprozeß nicht vollständig durchlaufen haben, werden als unfertige Erzeugnisse (Produkte) bezeichnet.

Понятие г.п. (или готовое изделие, готовый фабрикат) применяется для продуктов, прошедших весь производственный процесс и готовых к продаже клиентам для дальнейшей переработки или для потребления, или же для потребления на собственном предприятии. В расчёте издержек передача на склад г.п., как правило, производится на базе фактических издержек, возникших до этого момента (издержки производства). Продукт, прошедший не полностью производственный процесс, называют незавершённым продуктом.

Finanzanlagen	Финансовые вложения

F. sind in der → Bilanz Bestandteil des → Anlagevermögens. Im Gegensatz zu → Sachanlagen handelt es sich um Vermögenswerte, die auf Dauer finanziellen Anlagezwecken dienen. Zu F. werden gezählt:
– Anteile an verbundenen → Unternehmen,

В балансе ф.в. являются составной частью имущества предприятия. В противоположность к сооружениям и оборудованию, ф.в. являются имуществом, которое на продолжительный срок служит только целям финансового вложения. К ф.в. относятся:

- Ausleihungen an verbundene Unternehmen,
- → Beteiligungen,
- Ausleihungen an Unternehmen, mit denen ein Beteili-
  gungsverhältnis besteht,
- → Wertpapiere des Anlagevermögens und
- sonstige Ausleihungen.

- доля во взаимосвязанных
  предприятиях,
- заёмы взаимосвязанным
  предприятиям,
- участия,
- заёмы предприятиям, в
  которых имеется доля
  участия,
- ценные бумаги на иму-
  щество в виде сооруже-
  ний и оборудования,
- прочие заёмы.

Finanzierung	Финансирование

Unter F. versteht man Maßnahmen zur Beschaffung finanzieller Mittel als → Eigen- und
→ Fremdkapital zum Zwecke
der Sicherung des laufenden
Geschäftsbetriebes und zur
Durchführung von → Investitionen. Vordringliches Ziel der
Unternehmensführung ist es,
die F. so zu gestalten, daß die
→ Liquidität des → Unternehmens jederzeit gesichert ist.
Gleichzeitig muß die F. Renta-
bilitätszielen dienen. Risiko-
überlegungen müssen deshalb
beachtet werden. Geht man
von den Finanzierungsmög-
lichkeiten aus, die sich einem
Unternehmen bieten, so lassen
sich folgende Arten der F. unterscheiden:
- Nach der Herkunft der Mittel zwischen Außen- und →
  Innenfinanzierung. Beispie-

Под ф. понимают все меро-
приятия по приобретению
финансовых средств в виде
собственного и заёмного
капитала с целью обеспе-
чения текущей деятельности
предприятия и реализации
капиталовложений. При
этом, главной целью управления предприятием явля-
ется – реализация ф. таким
образом, чтобы ликвидность
предприятия в любое время
была бы обеспечена. Одно-
временно ф. должно служить
целям рентабельности. Поэтому необходимо обратить
внимание на вопросы риска.
Исходя из возможностей ф.,
которые предоставляются
предприятию, можно
различать следующие виды :
- По источникам финансо-
  вых средств на ф. извне и

le für die Außenfinanzierung sind die Ausgabe neuer → Aktien oder die Aufnahme von Bankkrediten. Bei der Innenfinanzierung geht man von selbst erwirtschafteten Mitteln, dem einbehaltenen → Gewinn, aus.

- Nach der Rechtsstellung des Kapitalgebers zwischen Eigen- und Fremdfinanzierung. Die Eigenfinanzierung berührt das → Eigenkapital, die Fremdfinanzierung das → Fremdkapital.
- Nach der vereinbarten Dauer der Überlassung von Finanzierungsmitteln zwischen der befristeten und der unbefristeten F. Die befristete F. unterteilt man in die kurz-, mittel- und langfristige F.
- Nach besonderen Finanzierungsanlässen zwischen Gründung, Kapitalerhöhung und -herabsetzung , Umwandlung, → Fusion, → Sanierung und → Liquidation.
- Nach der Form, in der Finanzierungsmittel zufließen. Danach unterscheidet man die Geldfinanzierung (Zufluß von Geld) von der Sachfinanzierung (Zufluß von Sachvermögen, → Beteiligungen).

из собственных средств предприятия. Примерами ф. за счёт средств извне являются выпуск новых акций или получение новых банковских кредитов. При ф. из собственных средств используют свои же заработанные средства, т.е. удержанную прибыль.

- По правовому статусу инвестора на ф. за счёт привлечения средств со стороны и самофинансирование. Самофинансирование затрагивает собственный капитал, а ф. за счёт привлечения средств со стороны – заёмный капитал.
- По согласованному сроку предоставления финансовых средств на срочное и бессрочное ф. Срочное ф. разделяют на краткосрочное, среднесрочное или долгосрочное ф.
- По особым случаям ф., на увеличение или сокращение капитала, учреждение, преобразование, слияние, санирование и ликвидацию фирмы.
- По формам притока финансовых средств. По ним различают денежное ф. (приток денег) и имущественное ф. (приток имущества, участия).

F. sind Orientierungshilfen, die der Sicherung der ständigen → Liquidität eines → Unternehmens dienen und auf eine möglichst günstige Zusammensetzung der Kapitalstruktur abzielen. Danach unterscheidet man:

1. Die Eins-zu-Eins Regel: Sie besagt, daß das → Eigenkapital mindestens so groß sein sollte wie das → Fremdkapital, um einen bestimmten Verschuldungsgrad einzuhalten. Die Erfahrungen der Praxis besagen allerdings, daß in vielen Unternehmen der Anteil des Fremdkapitals den des Eigenkapitals weit übersteigt.

2. Die Goldene Bilanzregel: Sie verlangt, daß das → Anlagevermögen durch Eigenkapital gedeckt sein soll. Eine andere Version dieser Regel geht von der Forderung aus, daß das Anlagevermögen und das dauernd gebundene → Umlaufvermögen durch Eigenkapital und langfristiges Fremdkapital gedeckt sein sollten.

3. Die Goldene Finanzierungsregel: Sie verlangt, daß die Überlassungsdauer des → Kapitals seiner Bindungsdauer entsprechen soll.

П.ф. как дополнительная ориентация служат постоянному обеспечению ликвидности предприятия и нацеливают на более оптимальную структуру капитала. Так различают:

1. Правило-один к одному: Оно говорит о том, что объём собственного капитала должен быть не меньше объёма заёмного капитала, чтобы придерживаться определённой степени задолженности. Опыт практики, однако, показывает, что во многих предприятиях доля заёмного капитала намного превышает долю собственного капитала.

2. Золотое правило баланса: Оно требует, чтобы имущество в виде сооружений и оборудования было покрыто собственным капиталом предприятия.Другая версия этого правила исходит из требования, что имущество в виде сооружений, оборудования и постоянно связанный оборотный капитал должны быть покрыты собственным капиталом и долгосрочным заёмным капиталом.

Bei der Anwendung der genannten Regeln muß kritisch berücksichtigt werden, daß die zukünftige Liquidität nicht von der Kapitalstruktur, sondern von der Qualität künftiger Einzahlungen abhängt.

3. Золотое п.ф.: Оно требует, чтобы срок уступки капитала соответствовал его сроку замораживания. Используя эти правила необходимо критично учесть, что будущая ликвидность зависит не от структуры капитала, а от качества будущих платежей.

Finanzmarkt / Финансовый рынок

Als F. bezeichnet man die Gesamtheit aller → Märkte auf denen sich → Angebot an und → Nachfrage nach finanziellen Mitteln gegenüberstehen. Der F. gliedert sich entsprechend der Fristigkeit der Überlassung von finanziellen Mitteln in den Geldmarkt (kürzere Laufzeit) und den → Kapitalmarkt (längere Bindungsfrist). Nach einem anderen Gliederungsschema unterscheidet man zwischen Eigenkapitalmärkten (Aktienmärkte, Märkte für GmbH-Anteile) und Fremdkapitalmärkten (Schuldverschreibungen und andere Kredite).

Ф.р. называют совокупность всех рынков, на которых противостоят спрос и предложение финансовых средств. Ф.р. по длительности срока уступки финансовых средств делят на денежный рынок (короткие сроки действия кредита) и рынок ссудных капиталов (длительные сроки действия кредита). По другой схеме классификации различают рынок собственного капитала (рынок акций, рынок для долей обществ с ограниченной ответственностью) и рынок наёмного капитала (долговые обязательства и другие кредиты).

Firma	Фирма

Der Begriff F. ist der juristische Ausdruck für den Namen, unter dem ein Vollkaufmann (bzw. eine juristische Person) im Wirtschaftsleben tätig wird, mit dem er unterschreibt, klagen und verklagt werden kann. Das Recht des Kaufmanns auf seine F. ist ein gegen jeden Dritten wirkendes absolutes Recht (Firmenschutz). Der Kaufmann muß seine F. im → Handelsregister eintragen lassen und damit zur Anmeldung bringen. Die F. muß sowohl Aufschluß über die Person des Inhabers als auch über die Art seines → Unternehmens geben. In Abhängigkeit von der → Rechtsform der Unternehmen muß folgendes berücksichtigt werden:

1. Die F. des Einzelkaufmanns muß den Familiennamen und mindestens einen ausgeschriebenen Vornamen tragen.
2. Die F. der → Offenen Handelsgesellschaft (OHG) muß den Familiennamen mindestens eines → Gesellschafters und einen die Gesellschaft andeutenden Zusatz (z.B. Petrov & Co.) oder die Namen aller Gesellschafter enthalten.
3. Die F. der → Kommanditgesellschaft muß wenigstens den Namen eines persönlich

Понятие ф.- это юридическое выражение имени, под которым коммерсант, обладающий всеми правами и атрибутами согласно торговому кодексу (или юридическое лицо), принимает участие в экономике и которым он подписывает, возбуждает иск и может быть сам привлечён к ответственности. Право коммерсанта на свою ф. является абсолютным правом в отношении к любым третьим лицам (охрана права на ф.). Коммерсант обязан заявить о своей ф. и зарегистрировать её в торговом реестре. Ф. должна информировать как о личности владельца, так и о виде предприятия. В зависимости от правовой формы предприятия необходимо учесть следующее:

1. Ф. единоличного собственника торгового предприятия должна содержать фамилию и, как минимум, одно имя её владельца.
2. Ф. открытого торгового общества должна содержать фамилию минимум одного участника общества и одну прибавку с указанием на общество (например, Петров & Co) или фамилии всех участников.

haftenden Gesellschafters und den Zusatz wie bei der OHG enthalten.
4. Die F. der → Aktiengesellschaft und der KG auf → Aktien muß vom Gegenstand des Unternehmens oder den beteiligten Personen abgeleitet sein, jedoch stets unter Beifügung der Rechtsform.
5. Die F. der → GmbH kann Sachfirma sein oder die Namen eines oder mehrerer Gesellschafter enthalten.

3. Ф. коммандитного общества должна содержать, как минимум, фамилию одного участника, лично несущего ответственность за долги общества всем своим имуществом и такую же прибавку как у открытого торгового общества.
4. Ф. акционерного общества и акционерного коммандитного общества должна быть выражена от предмета предприятия или от участвующих лиц и всегда с прибавкой правовой формы.
5. Ф. общества с ограниченной ответственностью может быть выражена от предмета предприятия или от фамилии одного или нескольких участников общества.

Firmenwert	Стоимость фирмы
Der F. (Geschäftswert, Façonwert, Goodwill) ist ein Wert, der nicht primär von der Vermögenslage (→ Bilanz), sondern von immateriellen Gesichtspunkten abgeleitet und in unterschiedlichem Zusammenhang gebraucht wird. Dieser Wert hängt von folgenden Einflußfaktoren ab:	С.ф.(репутация предприятия, Goodwill) это стоимость, которая в основном не зависит не от имущественного положения (баланса) предприятия, а от нематериальных ценностей и употребляется при различных обстоятельствах. Эта стоимость зависит от следующих факторов:

– der Fähigkeit der Unternehmensleitung und den qualifizierten Mitarbeitern,
– dem Standort,
– den Beziehungen zum → Absatz- und Beschaffungsmarkt,
– dem technologischen Niveau,
– den Kreditbeziehungen.

Der F. ist derjenige Betrag, den ein potentieller Käufer des → Unternehmens als Ganzes über den Wert der einzelnen Vermögensteile nach Abzug der Schulden (= → Substanzwert) zu zahlen bereit ist. Er berücksichtigt vor allem die in Zukunft zu erwartenden → Erträge. Der F. entspricht damit der Differenz von → Ertragswert und Substanzwert.

Kommt es zum Verkauf eines Unternehmens, dann wird die Differenz zwischen Kaufpreis und Substanzwert als derivativer F. bezeichnet. Steuerrechtlich muß der derivative F. aktiviert und unter den Posten des → Anlagevermögens in der Bilanz ausgewiesen werden. Ein erworbener derivativer F. kann handelsrechtlich entweder innerhalb von vier Folgejahren oder planmäßig in der voraussichtlichen → Nutzungsdauer abgeschrieben werden.

– от способностей руководства предприятия и квалификации его сотрудников,
– от места расположения предприятия,
– от связей с рынками сбыта и закупок,
– от технологического уровня,
– от кредитных отношений.

С.ф. является та сумма, которую потенциальный покупатель предприятия согласен платить свыше стоимости отдельных частей имущества после вычета долгов (реальная стоимость имущества). Она учитывает, прежде всего, ожидаемые в будущем доходы. С.ф., таким образом, равна разности между доходной стоимостью и реальной стоимостью имущества. В случае продажи предприятия разность между покупной ценой и реальной стоимостью имущества называют деривативной с.ф. В соответствии с налоговым правом деривативную с.ф. необходимо записать в активы и показать в балансе в статьях имущества в виде сооружений и оборудования. Приобретённую деривативную с.ф. можно списать с баланса в соответствии с торговым правом или в течении последующих четырёх лет, или планомерно в течении

предполагаемого срока
эксплуатации.

Forderung	Требование
F. ist ein Anspruch auf Entgelt für eine erbrachte → Leistung. In der → Bilanz sind verschiedene F. im → Umlaufvermögen auszuweisen und zu untergliedern. In der Buchhaltung werden im Kontenrahmen die F. unterteilt in solche aus Warenlieferungen und Leistungen, gegenüber Banken in Form von geleisteten Anzahlungen, gegenüber staatlichen Einrichtungen und in sonstige F. in der → Jahresabgrenzung.	Т.- это претензия на уплату за реализованные услуги. В балансе разные т. необходимо расчленить и показать в имуществе на оборотные средства. Бухгалтерия в номенклатуре счетов разделяет их на т. из поставок товаров и услуг, на т.в отношении банков в форме внесённых задатков, в отношении государственных учреждений и на прочие т. в разграничении между отчётными годами.

Franchising	Франшизинг
F. ist ein Vertriebs- und Lizenzsystem, das in den USA entwickelt wurde und in Europa mit ganz spezifischen Merkmalen angewendet wird. Besonders stark betont wird der Partnerschaftsgedanke. F. ist durch folgende Merkmale gekennzeichnet: – Zwischen Franchise-Geber und -Nehmer besteht eine vertikale Kooperation auf vertraglicher Basis. – Der Franchise-Nehmer arbeitet auf eigene Rechnung	Ф. является системой сбыта и лицензирования, которая была развита в США и применяется в Европе со специфическими признаками. Особенно подчёркивается в ф. идея партнёрства. Ф. характеризуется следующими признаками: – Между подателем и получателем ф. существует вертикальная кооперация на договорной основе. – Покупатель ф. работает за

und Gefahr; die Selbständigkeit bleibt ganz oder zumindest partiell bestehen.

– Der Franchise-Geber gewährt dem Franchise-Nehmer umfassende Unterstützung im → Marketing bei der Produktdarstellung, Ladengestaltung, → Werbung und → Verkaufsförderung, bei der Weiterbildung sowie bei Finanzierungsproblemen. Er räumt dem Franchise-Nehmer gegen Entgelt das Recht ein, bestimmte → Waren und Dienstleistungen unter Verwendung von Warenzeichen, sonstiger Schutzrechte und Erfahrungen des Franchise-Gebers anzubieten.

– Der Franchise-Nehmer zahlt an die Franchise-Zentrale Gebühren für die ihm überlassenen Nutzungsrechte.

– Der Franchise-Geber hat Kontrollbefugnisse gegenüber dem Franchise-Nehmer.

Franchise-Systeme stellen somit die umfassendste Form der vertikalen Kooperation selbständiger Unternehmen dar. Beispiele für die Anwendung: McDonalds, Coca-Cola, Mövenpick.

свой счёт и на свой риск, самостоятельность полностью или, по крайней мере, частично сохраняется.

– Податель ф. даёт покупателю обширную поддержку в маркетинге при рекламировании продукта, оформлении магазинов, вербовке и стимулировании сбыта, при повышеннии квалификации сотрудников, а также при решении проблем финансирования. За возмещение он предоставляет покупателю право предлагать определённые товары и услуги с использованием товарного знака и других прав в рамках охраны промышленных прав, а также опыта подателя ф..

– Покупатель ф. за предоставленные ему права пользования переводит плату в центр подателя ф..

– Податель ф. имеет право на контроль в отношении покупателя ф..

Системы ф. являются самой охватывающей формой вертикальной кооперации самостоятельных предприятий. Примеры использования ф.: Мк-Дональд, Кока-Кол, Мёвенпик.

Fremdkapital	Заёмный капитал

F. sind die in der → Bilanz auf der Passivseite ausgewiesenen Schulden eines → Unternehmens. F. wird in langfristiges (mehr als vier Jahre) und kurzfristiges → Kapital untergliedert (→ Lieferantenkredite, Wechselkredite). Der Fremdkapitalgeber hat einen Anspruch auf vertragsgerechte Verzinsung und Rückzahlung der bereitgestellten Mittel ohne Rücksicht darauf, ob zum vereinbarten Zahlungszeitpunkt genügend Zahlungsmittel angesammelt sind. → Gläubiger haben aus ihren Anlagen keine Eigentumsrechte am Unternehmen und haften nicht für Verluste aus der Geschäftstätigkeit.

З.к. являются задолженности предприятия, показанные в пассивах. З.к. делят на долгосрочный (более четырёх лет) и краткосрочный (кредит, предоставляемый поставщиком, вексельный кредит). Податель з.к. имеет право на договорную уплату процентов и на возвращение предоставленных средств не зависимо от того, имеются ли к моменту уплаты соответственные суммы денег. Кредиторы на основе своих вложений не имеют права собственности на предприятие и не отвечают за убытки от предпринимательской деятельности.

Fusion	Слияние предприятий

F. ist der Zusammenschluß von mindestens zwei → Unternehmen zu einer neuen wirtschaftlichen und rechtlichen Einheit. Bei diesem Verschmelzungsprozeß verliert mindestens ein Unternehmen seine rechtliche Selbständigkeit. Mit der Eintragung ins → Handelsregister erlischt die übertragende Gesellschaft. Ihr Vermögen geht als Ganzes auf die übernehmende Gesell-

С.п. – это соединение минимум двух предприятий в одну новую экономическую и правовую единицу. В ходе процесса слияния минимум одно предприятие теряет свою правовую самостоятельность. С регистрацией в торговом реестре перестаёт существовать одно предприятие, а его имущество целиком переходит на принимающее его предприятие.

schaft über. Die F. ist die intensivste und in organisatorischer, gesellschaftlicher und steuerlicher Hinsicht zugleich die komplizierteste Form eines Zusammenschlusses von Unternehmen. Die F. steht unter Kontrolle des Bundeskartellamtes. F. können verboten werden, wenn es dadurch zu einer marktbeherrschenden Stellung des neuen Unternehmens kommt.

Слияние является самой интенсивной, но, с точки зрения организационных, общественных и налоговых вопросов, самой сложной формой соединения предприятий. С.п. находятся под контролем федерального ведомства государственного надзора за деятельностью картелей. Слияние может быть запрещено, если в связи с ним возникает монопольное положение предприятия на рынке.

G

G. sind langlebige → Güter, die nach dem Kauf nicht konsumiert (einmalig gebraucht) werden, sondern dem mehrmaligen Gebrauch dienen (z.B. die Produktionsgüter: Maschinen, Anlagen oder die Konsumgüter: Fernseher, Möbel, PKW). Verbrauchsgüter als Gegenbegriff zu G. sind für den einmaligen Gebrauch oder Verbrauch bestimmt (z.B. Rohstoffe, Werkstoffe, Nahrungsmittel).

Т.п.к у.- это товары длительного пользования, которые не сразу используются после покупки, а служат для многоразового использования (например, производственные товары: машины, оборудование; товары народного потребления: телевизоры, мебель, автомобили). В отличие от т.п.к у. существуют ещё потребительские товары разового потребления или расхода (например: сырьё, материалы, продукты питания).

Unter dem Begriff G. versteht man in der Wirtschaftstheorie den subjektiven → Nutzen bzw. die Eigenschaft eines → Gutes, bestimmte Bedürfnisse der Menschen zu befriedigen.

Под этим понятием в теории экономики понимают субъективную полезность или свойство товара удовлетворять определённые потребности человека.

Geldentwertung	Инфляция

G. beruht auf einer Verschiebung des Gleichgewichtes zwischen Geldumlauf und Handelsvolumen. Steigt der Geldumlauf im Verhältnis zum Handelsvolumen übermäßig an, so daß die Volkswirtschaft mit zuviel Geld versorgt wird, bezeichnet man diesen Zustand als → Inflation („Aufblähung" der Geldmenge; der → Wert des Geldes sinkt). Man unterscheidet nach den Erscheinungsformen:
- offene Inflation (Preissteigerungen sind für alle → Wirtschaftssubjekte sichtbar),
- verdeckte Inflation (Preissteigerungen werden durch staatliche Höchst- oder Festpreise nicht für alle Wirtschaftssubjekte sofort erkennbar),
- schleichende Inflation (Preissteigerungen sind relativ niedrig, aber langanhaltend),
- galoppierende Inflation (Preissteigerungen liegen bei über 10 % und verursachen eine Zerrüttung der → Wirtschaft).

Die Auswirkungen der G. führen dazu, daß:
- Sparer und → Gläubiger durch Entwertung ihrer Ersparnisse/Darlehen geschädigt werden,

И. возникает при потере равновесия между денежным обращением и объёмом торговли. Если денежное обращение намного превышает объём торговли, и при этом народное хозяйство имеет большое количество денег, то такое состояние характеризуют как инфляция („раздувание" количества денег, при котором снижается их стоимость). По форме проявления бывает:
- открытая инфляция (возрастание цен будет явным для всех хозяйствующих субъектов),
- скрытая инфляция (возрастание цен в результате установления государством крайних или твёрдых цен не будет заметно для всех хозяйствующих субъектов),
- ползучая инфляция (долговременное, но не очень сильное, возрастание цен),
- галоппирующая инфляция (возрастание цен превышает 10 %, что ведёт к разрухе экономики).

Последствия инфляции ведут к тому, что:
- пострадают вкладчики и кредиторы, в связи с обес-

– → Schuldner Vorteile haben, da der Realwert der → Verbindlichkeiten abnimmt,
– eine Flucht in Sachwerte ausgelöst wird,
– eine Einkommens- und Vermögensumverteilung zugunsten der → Unternehmer und Selbständigen stattfindet und
– die soziale Sicherheit und soziale Gerechtigkeit gefährdet werden.

цениванием их вкладов и ссуд,
– должники получают преимущества, так как снижается истинная стоимость долговых обязательств,
– возникает стремление обратить деньги в реальные ценности,
– перераспределение доходов и имущества в пользу предприятий и частных предпринимателей и, тем самым,
– подвергается опасности социальная защищённость и социальная справедливость.

Gemeinkosten	Общие издержки

G. oder indirekte → Kosten sind → Kostenarten, die dem → Produkt nicht direkt zugerechnet werden können. Der Gegenbegriff sind → Einzelkosten. G. werden in der → Kostenrechnung unter Zuhilfenahme von Schlüsselgrößen auf die einzelnen → Kostenstellen verrechnet und dann im Rahmen der Kalkulation weiter auf die Produkte verteilt. Die Verrechnung der G. ist auf die Anwendung von Gemeinkostenschlüsseln angewiesen, die den Aussagewert der → Vollkostenrechnung herabsetzen. Zu den wichtigsten Arten

О.и. или косвенные издержки являются тем видом издержек, которые нельзя включить в прямые издержки продукта. Противоположное понятие – одноэлементные издержки. При расчёте издержек, о.и. рассчитывают с помощью коэффициентов на местах их возникновения и при составлении калькуляции, распределяют их по продуктам. Расчёт о.и. зависит от применения условных коэффиcentов распределения о.и. которые снижают силу показания расчёта полных издержек. К

der G. zählen: die Materialgemeinkosten (z.B. Kosten der
Lagerhaltung), die Fertigungsgemeinkosten (z.B. Zeitlöh-
ne), die Verwaltungsgemeinkosten und die Vertriebsgemeinkosten (z.B. Werbe-
kosten). G. werden nach den
Bezugsobjekten unterteilt in
Kostenträgergemeinkosten,
Kostenstellengemeinkosten
und Periodengemeinkosten.

важнейшим видам о.и. относятся: общие издержки на
материалы (например,
издержки на хранение),
общие производственные
издержки (например, повременная заработная плата),
общие управленческие и
сбытовые издержки (напри-
мер, издержки на вер-
бовку).О.и. по объектам
расчёта делятся на общие
издержки по объектам
издержек, общие издержки
по местам возникновения и
общие издержки по перио-
дам.

| Genossenschaft | Полное товарищество |

Eine G. ist ein Zusammen-
schluß (eine Gesellschaft) mit
dem Zweck, den Erwerb oder
die Wirtschaft ihrer Mitglieder
mittels gemeinschaftlicher Ge-
schäftsbetriebe zu fördern. Die
G. wählt auf der Grundlage ihres Statutes den → Vorstand
und → Aufsichtsrat. Sie erhält
durch Eintragung ins Genos-
senschaftsregister eigene
Rechtspersönlichkeit. Im Gegensatz zur → Aktiengesellschaft steht bei der G. die persönliche Bindung im Vordergrund. Daher sind die Anteile
auch nicht wie → Aktien über-
tragbar. Zu den G. zählen z.B.
Handwerkergenossenschaften,

П.т. – это объединение
(общество), имеющее цель
совместного хозяйствования
его членов для получения
заработков. На основании
своего устава п.т. выбирает
дирекцию и
наблюдательный совет. При
занесении п.т. в реестр кооперативов, оно становится
юридическим лицом. В про-
тивоположность акционер-
ному обществу, п.т. опира-
ется на личную связь их
членов.Поэтому доли
участия в п.т. нельзя переда-
вать как акции. К п.т. относятся ремесленные кооперативы, закупочная коопера-

Einkaufsgenossenschaften des Handels (EDEKA), Bezugsgenossenschaften der Landwirte, Konsumgenossenschaften. Als Rechtsgrundlage dient das deutsche Genossenschaftsgesetz und das Handelsgesetzbuch.

ция торговли, сельскохозяйственные кооперативы для совместных закупок средств производства, потребительская кооперация. Законодательной основой для деятельности п.т. служат торговый кодекс и закон о кооперативах.

| **Gesamtkostenverfahren** | **Расчёт прибыли на основе полных издержек** |

Das G. ist eine Form der kurzfristigen → Erfolgsrechnung, bei der die gesamten → Kosten einer Periode den gesamten → Erträgen (einschließlich der Erträge aus Bestandserhöhungen an Halb- und → Fertigprodukten und Eigenleistungen) gegenübergestellt werden. Dadurch ergibt sich eine (unsaldierte) Bruttodarstellung der Ergebnisquellen, gegliedert nach Aufwands- und Ertragsarten. Im Gegensatz dazu ist das → Umsatzkostenverfahren eine Nettodarstellung. Beide Verfahren führen zum selben Ergebnis.

Р.п.н.о.п.и. является одной из форм кратковременного расчёта экономического успеха, при котором общие издержки какого-то периода противопоставляются общим доходам (включая доходы от увеличения запасов полуфабрикатов и готовой продукции, а также собственной выработки). Из этого получается результат брутто, состоящий из источников прибыли, разделённых по видам затрат и доходов. В противоположность этому способ расчёта прибыли на основе оборотов и издержек является представленным как нетто. Оба эти способа приводят к одному и тому же результату.

Rechnungsgang:
  Bruttoumsatzerlös
  – Erlösschmälerung

  = Nettoumsatzerlös
  + Wert der Bestandserhöhung
  – Wert der Bestandsminde-
    rung
  – Herstellungskosten der ge-
    fertigten Erzeugnisse
  – Vertriebskosten der ver-
    kauften Erzeugnisse

  = → Betriebsergebnis

Способ расчёта:
  выручка с валового обо-
  рота
  – снижение выручки

  = выручка с чистого оборота
  + стоимость увеличения
    запасов
  – стоимость уменьшения
    запасов
  – издержки на производство
    готовой продукции
  – издержки на сбыт продан-
    ной продукции

  = заводская прыбиль

Geschäftseinheit, strategische | **Стратегическое подразделение предприятия**

Mit s. G. bezeichnet man in der Matrix-Organisation von → Unternehmen horizontale Arbeitsteams, die nach → Produkten (Produktgruppen) organisiert sind und i. d. R. von einem Produkt-Manager geleitet werden. Sie verkörpern die Kombination von objekt- und funktionsorientierten organisatorischen Einheiten. Die Arbeit der Teammitglieder ist nicht nur durch ihre Funktion als Einkäufer, Produktionsleiter, Entwicklungsingenieure oder Vertriebspersonal im Tagesgeschäft definiert, sondern vor allem durch die gemeinsame strategische Arbeit für die

С.п.п.обозначают в матричной организации предприятия те горизонтальные рабочие группы, которые организованы по группам продуктов и, как правило, имеют руководителем продукт-менеджера. Они воплощают комбинацию организационных подразделений, ориентированных по функциям и по объектам. Работа каждого члена группы определяется не только в соответствии с их функциями как снабженца, начальника производства, инженера по развитию или работников сбыта, а в

jeweilige Produktgruppe. Die Vorteile einer solchen mehrdimensionalen und konsequenten organisatorischen Orientierung des Unternehmens an den Produkten bestehen vor allem darin, daß die fähigsten Führungskräfte ihr Wissen und ihre Fähigkeiten in den Dienst der ständigen marktorientierten → Produktpolitik stellen und dafür sorgen, daß Qualität, Sortiment, Serviceleistungen der tragenden Produktgruppen den → Absatzmärkten und Abnehmergruppen innovativ angepaßt werden.

первую очередь, как совместная стратегическая деятельность для каждой группы продуктов. Преимущества такой многоплановой и последовательной организационной ориентации предприятия по группам продуктов состоит в том, что самые способные руководители отдают свои знания и способности на проведение стратегической политики в соответствии с требованиями рынка и делают всё для того, чтобы качество, ассортимент, служба сервиса основных групп продуктов постоянно отвечали запросам рынков сбыта и потребителей.

| Geschäftsführer | Исполнительный директор |

Als G. wird der gesetzliche Vertreter und verantwortliche Leiter einer → GmbH bezeichnet. Er muß nicht → Gesellschafter sein. Eine GmbH kann auch von mehreren G., die einzel- oder gesamtvertretungsberechtigt sind, geleitet werden. Die G. werden durch den Gesellschaftsvertrag oder durch die → Gesellschafterversammlung bestellt. Die G. haften gegenüber der Gesellschaft bei Pflichtverletzungen für den entstandenen Schaden. Sie ha-

И.д. называют законного представителя и ответственного руководителя общества с ограниченной ответственностью. Он не обязан быть участником. Таким обществом могут руководить несколько и. д., которые по отдельности или вместе могут представлять это общество. И.д. назначают договором общества или общим собранием. И.д. несёт ответственность перед обществом за

ben jährlich eine Liste der Gesellschafter zum → Handelsregister einzureichen. Die Tätigkeit der G. endet durch Vertragsablauf, Kündigung oder Widerruf bei Vorliegen eines wichtigen Grundes (Pflichtverletzung, Unfähigkeit).

нарушение своих обязанностей и причинённый ущерб. В их обязанность входит ежегодное составление списков участников для торгового реестра. Деятельность и.д. заканчивается по истечении срока договора, при увольнении или отстранении от выполнения обязанностей при наличии серьёзной причины (нарушение обязанностей или неспособность).

Geschäftsvorfälle

Хозяйственные операции

G. sind Vorgänge, die aufgrund → unternehmerischen Handelns zustande kommen und durch Buchungen zu erfassen sind. Die finanziellen Auswirkungen schlagen sich in der → Bilanz und in der → Gewinn- und Verlustrechnung nieder.

Х.о. это те операции, которые возникают в связи с предпринимательской деятельностью и должны быть учтены бухгалтерской записью. Финансовое выражение отражается на балансе и на расчёте прибылей и убытков.

Gesellschaft des bürgerlichen Rechts

Общество гражданского права

Eine G.d.b.R. ist keine Gesellschaft im handelsrechtlichen Sinn, sondern ein Zusammenschluß von Personen zur Erreichung eines gemeinsamen Zwecks. Beispiele:
– Zusammenschluß freiberuflich Tätiger,

О.г.п.представляет собой объединение лиц для достижения совместных целей. Оно не является торгово-правовым обществом. Примеры:
– объединение свободных предпринимателей,

– Interessengemeinschaften,
– Konsortialverträge,
– → Kartelle,
– Arbeitsgemeinschaft mehrerer → Firmen,
– Bankenkonsortium für Kapitaltransaktionen.

Die G.d.b.R. hat keine eigene Rechtspersönlichkeit. Sie führt keine Firma, sondern nennt die Namen aller Beteiligten. Die Beteiligten müssen einstimmig zusammen handeln oder in einem Gesellschaftsvertrag abweichende Festlegungen treffen. Kein Mitglied kann über seinen Anteil am Gesellschaftsvermögen frei verfügen. Das eingebrachte → Vermögen steht allen gemeinschaftlich zu. Die Gewinn- und Verlustteilung erfolgt üblicherweise nach den Kapitaleinlagen. Die → Gesellschafter der G.d.b.R. haften uneingeschränkt mit ihrem gesamten Vermögen als Gesellschaftsschuldner. Die Auflösung erfolgt bei Erreichen des Zweckes, durch Kündigung oder durch den Tod eines Gesellschafters.

– общества по интересам,
– договоры о создании консорциума,
– картели,
– деловое сотрудничество нескольких фирм,
– консорциум банков для международного перемещения капитала.

О.г.п. не является правовым лицом. Оно не образует фирму, а только называет имена всех участников. Участники должны действовать единогласно, все отклонения должны быть отражены в договоре. Каждый член общества не имеет права свободно распоряжаться своей долей общественного имущества. Внесённая доля становится достоянием всего общества. Распределение прибыли или убытков производится обычно в соответствии с размером вложенного капитала. Участник о.г.п. неограниченно отвечает всем своим состоянием за общественные долги. Роспуск общества осуществляется по достижении поставленных целей, а также при увольнении или в случае смерти одного из участников.

Gesellschaft mit beschränkter Haftung (GmbH)	Общество с ограниченной ответственностью

Die GmbH ist die verbreitetste → Rechtsform der → Kapitalgesellschaften in Deutschland. Sie ist eine Gesellschaft mit eigener Rechtspersönlichkeit und wurde ursprünglich für kleine und mittlere → Unternehmen als einfachste Form der Kapitalgesellschaft geschaffen. Die GmbH kann durch eine oder mehrere Personen errichtet werden. Die Stammeinlage jedes → Gesellschafters muß mindestens 500 DM betragen. Die Summe der Stammeinlagen muß ein → Stammkapital von mindestens 50 000 DM ergeben, wovon mindestens 25 000 DM eingezahlt sein müssen. Organ der GmbH sind der oder die Geschäftsführer und die → Gesellschafterversammlung. Bei mehr als 500 Beschäftigten muß ein → Aufsichtsrat gebildet werden. Die → Haftung ist auf die volle Höhe des Gesellschaftsvermögens beschränkt. Voraussetzung für die Gründung sind der Gesellschaftsvertrag, der notariell beglaubigt sein muß, und die Eintragung im → Handelsregister. Die Eigenkapitalbeschaffung erfolgt durch Nachschußzahlungen der Gesellschafter oder durch Neuaufnahme von Gesell-

О.с о.о. представляет собой самую распространённую правовую форму капиталообществ в Германии. Оно было задумано для мелких и средних предприятий как наиболее простая форма обществ с привлечением капитала, и оно является правовым лицом. О.с о.о. может быть организовано одним или несколькими лицами. Учредительский вклад каждого участника должен составлять минимум 500 марок. Сумма учредительских вкладов должен составлять 50 000 марок (уставной капитал), из которых минимум 25 000 марок должны быть уплачены. Органами о.с о.о. являются исполнительный (-ые) директор (-а) и общее собрание участников. При количестве работающих более 500 человек должен быть выбран наблюдательный совет. Несение ответственности ограничивается всем имуществом общества. Предпосылками для образования общества являются составление договора, который должен быть заверен нотариально, и занесение в торговый реестр. Образова-

schaftern. Diese Art der Kapitalerhöhung stößt jedoch auf Schwierigkeiten, denn es fehlt im Unterschied zum → Handel mit → Aktien ein organisierter → Markt. Die Gesellschafterversammlung stellt den → Jahresabschluß fest, entscheidet über die Gewinnverteilung, prüft und überwacht die Geschäftsführung. Die Vorschriften für die Rechnungslegung (→ Bilanz, → GuV-Rechnung) und Prüfungspflicht sind weitgehend denen der → Aktiengesellschaften angepaßt.

ние собственного капитала осуществляется доплатами участников или привлечением новых членов. Однако такой способ увеличения капитала имеет свои трудности в связи с отсутствием организованного рынка, который существует при торговле акциями. Общее собрание участников утверждает годовой отчёт, решает вопрос о распределении прибыли, контролирует и проверяет работу исполнительных директоров. Предписания об отчётности (баланс, расчёт прибыли и убытков) и обязательство контроля аналогичны требованиям к акционерным обществам.

Gesellschafter	Участник

G. können entweder natürliche oder juristische Personen sein, die an der Gründung einer Gesellschaft teilnehmen oder die später durch Erwerb von Geschäftsanteilen oder durch Erbfolge G. geworden sind. Die Aufnahme in den Status eines G. und seine Rechte richten sich nach der → Rechtsform des → Unternehmens:
– bei → Personengesellschaften durch Vertrag gegen

У. могут быть физические или юридические лица, которые принимают участие в образовании обществ или позднее становятся владельцами долей участия в предприятии путём покупки или наследования. Занесение в статус у. и его права определяются правовой формой предприятия:
– в товариществах – путём договора при внесении определённого вклада,

Leistung einer → Einlage,
Übertragung eines Ge-
schäftsanteils oder Einbrin-
gung der Arbeitskraft,
- bei → Aktiengesellschaften
durch Erwerb von → Ak-
tien,
- bei → GmbH durch Über-
nahme eines notariell beur-
kundeten Geschäftsanteils,
- bei → Genossenschaften
durch Beitritterklärung nach
Eintragung in das Genossen-
schaftsregister.

передачи доли участия или
предоставлением соб-
ственной рабочей силы,
- в акционерных обществах
– путём приобретения
акций,
- в обществах с
ограниченной ответствен-
ностью – путём заверен-
ной нотариально передачи
доли участия,
- в полных товариществах –
заявлением о вступлении
после занесения в товари-
щеский реестр.

Gesellschafterversammlung	Общее собрание участников

Als G. bezeichnet man das be-
schließende Organ der →
GmbH. Sie ist vergleichbar mit
der → Hauptversammlung der
→ Aktiengesellschaft.
Die G. hat zu bestimmen über:
- die Feststellung des → Jahresabschlusses,
- die Verwendung des Rein-
gewinns des → Unterneh-
mens,
- die Bestellung und Abberu-
fung der → Geschäftsführer,
- Maßnahmen zur Überwa-
chung und Prüfung der Ge-
schäftsführung,
- Satzungsänderungen.
Jeder → Gesellschafter hat in
dieser Versammlung für je
100 DM seines Anteils eine
Stimme.

О.с.у. называют поста-
новляющий орган обществ с
ограниченной ответствен-
ностью. Оно сопоставимо с
главным собранием акционеров. О.с.у. принимает решения:
- о подверждении годового
отчёта,
- о применении чистой прибыли предприятия,
- о назначении и отстранении исполнительных
директоров,
- о мероприятиях по
наблюдению и контролю
исполнительных дирек-
торов,
- об изменении устава.
Каждый участник имеет
право голоса на этом собр

нии, при этом акции на сумму 100 марок дают право одного голоса (на 200 марок два голоса и т.д.).

Gesellschaftsformen	Организационно-правовые формы предприятий

G. sind → Rechtsformen für den Zusammenschluß von Personen zum gemeinsamen → wirtschaftlichen Handeln. Dazu zählen:
- Einzelunternehmen (Einzelkaufmann, Einzelfirma),
- → Personengesellschaften (→ Offene Handelsgesellschaft, → Kommanditgesellschaft, → stille Gesellschaft),
- → Kapitalgesellschaften (→ Aktiengesellschaft, → Gesellschaft mit beschränkter Haftung, Kommanditgesellschaft auf Aktien, Bergrechtliche Gesellschaft, Sonderformen),
- → Genossenschaften (eingetragene Genossenschaft),
- öffentliche Betriebe in privatrechtlicher Form, in nichtprivatrechtlicher Form (Eigenbetrieb, Anstalten, Stiftungen, öffentlichrechtliche Körperschaften).

О-п.ф.п. представляют собой правовые формы объединений лиц для совместной экономической деятельности. К ним относятся:
- единоличные предприятия (единоличная фирма, единоличный собственник торгового предприятия),
- товарищества (открытое торговое общество, коммандитное товарищество, негласное товарищество),
- капиталообщества (акционерное общество, общество с ограниченной ответственностью, коммандитное акционерное товарищество, товарищество горного права, специальные формы),
- полные товарищества (зарегистрированные),
- муниципальные предприятия в частно-правовой форме и в публично-правовой форме (юридически несамостоятельные предприятия,

учреждения, организации, публично-правовые корпорации).

Gewerbe	Промысел
Unter G. versteht man jede selbständige Tätigkeit mit Ausnahme der in der Land- und Forstwirtschaft und der freien Berufe. Gewerbetreibende haben das Ziel, dauernd tätig zu sein und unter eigenem Namen und in eigener Verantwortung gewinnbringend zu arbeiten. Zum G. zählen die Industrie, das Handwerk, der Handel sowie die Dienstleistungsbetriebe (Banken, Versicherungen…).	Под п. подразумевается любая самостоятельная деятельность, за исключением таковой в лесном и сельском хозяйстве, а также свободные профессии. Занимающиеся промыслом ставят перед собой цель работать постоянно, самостоятельно и под своим именем для получения прибыли. К п. относятся: промышленность, торговля, ремесленники, кроме того, предприятия сферы обслуживания (банки, страховые агенства и другие).

Gewerbefreiheit	Свобода занятий предпринимательской деятельностью
Die G. zählt zu den wichtigsten wirtschaftlichen Freiheitsrechten. Artikel 12 des Grundgesetzes für die Bundesrepublik Deutschland gewährleistet für jedermann das Recht, einer wirtschaftlichen Betätigung an jedem Ort und zu jeder Zeit im Rahmen der gesetzlichen Bestimmungen nachgehen zu	С.з.п.д. относится к важнейшим свободам экономической деятельности. Двенадцатая статья основного закона ФРГ предусматривает право для каждого гражданина, заниматься предпринимательством в любое время и в любом месте, в рамках

können. Die G. zählt zu den Grundpfeilern der marktwirtschaftlichen Ordnung, denn sie gibt jedem die Chance, sich als → Unternehmer zu betätigen. Die Gewerbeordnung, die vom Grundsatz der G. ausgeht, enthält Beschränkungen, indem für bestimmte Tätigkeiten eine Erlaubnispflicht staatlich festgelegt ist. So müssen z.B. von denjenigen, die eine Apotheke, eine Arztpraxis oder eine Anwaltskanzlei führen wollen, gesetzlich vorgeschriebene Voraussetzungen erfüllt werden.

существующего законодательства. С.з.п.д. является основным положением рыночной экономики, т.к. предоставляет каждому шанс стать предпринимателем. Порядок занятия промыслом, исходящий из основных положений с.з. п.д., содержит некоторые ограничения в связи с тем, что определённые виды промыслов требуют особого разрешения со стороны государства, так, например, для создания аптеки, врачебной практики или адвокатской канцелярии должны быть выполнены определённые условия, предусмотренные законодательством.

Gewinn	Прибыль

Der Begriff G. wird in der Literatur und Betriebspraxis unterschiedlich verwendet.
1. Als Betriebsgewinn (synonyme Begriffe: → Betriebsergebnis, Betriebserfolg, kalkulatorischer G.) wird die positive Differenz zwischen Betriebserträgen (Umsatzerlöse und Bestandserhöhungen) und → Kosten einer Periode bezeichnet. Für die Planung und Kontrolle des Betriebsergebnisses wird zunehmend

Понятие п. по разному применяется в литературе и в заводской практике.
1. Под понятием заводской прибыли (синонимы: заводской экономический успех, результат хозяйственной деятельности, калькуляционная п.) подразумевается позитивная разность между заводскими доходами (выручка с оборота и увеличение запасов) и издержками за определённый период вре-

die → Deckungsbeitrags-
rechnung eingesetzt.
2. Als neutralen G. (neutraler
→ Erfolg) bezeichnet man
die positive Differenz zwischen betriebsfremden und
außerordentlichen Aufwen-
dungen und → Erträgen.
3. Der Unternehmensgewinn
(Unternehmensergebnis)
wird als Differenz zwischen
den gesamten Erträgen und
dem → Aufwand eines Ge-
schäftsjahres mit Hilfe der
→ Gewinn- und Verlust-
rechnung ermittelt. Er ergibt sich aus der Addition
des Betriebs- und neutralen
G. In → Kapitalgesellschaften erfolgt der Ausweis des
Unternehmensgewinns un-
ter der Bezeichnung → Jahresüberschuß.
4. Der → Bilanzgewinn stellt
den verteilungsfähigen Rest-
betrag des Unternehmens-
gewinns dar, der sich unter
Berücksichtigung von Ge-
winn- und Verlustvorträgen
aus dem Vorjahr und aus
den Einstellungen in die →
Rücklagen oder Entnahmen
aus diesen ergibt und damit
als Ausschüttungspotential
für die Anteilseigner zur
Disposition steht.

мени. Для планирования и
контроля заводской при-
были всё чаще применя-
ется расчёт величины
покрытия постоянных
издержек.
2. За нейтральную п. (нейтральный экономический
успех) принимают пози-
тивную разницу между не
носящими производствен-
ного характера и не
обычными для производ-
ства затратами и дохо-
дами.
3. П. предприятия (результат
хозяйственной деятельно-
сти предприятия)
рассчитывается как раз-
ница между общими дохо-
дами и общими затратами
за отчётный год при
использовании расчёта
прибыли и убытков. Она
образуется в результате
сложения заводской и ней-
тральной прибыли. В
капиталообществах п.
предприятия называют
годовым избытком.
4. Балансовая п. представляет собой предна-
значенный к распреде-
лению остаток прибыли
предприятия, который воз-
никает при учёте переноса
частей прибыли и убытка
из прошлого года, взносов
и вычетов из запасов
капитала и прибыли и, тем

самым, является распределительным потенциалом для собственников имущества предприятия по диспозиции.

| **Gewinn- und Verlustrechnung (GuV)** | **Расчёт прибыли и убытков** |

Die GuV ist Teil des → Jahresabschlusses und eine Gegenüberstellung von → Erträgen und → Aufwendungen eines Geschäftsjahres. Einzelkaufleute und → Personengesellschaften müssen eine GuV erstellen. Kleine → Unternehmen unterliegen jedoch keiner Prüfungs- und Offenlegungspflicht. → Kapitalgesellschaften unterliegen einer erweiterten Rechnungslegungsverpflichtung. Der Umfang von Prüfungs- und Offenlegungspflicht richtet sich nach der Größe des Unternehmens. Der Inhalt der GuV ist in § 257 des deutschen Handelsgesetzbuches geregelt. Grundsätzlich werden zwei Berechnungsverfahren zugelassen:

1. Das → Umsatzkostenverfahren. Es stellt den → Umsatz eines Geschäftsjahres den darin enthaltenen → Herstellungskosten gegenüber.
2. Das → Gesamtkostenverfahren. Es stellt den Herstel-

Р.п.и у. является составной частью годового отчёта и представляет собой сопоставление доходов и затрат одного хозяйственного года. Единоличные собственники торговых предприятий и товарищества обязаны составлять этот расчёт. Мелкие фирмы не подлежат обязательному контролю и предоставлению документальных данных о хозяйственном состоянии. Капиталообщества обязаны предоставлять более полную отчётность своей деятельности. Обязательность и полнота отчётности и контроля зависит от величины предприятия. Порядок р.п.и у. определён с § 257 немецкого торгового кодекса. В основном, допускаются два основных способа расчёта:

1. Расчёт прибыли на основе оборотов и издержек. Он сопоставляет оборот одного хозяйственного года и, связанные с

lungskosten eines Geschäftsjahres die daraus hervorge-
gangene → Leistung gegen-
über. Diese wird berechnet
aus: Umsatz + Lagerbe-
standszugang oder: Umsatz
− Lagerbestandsabgang.
Beide Methoden führen zum
selben Ergebnis.

этим, производственные
издержки.
2. Расчёт прибыли на основе
полных издержек. Он
сопоставляет производ-
ственные издержки
хозяйственного года и
выработки производства.
Их можно рассчитать так:
выручка с оборота +
увеличение складских
запасов или выручка с оборота - убыль складских
запасов.
Оба метода приводят к
одному и тому же резуль-
тату.

| **Giroverkehr** | **Жирооборот** |

Mit G. wird der Zahlungs- und
Überweisungsverkehr ohne
Verwendung von Bargeld bezeichnet. Im einfachsten Fall
weist der Zahlungspflichtige
seine Bank an, den geschulde-
ten Betrag dem Konto des
Zahlungsempfängers gutzu-
schreiben und ihn selbst in entsprechender Höhe zu belasten.
Haben beide Parteien nicht bei
der gleichen Bank Konten,
sind andere Banken oder Zen-
tralstellen zwischenzuschalten.
Folgende Überweisungsfor-
men sind üblich: Einzelüber-
weisungen, Sammelüberwei-
sungen, Daueraufträge, Ein-
zugsermächtigungen.

Ж. обозначает все платежи и
денежные переводы без
использования наличных
денег. В простейшем случае
лицо, обязанное произвести
платёж, информирует банк о
необходимости денежного
перевода со своего счёта на
счёт получателя платежа. В
том случае, когда оба
партнёра имеют счета в разных банках, к операции перевода подключаются другие
банки или центральные
управления. Обычно осу-
ществляются следующие
переводы: единичный пере-
вод, собирательный перевод,
долгосрочное поручение на

совершение определённых операций, взыскательное полномочие.

Gläubiger

G. ist derjenige, der aus einem vertraglichen oder einem gesetzlichen Schuldverhältnis gegen einen anderen, den → Schuldner, einen Anspruch hat. Bei Kaufverträgen ist der Lieferant G. der Zahlung, während der Kunde G. der Lieferung ist. In der Buchhaltung wird der G. unter Kreditoren eingereiht.

Кредитор

К. это тот, кто имеет право предъявлять претензии к должнику на основании заключённого договора или долгового обязательства. При заключении договора о покупке, поставщик является к. в отношении оплаты, а покупатель – к. в отношении поставки продукции. В бухгалтерском учёте привилегированные к. зачисляются в статью кредиторов.

Grenzkosten

Als G. bezeichnet man den Kostenzuwachs, der durch die Produktion einer Einheit eines zusätzlichen → Produktes verursacht wird. Die G. hängen vom Verlauf der Gesamtkostenkurve ab und sind gleich dem Steigungsmaß der Gesamtkostenfunktion für eine bestimmte ausgebrachte Produktionsmenge. Die G. werden für preispolitische Entscheidungen verwendet.

Предельные издержки

П.и. называют прирост издержек, вызванный производством единицы дополнительного продукта. П.и. зависят от кривой общих издержек и соответствуют величине подъёма функции кривой общих издержек для определённого количества произведённой продукции. П.и. применяют для принятия решений в отношении политики цен.

Grundkapital	**Основной капитал**

G. ist wesentlicher Teil des →
Eigenkapitals einer → Aktiengesellschaft. Im Rahmen der
→ Bilanz entspricht das G.
zahlenmäßig dem Nennwert aller ausgegebenen → Aktien
und wird als gezeichnetes →
Kapital auf der Passivseite ausgewiesen. Das → Aktiengesetz
fordert bei Neugründungen
eine Mindesthöhe von
100 000 DM. Die Höhe des G.
sagt nichts über den ständig
wechselnden Wert des Gesellschaftsvermögens aus. Da die
Aktionäre für → Verbindlichkeiten ihres → Unternehmens
nicht persönlich haften, übernimmt das G. zusammen mit
den → Rücklagen die Haf-
tungsfunktion gegenüber den
Gesellschaftsgläubigern. Der
feste Betrag des G. kann nicht
durch → Gewinn oder → Verlust verändert werden. Das bilanzielle Eigenkapital setzt
sich aus der Summe von G., →
Kapitalrücklage, Gewinnrücklage, Gewinnvortrag/Verlust-
vortrag und dem → Jahres-
überschuß/Jahresfehlbetrag
zusammen.

О.к. является основной
составной частью собственного капитала акционерного
общества. В рамках баланса
он соответствует, в числовом
выражении, номинальной
стоимости всех выпущенных
акций и заносится на сторону
пассивов как уставный капитал. Акционерный закон
предусматривает при
учреждении общества мини-
мальную сумму 100 000
марок. Величина о.к. не
выражает постоянно
меняющуюся стоимость иму-
щества капиталообщества. В
связи с тем, что акционеры
не несут персональной ответственности по обязатель-
ствам фирмы по отношению
к кредиторам, эти функции
возлагаются на о.к. и на
существующие резервы.
Постоянная сумма о.к. не
может быть изменена при
получении прибыли или при
несении убытков. Балансо-
вый собственный капитал
складывается из о.к., резервов капитала, резервов прибыли, перенесённых с про-
шлого года прибыли/убытков
и годового избытка/годового
убытка.

Grundlohn

Основная заработная плата

G. ist das tariflich festgelegte Entgelt für die übliche Arbeitsleistung in der entsprechenden Lohnform (Zeitlohn, Akkordlohn). Es wird ergänzt um leistungsabhängige Zuschläge und → Prämien sowie um Sozialbestandteile (Kindergeld, ...). Im Sozialrecht ist der G. die Bemessungsgrundlage für Beiträge zur gesetzlichen Krankenversicherung. Für freiwillig Versicherte, Studenten, Praktikanten und Rentner gelten Sonderregelungen.

О.з.п. – это установленное тарифом денежное вознаграждение за работу, выраженное в соответствующей форме (повременная заработная плата, аккордная заработная плата). Она может дополняться доплатами за производительность или премиями, а также социальными пособиями (детское,...). По социальному праву о.з.п. представляет собой основу для определения величины взносов для обязательных медицинских страховок. Для страховки работающих не по найму, студентов, практикантов, пенсионеров существуют специальные правила.

Grundnutzen

Основная полезность

G. und → Zusatznutzen sind ausschlaggebend für die Beurteilung eines Produktes durch die Käufer. Jedes → Produkt wird in absatzwirtschaftlicher Hinsicht als ein Bündel von Merkmalen aufgefaßt, mit denen die Käufer und Verwender ganz bestimmte Nutzenerwartungen verknüpfen. Beim G. geht es vor allem um die Befriedigung funktioneller Bedürfnisse, d.h. um die Frage,

О.п. и дополнительная полезность являются основными критериями для оценки продуктов покупателями. С точки зрения экономичности сбыта, каждый продукт рассматривается как совокупность различных признаков, с которыми покупатели и потребители связывают определённые ожидания. Под о.п. подразумевается, в первую очередь, удовлетво-

wie das Produkt den vorgesehenen Verwendungszweck erfüllt. Die Einteilung der Nutzenerwartungen in G. und Zusatznutzen erfolgt mit der Absicht, Ansatzpunkte für die im → Unternehmen zu betreibende → Produktpolitik zu geben. Der G. kann vor allem durch die Gestaltung der → Produktqualität beeinflußt werden. Sie ist um so besser, je geeigneter das Produkt ist, den vom Käufer erwarteten G. zu stiften.

рение функциональных потребностей, то есть, отвечает ли этот продукт предусмотренной цели употребления. Подразделение ожидаемой полезности на о.п. и дополнительную делается с целью установить исходные моменты для проводимой продуктополитики на предприятии. О.п. можно изменять путём изменения качества продукта. Чем оно лучше, тем лучше удовлетворит продукт ожидаемую покупателем о.п.

Güter	Блага

Der Begriff G. wird als allgemeinster Terminus für Mittel gebraucht, die der Bedürfnisbefriedigung dienen. Man unterscheidet nach der Verwendungssphäre Konsumgüter und Investitionsgüter; nach der einmaligen oder mehrmaligen Verwendung Verbrauchsgüter und Gebrauchsgüter.

Понятие б.- это самый общий термин для средств, служащих удовлетворению потребностей. Их, в свою очередь, подразделяют по сфере применения на средства производства и средства потребления; по многоразовому или одноразовому использованию на товары предназначенные к употреблению и на потребительские товары.

H

Haben — Кредит

Mit H. bezeichnet man in der Buchhaltung die rechte Seite eines Kontos. Bei Aktivkonten bedeuten Buchungen auf der Habenseite Abgänge, bei Passivkonten Zugänge. Im Bankbereich sind Salden auf der Habenseite Guthaben der → Kunden.

В бухгалтерском учёте правую сторону счёта обозначают к. В активных счетах записи на стороне кредита обозначают вычеты, в пассивных счётах – поступления. В банковском деле сальдо на стороне кредита является вкладом клиента.

Haftung — Ответственность

H. bedeutet ganz allgemein Einstehen für den Schaden, den ein anderer durch vorsätzliches oder fahrlässiges Verhalten erlitten hat. Grundsätzlich ist die H. vom Verschuldensprinzip geprägt. H. wird nicht nur durch das bürgerliche Recht, sondern auch durch das Steuerrecht, das Arbeitsrecht, das Wettbewerbsrecht sowie durch das Außenwirtschafts- und Handelsrecht näher bestimmt.

О. называют общее несение ответственности за причинённый ущерб, нанесённый умышленно или по небрежности, приведший к тому, что кто-то другой пострадал от этого. В основном, о. выражает принцип виновности. О. определяется не только гражданским правом, но и налоговым, трудовым правом, правом конкуренции, внешнеэкономическим и торговым правом.

Handel

Der Begriff H. wird unterschiedlich gebraucht. Im funktionellen Sinn wird der gesamte Güteraustausch in einer → Volkswirtschaft als H. bezeichnet. Im engeren Sinn wird als H. die gesamte Beschaffungs- und Absatztätigkeit im → Unternehmen bezeichnet. Weiter wird H. als institutioneller Begriff für alle Institutionen, die ausschließlich oder überwiegend H. betreiben, verwendet. Dazu zählt der Einzelhandel, der Großhandel und der Außenhandel.

Торговля

Понятие т. используют по разному. В функциональном смысле т. рассматривается как общий обмен товарами в народном хозяйстве. В более узком смысле т. называют всю снабженческую и сбытовую деятельность на предприятии. Далее, т. применяют как название инстанций, которые ею занимаются. К ним относятся: розничная, оптовая и внешняя торговля.

Handelsgesellschaften

H. sind nach deutschem Handelsrecht alle Vereinigungen von zwei oder mehr Personen zum Betrieb von Handelsgeschäften, wenn die Gesellschaft als solche im → Handelsregister eingetragen wird. Dazu zählen die → Personengesellschaften (ausgenommen die → stille Gesellschaft) und die → Kapitalgesellschaften. Für H. gelten die für den Kaufmann bestehenden handelsrechtlichen Vorschriften.

Производственно-торговые предприятия

Согласно немецкому торговому праву п.-т.п. называются объединения двух или более лиц для осуществления торговой деятельности, если это общество будет зарегистрировано в торговом реестре. К ним относятся товарищества (за исключением негласного товарищества) и капиталообщества. Для п.-т.п. действуют установленные для коммерсантов правовые предписания.

Handelsregister	Торговый реестр

Das H. ist ein öffentliches Verzeichnis, das bei den Amtsgerichten geführt wird und in das Vollkaufleute und → Handelsgesellschaften mit ihrer Firmenbezeichnung, ihren Geschäftsinhabern, Prokuristen, ihrem Geschäftssitz sowie mit Angaben über Art und Gegenstand des → Unternehmens eingetragen werden. Eintragungen im H. haben rechtsbezeugende und rechtserzeugende Wirkung. So wird z.B. bei → Kapitalgesellschaften die Rechtsfähigkeit erst durch Eintragung hergestellt.

Т.р. представляет собой общественный перечень, который ведётся при судах, занимающихся гражданским правом, и в который вносятся коммерсанты, обладающие всеми правами и атрибутами согласно Торговому кодексу и производственно-торговые общества, с указанием названия фирмы, её владельцев, прокуристов, её местоположения, рода и предмета деятельности. Занесение в т.р. имеет правовое действие. Так, например, для капиталообществ, их правоспособность действенна лишь по занесению в т.р.

Handelsspanne	Торговая наценка

Die H. ist die Differenz zwischen Einstandspreis und Verkaufspreis eines Handelsbetriebes. Mit der H. werden die Geschäftskosten sowie der → Gewinn gedeckt. Die H. ist somit das Entgelt für die Erfüllung der Handelsfunktion.

Т.н. – это разность между продажной ценой и покупной ценой торгового предприятия. Т.н. покрывает торговые затраты и обеспечивает прибыль. Таким образом, т.н. является вознаграждением за обеспечение торговых функций.

Beispiel:

Einstandspreis	100 DM
+ 25 % Geschäfts-kosten	25 DM
= Selbstkostenpreis	125 DM
+ Gewinn	25 DM
= Verkaufspreis	150 DM

Die H. bezogen auf den Verkaufspreis ergibt sich:

$$\frac{50\,DM}{150\,DM} \cdot 100 = 33{,}33\,\%$$

Пример:

покупная цена	100 марок
+ 25 % торговые издержки	25 марок
= цена по себестоимости	125 марок
+ прибыль	25 марок
= продажная цена	150 марок

Т.н. рассчитывается на основании продажной цены:

$$\frac{50\,\text{марок}}{150\,\text{марок}} \cdot 100 = 33{,}33\,\%$$

Handelsvertreter

Der H. ist ein selbständiger Kaufmann, der ständig damit betraut ist, für einen oder mehrere andere → Unternehmen Geschäfte zu vermitteln oder in deren Namen abzuschließen. Der H. ist in fremdem Namen und für fremde Rechnung tätig. Er hat Provisionsanspruch, wenn das Geschäft ausgeführt ist.

Торговый представитель

Т.п. является самостоятельный коммерсант, который занимается посреднической деятельностью с одним или несколькими предприятиями, или заключением договоров от их имени. Т.п. работает от имени третьих лиц и для чужих счетов. Он имеет право на комиссионные, если сделка состоялась.

Handlungsreisender (Reisender)

Der H. ist ein Angestellter des → Unternehmens, der die Vollmacht hat, in dessen Namen Käufe und Verkäufe verbindlich abzuschließen, Aufträge einzuholen, den Kunden-

Разъездной представитель торговой фирмы

Р.п.т.ф.- это служащий фирмы, имеющий право заключать торговые сделки от её имени, принимать заказы, обслуживать постоянных клиентов и

stamm zu betreuen und neue → Kunden zu gewinnen, den Bedarf zu ermitteln, die Kreditwürdigkeit der Kunden zu überwachen und Streitigkeiten zwischen → Firma und Kunden zu vermitteln. H. erhalten entweder ein festes Gehalt oder ein Gehalt (Fixum) und zusätzlich eine → Provision. Der H. verursacht dem Unternehmen überwiegend → fixe Kosten, die bei niedrigem → Umsatz höher sind als die Kosten bei → Handelsvertretern.

завоёвывать новых, изучать спрос, следить за платёжеспособностью клиентов и избегать спорных ситуаций между фирмой и клиентами. Р.п.т.ф. получает оклад или оклад с дополнительными комиссионными. Р.п.т.ф. причиняют фирме постоянные издержки, которые при небольшом обороте значительно выше, чем издержки на торгового представителя.

Harmonisierung / Гармонизация

H. bedeutet Anpassung gesetzlicher Bestimmungen innerhalb der EG mit dem Ziel der Liberalisierung des Güter-, Dienstleistungs- und Kapitalflusses sowie der gegenseitigen Anerkennung (z.B. der Hochschuldiplome).

Г. означает согласование правовых постановлений в рамках Европейского содружества с целью либерализации течения благ, услуг, капитала, а так же взаимного признания (например, дипломов об окончании высших учебных заведений).

Hauptversammlung / Общее собрание акционеров

Die H. ist das oberste gesetzliche Organ der → Aktiengesellschaft und → Kommanditgesellschaft auf Aktien. In ihr üben die Aktionäre ihre Rechte aus. Dazu zählen:
– die Bestellung des → Aufsichtsrates,

Высшим законодательным органом акционерного общества или акционерного коммандитного товарищества является о.с.а. На нём акционеры осуществляют свои права, к которым относятся:

- die Verwendung des → Bilanzgewinns,
- die Entlastung von → Vorstand und Aufsichtsrat,
- die Bestellung des Abschlußprüfers,
- Satzungsänderungen,
- Maßnahmen der Kapitalbeschaffung und -herabsetzung.

Die H. wird einmal jährlich durchgeführt. Beschlüsse bedürfen der Mehrheit und der öffentlichen Beurkundung. Jede → Aktie gewährt Stimmrecht.

- назначение наблюдательного совета,
- распределение балансовой прибыли,
- освобождение дирекции и наблюдательного совета,
- привлечение аудитора,
- изменение устава,
- принятие решений по привлечению или снижению капитала.

О.с.а. проводится один раз в году. Решения принимаются большинством голосов и оглашаются общественности. Каждая акция имеет право голоса.

Haushalt	Бюджетное учреждение

Der Begriff H. wird verwendet:
- für den privaten H., d.h. für die Wirtschaftführung einer zusammenwohnenden Familie und Einzelperson, und
- für den öffentlichen H. (Staatshaushalt, Budget) und meint damit die → Einnahmen und → Ausgaben einer öffentlichen Institution (Bund, Länder oder Gemeinden).

Понятие б.у. применяется:
- для частного домашнего хозяйства, т.е. для ведения хозяйства семьи или единоличника,
- для общественной бюджетной организации (государственного бюджета, коммунального бюджета) и при этом имеются в виду взносы и выплаты какой-либо общественной инстанции (федерации, земель или коммун).

Herstellungskosten	Издержки на производство

H. sind die zur Fertigung eines → Produktes oder einer zum Eigenverbrauch bestimmten Anlage angefallenen → Kosten. Hierzu gehören: Materialkosten, die Fertigungskosten und die Sonderkosten der Fertigung. In die H. können anteilige → Gemeinkosten verrechnet werden. Vertriebskosten gehören nicht zu den H.

И.н.п. представляют собой издержки, связанные с изготовлением продукта для сбыта или для собственного использования. К ним относятся: издержки на материал, издержки производственного процесса и специальные издержки. В и.н.п. частично учитывают общие издержки. Издержки на сбыт не относятся к и.н.п.

Holding-Gesellschaft	Холдинговое общество

H.-G. ist eine Gesellschaft, die selbst keine → Güter produziert, die → Beteiligungen an anderen Gesellschaften besitzt und diese als Dachgesellschaft aufgrund der Mehrheit an den → Aktien beherrscht und verwaltet. Die H.-G. ist damit eine Sonderform der Unternehmenskonzentration. Die angeschlossenen Gesellschaften bleiben rechtlich selbständig; der Firmenname bleibt erhalten.

Х.о. называется общество, которое ничего само не производит, а является владельцем долей участия в других предприятиях и управляет ими как головная организация, на основании владения большинством акций. Таким образом, оно представляет собой особую форму концентрации предприятий. Относящиеся к нему общества остаются самостоятельными в правовом отношении и сохраняют своё фирменное название.

Humanisierung der Arbeit	Гуманизация труда

Unter H.d.A. werden alle Maßnahmen verstanden, die der Verbesserung des Arbeitsinhaltes und der Arbeitsbedingungen dienen. Sie ist gerichtet:

- auf die Aufhebung noch bestehender Ausbeutungsbedingungen der Arbeit,
- auf arbeitsorganisatorische Maßnahmen, insbesondere auf den Abbau einseitiger Belastungen und die Erweiterung der Verantwortung sowie
- auf die psychologische Arbeitsgestaltung.

Под г.т. понимаются все мероприятия, служащие улучшению содержания и условий труда. Они направлены:

- на устранение условий эксплуатации труда,
- на проведение организационных мероприятий, особенно касающихся однообразной работы и на расширение ответственности,
- на психологическую организацию труда.

I

Zustand eines → Unternehmens, in dem die kurzfristigen Verbindlichkeiten nicht mehr durch flüssige Mittel gedeckt sind. I. ist für ein → Unternehmen eine tödliche Bedrohung. Man unterscheidet die auf einen Zeitpunkt bezogene I. von der auf einen Zeitraum bezogenen I. Läßt sich dieser Zustand durch „Verflüssigung" von Vermögensgegenständen und weitere kurzfristige → Kredite nicht beheben, so ist Zahlungsunfähigkeit gegeben und der → Konkurs nicht mehr vermeidbar.

Н.-это неспособность произвести все необходимые в данный момент выплаты без каких-либо ограничений. Для любого предприятия она является смертельной угрозой. Различают н. для данного момента времени и н. для определённого периода времени. Если это состояние не преодолеть с помощью кредитов или превращением имущества в капитал, то банкротство станет неизбежным.

Mit I. bezeichnet man das subjektive Gesamtbild, das sich eine Person (oder Gruppe) von einem Objekt, z.B. einem → Produkt oder einer → Firma, macht. Nicht die objektive Beschaffenheit eines Produktes ist verhaltensbestimmend (also auch kaufentscheidend), sondern die erlebten subjekti-

Под и. подразумевается субъективное представление людей о каком-либо объекте, например о продукте или фирме. То есть, не объективные качества продукта играют решающую роль для покупки, а имеющееся субъективное представление об этом продукте. И. образу-

ven Vorstellungen des Konsumenten sind es. Das I. entsteht aus einer großen Anzahl von Informationen, die der Käufer bewußt oder unbewußt aufnimmt.

ется из огромного количества информации, которую покупатель воспринимает сознательно или подсознательно.

Inflation	Инфляция
→ Geldentwertung	Процесс обесценивания денег.

Inkasso	Инкассо
Unter I. versteht man die Einziehung fälliger → Forderungen, insbesondere von → Wechseln, Schecks, Rechnungen und Akkreditiven durch → Handelsvertreter und Banken.	Под понятием и. понимают взыскание торговыми представителями или банками подлежащих уплате векселей, чеков, счетов и аккредитивов.

Innenfinanzierung	Финансирование из собственных средств предприятия
Als I. wird der Zufluß an Finanzierungsmitteln bezeichnet, der aus eigener Ertragskraft herrührt. Die I. kann demnach erfolgen durch: – nicht ausgeschüttete → Gewinne (Selbstfinanzierung), – → Abschreibungen und Auflösung von → Rückstellungen, – einen evtl. Gewinnvortrag aus dem Vorjahr und	Ф.и.с.с.п. называют поступление финансовых средств из собственных доходов. Оно может осуществляться через: – неиспользованную прибыль (собственное финансирование), – амортизационные отчисления и использование резервных средств,

– durch Umschichtungen im
→ Vermögen.

– использование прошлогод-
ней прибыли,
– превращение имущества
предприятия в денежные
средства.

Innovation	Инновация

I. ist die Verwirklichung neuer
wirtschaftlicher Konzepte über
die Einführung neuer → Produkte, neuer Technologien sowie neuer organisatorischer
Lösungen. Innovatives Denken und innovatives Handeln
bestimmen zunehmend die Arbeitsweise von Unternehmensleitungen, und es lassen sich
dadurch gegenüber konkurrie-
renden → Unternehmen
Marktvorteile und neue
Wachstumsquellen erschließen. I. ist als Prozeß zu betreiben, der in mehreren Phasen,
bei der Problemanalyse beginnend, über die Ideensuche und
-bewertung, die Forschung,
Entwicklung und Konstruk-
tion, die Produktions- und Ab-
satzvorbereitung bis zur
Markteinführung abläuft. Häufig wird in der Öffentlichkeit
darauf hingewiesen, daß deutsche → Unternehmen bei einzelnen Produktgruppen im
„Hochtechnologiebereich"
den Anschluß an die interna-
tionale Entwicklung verloren
hätten. Mitunter werden als

И. считается претворение
новой экономической кон-
цепции о введении новых
продуктов, новых техноло-
гий и современных организационных решений. Иннова-
ционное мышление и действия всё в большей степени
определяют стиль работы
руководства предприятий и
это позволяет им находить
новые источники для роста и
иметь преимущества на
рынке по сравнению с конкурентами. И. надо проводить
как процесс, состоящий из
нескольких фаз: анализа
проблем, поиска новых идей
и их оценки, исследований,
развития и конструирования,
подготовки производства и
сбыта и выхода на рынок.
Часто внимание обществен-
ности привлекают к выска-
зываниям о том, что немецкие предприятия потеряли
связь с международным раз-
витием для определённых
групп продуктов в областях
высоких технологий.
Причинами слабых иннова-

Ursache für Innovationsschwäche die unzureichende Ausstattung der → Unternehmen mit → Eigenkapital und Mängel bei der Umsetzung von der Erfindung zum marktgängigen Produkt genannt.

ций считаются недостаточная вооружённость предприятий собственным капиталом и кроме этого, недостатки ведения процесса превращения изобретений в ходовые, имеющие спрос на рынке, продукты.

Inventar / Инвентарь

I. ist ein mehrfach verwendeter Begriff:
- Zusammenfassung für sämtliche Einrichtungsgegenstände eines → Unternehmens,
- Bestandsverzeichnis als Ergebnis einer → Inventur,
- im Erbrecht ein Verzeichnis über den Nachlaß.

Понятие и. применяется в нескольких смыслах:
- как совокупность всего оснащения предприятия,
- как опись наличия, составленная в результате инвентаризации,
- как перечень имущества, оставленного на основе требований наследственного права.

Inventur / Инвентаризация

I. ist die lückenlose, mengen- und wertmäßige Bestandsaufnahme aller Vermögensgegenstände und der Schulden, die jeder Kaufmann zum Ende jedes Geschäftsjahres durch Zählen, Wiegen und Messen vorzunehmen hat. Man unterscheidet drei Arten:
- die Stichtags-I.:
  erfolgt meist zum Ende des Geschäftsjahres,
- die verlegte I.:

И.- это полный, количественный и стоимостный охват всего имущества и долгов, который должен составлять каждый коммерсант к концу хозяйственного года с помощью измерений, взвешиваний и подсчётов. Различают три вида и.:
- и. на определённую дату, осуществляемая обычно в конце года,
- перенесённая и., проводи-

innerhalb von 3 Monaten vor bzw. nach dem Stichtag,
- die permanente I.:
Voraussetzung sind eine exakte Lagerbuchhaltung und körperliche Aufnahmen zu unterschiedlichen Zeitpunkten.

мая в течение трёх месяцев до или после даты и.,
- перманентная и., предпосылкой которой являются чёткое ведение складского бухгалтерского учёта и вещественный охват в различные моменты времени.

Investition

Инвестиция

Der I.-Begriff wird unterschiedlich definiert. Weit verbreitet ist die Definition, daß die I. eine Anlage von Geld in → Produktionsmittel ist, die dem Ziel dient, zukünftige → Erträge zu erwirtschaften. I. legen ein → Unternehmen in seinen Aktivitäten langfristig fest, weil die in ihnen gebundenen Mittel nur über eine erfolgreiche Leistungserstellung und -vermarktung wiedergewonnen werden können. Deshalb muß jede Investitionsentscheidung sorgfältig vorbereitet und auf die strategischen Ziele der Unternehmensführung ausgerichtet werden. Im Rahmen der strategischen Unternehmensplanung unterscheidet man:
- Sachinvestitionen (z.B. über Erwerb von Grundstücken, Anlagen, Vorräten),
- Finanzinvestitionen (z.B. durch → Beteiligungen),
- immaterielle I. (z.B. in die Forschung und Entwick-

Понятие и.определяют по разному.Наиболее широко распространено определение, что и. состоит во вкладе денег в средства производства с целью получения в будущем доходов. И. приведут к долговременному установлению хозяйственной политики предприятия, так как связанные с этим средства, могут окупиться только при повышении производительности и наличии рынка сбыта. Исходя из этого, каждое решение о инвестиции должно быть тщательно подготовлено и согласовано со стратегическими целями предприятия. В рамках стратегического планирования различают:
- вещественную и. (покупка земельных участков, оборудования, запасов),
- финансовую и. (участие),
- нематериальную и. (иссле-

lung, → Werbung, Ausbildung oder Sozialleistungen). Nach dem Zweck lassen sich I. einteilen in:
- Neuinvestitionen (Gründungs-, Erweiterungsinvestitionen),
- Ersatzinvestitionen,
- Rationalisierungsinvestitionen,
- → Desinvestitionen.

дование и развитие, вербовка, образование, социальные услуги).
По целевому назначению можно подразделить на:
- новые и. (основополагающие и., и. направленные на расширение производства),
- и., направленные на замену машин и оборудования,
- рационализаторские и.,
- десинвестиции.

Investitionsrechnung	Расчёт рентабельности капиталовложений

Die I. bietet unterschiedliche Verfahren zur ökonomischen Beurteilung von Investitionsvorhaben an. Sie dienen der Vorbereitung von Investitionsentscheidungen. Man unterscheidet zwischen zwei grundsätzlichen Ansätzen, den statischen und dynamischen Verfahren der I. Statische Verfahren zeichnen sich dadurch aus, daß zeitliche Unterschiede im Anfall von Zahlungen nicht berücksichtigt werden. Zu dieser Gruppe von I. gehören die Kostenvergleichsrechnung, die Gewinnvergleichsrechnung, die Rentabilitätsvergleichsrechnung und die Amortisationsrechnung. Bei dynamischen Verfahren der I. werden-

Р.р.к. предлагает различные методы экономической оценки планируемых инвестиций, которые служат подготовкой к принятию решений. По двум основным подходам различают статический и динамический способы р.р.к.. Статический способ отличен тем,что временные различия платежей не принимаются во внимание. К этой группе относятся: расчёт сопоставимых издержек, расчёт сопоставимых прибылей, расчёт сопоставимых параметров рентабельности и расчёт срока амортизации. При динамическом методе р.р.к. платежи в

Zahlungen zu verschiedenen Zeitpunkten durch entsprechende → Auf- bzw. Abzinsung auf einen gemeinsamen Zeitpunkt bezogen und dadurch vergleichbar gemacht. Zu ihnen gehören die Kapitalwertmethode, die Annuitätsmethode und die Methode des internen Zinsfußes. Diese genannten Methoden werden auch als klassische Methoden der I. bezeichnet im Unterschied zu „neueren Methoden", die noch komplexer vorgehen und weitere Aspekte in die Beurteilung von → Investitionen einbeziehen.

различные моменты времени, для их сопоставимости сводятся к единому моменту времени, с помощью соответствующего начисления или отчисления процентов. К ним, в свою очередь, относятся: метод определения стоимости капитала, метод аннуитета, метод внутренней процентной ставки. Вышеназванные методы, в отличие от „новых методов", более сложных и учитывающих новые аспекты для оценки инвестиций, называют также классическими методами р.р.к.

Investmentgesellschaft

Инвестмент-общество

Eine I. ist eine Kapitalanlagegesellschaft, die sich durch Ausgabe von Anteilscheinen Geld beschafft, das sie dann im eigenen Namen für gemeinschaftliche Rechnung der Einleger in → Wertpapieren oder Grundstücken (Investmentfonds) anlegt.

И.-о. это инвестиционная компания, которая получает деньги путём выпуска акций (паев) и, впоследствии, вкладывает их в ценные бумаги или земельные участки от своего имени, но на общий счёт вкладчиков.

Ist-Kosten

Фактические издержки

I. sind die tatsächlich bei der Herstellung und dem Vertrieb angefallenen → Kosten.

Ф.и.- это действительно возникшие издержки производства и сбыта.

J

Die J. dient der periodengerechten Erfolgsermittlung durch zeitliche Zuordnung der → Aufwendungen und → Erträge in der → GuV-Rechnung. Damit soll erreicht werden, daß alle Aufwendungen und Erträge, die wirtsc132aftlich in ein Geschäftsjahr fallen, auch in diesem erfaßt werden, unabhängig davon, ob Zahlungsvorgänge abweichend davon ausgeführt wurden.

Р.п.и з. служит для расчётов прибыли соответствующих периодов, путём распределения по времени всех затрат и доходов в расчёте прибыли и убытков. Этим должно быть достигнуто то, что все затраты и доходы, приходящиеся на один и тот же хозяйственный год, должны быть в нём учтены, независимо от того, были совершены соответствующие уплаты или нет.

| Jahresabschluß | Годовой отчёт |

Der J. ist die vom Handelsrecht vorgeschriebene periodische Rechnungslegung eines → Unternehmens. Er umfaßt mindestens die → Bilanz und die → Gewinn- und Verlustrechnung. Bei → Kapitalgesellschaften ist ein → Anhang hinzuzufügen, in dem nähere Erläuterungen über die wirtschaftliche Lage des Unterneh-

Торговым правом предусматривается периодическое представление деятельности предприятия в форме г.о.. Как минимум, он включает в себя баланс и расчёт прибыли и убытков. Для капиталообществ к нему должны быть приложены более конкретные показания об экономическом положении

mens sowie über die verwende-
ten Bilanzierungs- und Bewer-
tungsmethoden gegeben werden. Bei mittleren und großen
Unternehmen ist vorgeschrie-
ben, daß der J. von externen
Wirtschaftsprüfern zu prüfen
ist.

общества в виде приложе-
ния, а также должны быть
указаны применённые
методы составления баланса
и оценочные методы. Г.о.
средних и крупных предприятий, в соответствии с предпи-
саниями, должен быть прове-
рен независимыми аудито-
рами.

Jahresüberschuß/ Jahresfehlbetrag	Годовой избыток/Годовой убыток

Der J./J. weist den in einem
Geschäftsjahr erzielten → Ge-
winn bzw. → Verlust aus, ohne
Berücksichtigung von Gewinn-
oder Verlustvorträgen aus dem
Vorjahr oder Veränderungen
in den → Rücklagen, d.h. vor
Gewinnverwendung.

Г.и./Г.у. указывает на произведённые в данном хозяйственном году прибыль или
убытки, без учёта пере-
несённых с прошлого года
остатков прибыли или
убытка, а также без учёта
изменений в резервах, т.е.
перед распределением при-
были.

Joint-venture	Совместное предприятие

J.-v. ist die weitverbreitete Bezeichnung für Gemeinschafts-
unternehmen, bei dem sich ein
→ Unternehmen an einem Unternehmen eines Gastlandes
beteiligt. Dabei werden folgende wirtschaftliche Ziele verfolgt:
– Nutzung von Förderpro-
  grammen,

С.п. является широко рас-
пространённым обо-
значением для совместных
предприятий, когда одно
предприятие работает вме-
сте с предприятием другой
страны. При этом пре-
следуются следующие эко-
номические цели:
– использование государ-
  ственных программ стиму-

- Erschließung von ausländischen Absatzmärkten,
- Schaffung von Wettbewerbsvorteilen durch gleichzeitige Nutzung des technischen sowie des Marketing-Know-hows,
- günstige Kapitalanlagen bei geteiltem Risiko der Partner,
- Umgehung von rechtlichen Handelshemmnissen.

лирования экономического развития,
- выход на иностранные рынки сбыта,
- обеспечение преимуществ по сравнению с конкурентами путём одновременного использования технических и маркетинговых ноу-хау,
- выгодное вложение капитала при риске, разделённом с партнёром,
- избежание правовых препятствий при торговле.

Just-in-time-Prinzip (JIT)   **Джаст-ин-тайм-принцип**

Das J.-i.-t.-P. ist ein modernes, relativ neues Planungs- und Organisationsprinzip zur Steuerung der Produktion bei minimaler Bestandserhaltung. Die Grundidee besteht darin, die Materialbedarfs- und Kapazitätsplanung so an die Auftrags- und Fertigungssituation anzupassen, daß die Produktion in allen Fertigungsstufen, beginnend bei der Rohstoffbeschaffung bis zum Versand der Fertigerzeugnisse, auf Abruf erfolgt. Das JIT-Konzept geht davon aus, daß der Zulieferstrom synchron zur Produktion des Weiterverarbeiters erfolgt. Damit sollen drei grundlegende wirtschaftliche Aufgaben besser als bisher realisiert werden:

Д.-и.-т.-п. представляет собой современный, сравнительно новый принцип планирования и организации для управления производством при минимальных складских запасах. Основная идея состоит в том, чтобы потребности в материалах и планирование производственных мощностей привести в такое соответствие с существующей ситуацией относительно заказов и производства, чтобы на всех ступенях производства, начиная от обеспечения сырьём и кончая складированием готовой продукции, оно происходило строго по вызову необходимых материалов.

1. drastische Reduzierung der Lagerbestände und damit der Lagerhaltungskosten,
2. erhebliche Verringerung der Durchlaufzeiten der Fertigungsaufträge,
3. höhere Termintreue bei der Erfüllung der Kundenaufträge.

Das J.-i.-t.-P. wird vor allem in → Unternehmen mit Großserien- und Massenfertigung erfolgreich angewendet und führt in der gesamten „logistischen Kette" zu Kosteneinsparungen.

Джаст-ин-тайм-концепция исходит из того, что поставки должны производиться синхронно производственному процессу. При этом должны лучше чем раньше реализовываться три основные экономические положения:

1. резкое снижение складских запасов и, тем самым, издержек на содержание склада,
2. значительное снижение времени прохождения заказ-нарядов на изготовление,
3. точное исполнение сроков заказов.

Этот принцип наиболее успешно применяется для массовых производств и приводит к снижению затрат в общей „цепи логистики".

K

Die K. ist Bestandteil der → Kostenrechnung. Sie dient der Berechnung der → Selbstkosten, zur Erarbeitung von Angebotspreisen und zur Kontrolle von Kostenabweichungen sowie zur Preiskontrolle. In Abhängigkeit vom Zeitpunkt der Durchführung unterscheidet man zwischen der Vor-, der Zwischen- und der Nachkalkulation. Die Vorkalkulation ist eine Plankalkulation, bei der die voraussichtlichen künftigen Selbstkosten ermittelt und als Plangrößen angesetzt werden. Für → Produkte mit langen Fertigungszeiten (Schiffsindustrie, Anlagenbau, Bauindustrie) werden zur Überwachung des Kostenverlaufes Zwischenkalkulationen durchgeführt. Mit der Nachkalkulation werden nach Fertigstellung eines Produktes oder Auftrages die tatsächlich angefallenen → Kosten gegenübergestellt.

К. – это составная часть расчёта издержек. Она служит расчёту себестоимости, разработке цен предложения, проверке отклонений издержек и контролю цен. В зависимости от времени проведения к. различают предварительную, промежуточную и отчётную к. Предварительная к. – это плановая к., при которой определяется предполагаемая будущая себестоимость для дальнейшего использования в виде плановых величин. Для продуктов с длительным временем производства (судостроительная промышленность, производство промышленного оборудования, строительная промышленность) для проверки развития уровня издержек производится промежуточная к. С помощью отчётной к. определяются фактические издержки, которые возникли при изготовлении изделия или при выполнении заказа.

Kapazität | Производственная мощность

Der K.-Begriff wird in der Literatur unterschiedlich interpretiert. Am verbreitetsten ist die Auslegung als das höchstmögliche Produktionsvermögen einer Maschine, Anlage eines Arbeitssystems oder eines → Betriebes. Die K. ist abhängig vom technischen Niveau der Maschinen und Anlagen, vom Personal und von der Organisation des Zusammenwirkens aller → Produktionsfaktoren. Die real erreichte prozentuale Auslastung der K. wird als Auslastungsgrad oder als Beschäftigungsgrad bezeichnet.

Понятие п.м. употребляется в литературе в различных значениях. Наиболее распространено толкование этого понятия как наибольшей производственной способности машины или оборудования, работающего в производственной системе или на предприятии. П.м. зависит от технического уровня машин и оборудования, от персонала и от организации взаимодействия факторов производства. Реально достигнутый процентный уровень использования п.м. называется степенью загрузки или степенью занятости.

Kapital | Капитал

In der → Betriebswirtschaftslehre versteht man unter K. die Gesamtheit aller finanziellen und Sachmittel, die einem → Unternehmen zur Verfügung stehen. In der → Bilanz ist K. der auf der Passivseite ausgewiesene Gegenwert des → Vermögens. Es ist die Summe aller finanziellen Verpflichtungen des Unternehmens sowohl seinen Eigentümern (→ Eigenkapital) als auch fremden Dritten gegenüber (→ Fremd-

В учении об экономике предприятия под к. понимается совокупность всех финансовых и вещественных средств, которые используются на предприятии. К.отражает стоимость имущества в пассивах баланса. К.- это сумма всех финансовых обязательств предприятия как по отношению к его владельцам (собственный капитал), так и по отношению к посторонним заимодавцам капи-

kapital). Die Aktivseite der Bilanz zeigt die Verwendung des K. an, die Passivseite die Quellen. Der Bedarf an K. eines Unternehmens wird bestimmt durch das benötigte → Anlage- und → Umlaufvermögen. Ein Mindestbedarf entsteht zuerst bei der Gründung. Er erhöht sich später durch die laufende Wirtschaftstätigkeit. Bei der Ermittlung der notwendigen Kapitalhöhe ist streng darauf zu achten, daß weder finanzielle Engpässe entstehen noch bereitgestelltes K. brachliegt. Die Volkswirtschaftslehre benutzt den Begriff K. neben der Arbeit und dem Boden als dritten → Produktionsfaktor.

тала (заёмный капитал). Активы баланса показывают использование к., пассивы – источники его образования. Потребность предприятия в к. определяется необходимым имуществом в виде сооружений и оборудования и необходимым имуществом на оборотные средства. Минимальная потребность в к. возникает при основании предприятия. Она возрастает по мере хозяйственной деятельности. При определении размеров требующегося капитала необходимо строго следить за тем, чтобы с одной стороны не возникала нехватка финансовых средств и с другой стороны, чтобы имеющийся капитал „работал". Учение о народном хозяйстве использует понятие к. наряду с понятиями труд и земля как третий производственный фактор.

Kapital, betriebsnotwendiges	Капитал, вложенный в предприятие

Das b.K. ist das → Kapital, das für die Realisierung des Betriebszweckes erforderlich ist. Es wird der Berechnung der kalkulatorischen → Zinsen in der → Kostenrechnung zugrunde gelegt. Bei der Berech-

К.в.в п. – это капитал, необходимый для реализации цели предприятия. На его основе рассчитываются проценты на капитал, включаемые в калькуляцию. При расчёте к.в.в п. от пред-

nung des b.K. werden von den Vermögensgegenständen der → Bilanz nichtbetriebsnotwendige Vermögensgegenstände (→ Wertpapiere, Grundstücke) sowie das sogenannte Abzugskapital (dem Unternehmen zinslos zur Verfügung gestelltes Kapital) abgesetzt.

метов имущества в балансе отнимаются не вложенные в предприятие предметы имущества (ценные бумаги, земельные участки) и так называемый вычитаемый капитал (капитал, выданный предприятию без процентов).

| Kapitalgesellschaft | Капиталообщество |

K. ist der Sammelbegriff für eine Reihe von → Rechtsformen, unter denen → Unternehmen in einer → Marktwirtschaft betrieben werden können. In der Bundesrepublik Deutschland bezeichnet man als K. die → Aktiengesellschaften, die → Gesellschaften mit beschränkter Haftung (GmbH) und die Kommanditgesellschaften auf Aktien. Gemeinsame Merkmale sind, daß die Beteiligung mit → Kapital und nicht die persönliche Mitarbeit im Vordergrund steht und daß die Eigentümer für → Verbindlichkeiten nicht persönlich haften. Die → Haftung ist auf das → Eigenkapital des Unternehmens beschränkt. Typischerweise erfolgt die Leitung des Unternehmens nicht durch die Eigentümer unmittelbar, sondern durch Manager und → Geschäftsführer. K. sind juristische Personen mit eigener Rechtsfähigkeit.

K. – это общее понятие для ряда правовых форм, на основе которых предприятия могут функционировать в условиях рыночного хозяйства. В Федеративной Республике Германии к к. относятся акционерное общество, общество с ограниченной ответственностью (Гмбх) и коммандитное общество на основе акций. Общими чертами этих к. является то, что на первом плане стоит участие капиталом, а не личная деятельность, а также отсутствие личной ответственности владельцев по обязательствам. Ответственность ограничивается собственным капиталом предприятия. Обычно руководство предприятием осуществляется не непосредственно владельцами, а менеджерами и исполнительными директорами. К. являются

юридическими лицами,
обладающими собственной
правоспособностью.

Kapitalmarkt	Рынок ссудных капиталов
Der K. ist der → Markt für langfristige Finanzierungsmittel (→ Aktien, festverzinsliche → Wertpapiere). Der → Handel erfolgt an → Börsen sowie im Freiverkehr. Zentrale Bedeutung hat der K. für die Investitionsfinanzierung.	Р.с.к.- это рынок для долгосрочных финансовых средств (акции, ценные бумаги с твёрдым процентом). Торговля осуществляется на биржах и на свободном рынке. Р.с.к. имеет большое значение для финансирования инвестиций.

Kapitalrücklage	Резерв капитала
K. sind Teil des → Eigenkapitals einer Gesellschaft. Sie fließen dem → Unternehmen von außen zu. Dazu zählt u.a. Agio bei der Ausgabe von → Aktien, d.h. der Betrag, der bei Ausgabe von → Aktien über dem Nennwert gezahlt wird. Beispiel: Nennwert einer Aktie 100 DM, erreichter Börsenkurs 120 DM, Agio 20 DM.	Р.к. является частью собственного капитала общества. Р.к. поступает на предприятие извне. Сюда относится, в числе других, ажио при выпуске акций, т.е. сумма, превышающая номинал при выдаче акций. Пример: номинал акции – 100 марок, достигнутый курс на бирже 120 марок, ажио 20 марок.

Kapitalwert	Стоимость капитала
Der K. ist ein Kriterium zur ökonomischen Beurteilung der Vorteilhaftigkeit einer → Investition. Er ergibt sich als Diffe-	С.к.-это критерий для экономической оценки полезности инвестиции. С.к. получается из разности

renz zwischen der Summe der → Barwerte aller → Einzahlungen und → Auszahlungen, die mit dieser Investition zusammenhängen. Dabei erfolgt die Abzinsung mit einem Zinssatz, der als gewünschte Mindestverzinsung (Kalkulationszinsfuß) den Kapitalkosten des Investors entsprechen soll. Investitionen gelten als vorteilhaft, wenn sie einen positiven K. haben. Werden zwei oder mehrere Investitionsobjekte auf ihre Vorteilhaftigkeit geprüft, so ist demjenigen der Vorzug zu geben, das den größten K. hat. Der K. kann nach folgender Formel berechnet werden:

$$K = \sum_{t=0}^{n} (E_t - A_t)(1 + i)^{-1}$$

K = Kapitalwert
E_t = Einzahlungen am Ende der Periode t
A_t = Auszahlungen am Ende der Periode t
i   = Kalkulationszinsfuß
t   = Periode (t = 0,1,2, ... n)
n = Nutzungsdauer des Investitionsobjektes

между суммой наличной стоимости всех связанных с инвестицией платежей и выплат. Нахождение первоначальной суммы по заданной наращенной сумме осуществляется при этом с процентной ставкой, отвечающей в соответствии с желаемым минимальным начислением процентов (процентной ставкой калькуляции) капитальным затратам инвестора. Инвестиции считаются полезными в том случае, если они имеют положительную с.к.. При сравнении полезности двух или более объектов инвестиции, предпочтение отдаётся тому варианту, в котором с.к. больше. С.к. рассчитывается по следующей формуле:

$$K = \sum_{t=0}^{n} (E_t - A_t)(1 + i)^{-1}$$

K = стоимость капитала
E_t = платежи в конце периода t
A_t = выплаты в конце периода t
i   = процентная ставка калькуляции
t   = период (t = 0,1,2,... n)
n = время использования объекта инвестиции

Kartell / Картель

Das K. ist ein auf einer freiwilligen Übereinkunft basierender, vertraglich geregelter Zusammenschluß von → Unternehmen. Die vertraglichen Absprachen verfolgen die unterschiedlichsten wirtschaftlichen Ziele wie Preis-, Rabatt-, Produktionsquoten-, Export- und Rationalisierungsabsprachen. Diese sind alle darauf gerichtet, die eigene Marktmachtstellung zu verbessern und den Wettbewerb zu beschränken. K. werden deshalb in der → Sozialen Marktwirtschaft als Fremdkörper betrachtet, da sie den Marktmechanismus, vor allem die Steuerungsfunktion der → Preise mehr oder weniger außer Kraft setzen. In der Bundesrepublik Deutschland wird über das Gesetz gegen Wettbewerbsbeschränkungen (Kartellgesetz) die Bildung von K. verhindert und auf Ausnahmen beschränkt.

К.- основанное на добровольном соглашении объединение предприятий в соответствии с договором. Договорные соглашения преследуют различные хозяйственные цели, такие как договорённости о ценах, скидке на цену, производимом количестве (квотах производства), экспорте и рационализации. Всё это направлено на улучшение собственного положения на рынке и ограничение конкуренции. К. рассматриваются поэтому в рыночном хозяйстве как чужеродные тела, т.к. они нарушают механизм рынка, в особенности ослабляют или сводят на нет управляющую функцию цены. В Федеративной Республике Германии закон против ограничения соревнования (закон о картелях) препятствует образованию к. и ограничивает их образование отдельными исключительными случаями.

Kauf auf Abruf / Покупка по отзыву

Der K.a.A. ist ein Festkauf einer bestimmten Produktmenge, die vom Käufer je nach Bedarf abgerufen wird. Der Lie-

П.п.о. – это покупка определённого количества изделий, отзываемых покупателем по мере необходимости.

ferant übernimmt die Lagerung.

Поставщик обеспечивает
хранение купленного товара.

Kauf auf Probe

Покупка на пробу

K.a.P. bedeutet, daß dem →
Kunden für bestimmte Zeit die
→ Ware zur Verfügung ge-
stellt wird. Nach Ablauf der
Frist gilt der Kaufvertrag als
geschlossen, wenn der Kunde
nichts von sich hören läßt. Innerhalb der Frist hat der Kunde das Recht, die Ware zurück-
zugeben.

П.н.п. означает предоставление товара клиенту на определённое время. По
истечении срока договор
считается заключённым,
если клиент не посылает
сообщения о противополож-
ном. В течении этого срока
клиент имеет право возвра-
тить товар поставщику.

Kauf auf Umtausch

Покупка с правом обмена купленного

K.a.U. bedeutet, daß der Käufer das Recht hat, die gekaufte
→ Ware bei festgestellten
Mängeln umzutauschen. Be-
stimmte Waren sind aus hygie-
nischen Gründen vom Um-
tauschrecht ausgeschlossen.

П.с п.о.к. означает, что покупатель имеет право на
замену купленного товара
при замеченных недостат-
ках. Обмен некоторых товаров исключён в силу требований гигиены.

Kauf en bloc

Покупка блоком

K.e.b. bedeutet, daß größere
Partien, ganze Warenläger
oder die Konkursmasse eines
→ Unternehmens ohne Zusi-
cherung einer bestimmten
Güte zu einem Pauschalpreis
erworben werden.

П.б. означает приобретение
больших партий, целых складов или конкурсной массы
(имущества несостоятель-
ного должника) без гаран-
тии определённого качества
за паушальную цену.

Kauf nach Probe

Покупка по образцам

K.n.P. bedeutet Festkauf erst nach erfolgter Warenprobe oder nach Lieferung eines Musters. Damit sind Art und Güte des Materials genau festgelegt.

П.п.о. означает покупку только после проверки товара или после поставки образца. С этим строго определён вид и качество материала.

Kauf zur Probe

Пробная покупка

K.z.P. liegt vor, wenn ein fester Kauf einer kleinen Warenmenge erfolgt, wobei der → Preis pro Erzeugniseinheit demjenigen entspricht, der beim Bezug einer großen Menge gefordert würde.

П.п. означает покупку небольшого количества товара по цене, соответствующей его цене при покупке большими партиями.

Käufermarkt

Рынок покупателей

Mit K. bezeichnet man einen → Markt, der vom Käufer beherrscht wird. Er bildet sich heraus, wenn der Wettbewerb stark entwickelt, das → Angebot größer als die → Nachfrage geworden ist und die Unternehmenspolitik von den Bedürfnissen der Käufer bestimmt wird. Dieser Markttyp wurde in der Bundesrepublik Deutschland zu Beginn der 60er Jahre erreicht.

Понятие р.п. обозначает рынок, которым владеет покупатель. Он образуется тогда, когда хорошо развита конкуренция, предложение превышает спрос и политика предприятий направлена на нужды покупателей. Этот тип рынка был достигнут в ФРГ в начале 60-х годов.

Kaufkraft / Покупательная способность

Der Begriff K. wird interpretiert:	Под понятием п.с. понимается:
1. als diejenige Geldsumme, die einem → Wirtschaftssubjekt, z.B. einem privaten → Haushalt, innerhalb eines Zeitraumes zur Verfügung steht (→ Einkommen + → Kredit – Schuldtilgung),	1. денежная сумма, требующаяся хозяйственному субъекту, например, домашнему хозяйству (семейному бюджету), в течение определённого промежутка времени (доходы + кредиты – погашение долга),
2. als K. des Geldes, die angibt, wieviel → Güter für eine bestimmte Geldeinheit erworben werden können. Wenn sich diese Gütermenge im Laufe der Zeit vergrößert oder verringert, spricht man von steigender oder sinkender K. des Geldes.	2. п.с. денег, отражающая количество товаров, которое можно купить за определённую единицу денег. Если это количество товаров с течением времени увеличивается или уменьшается, то говорят о растущей или падающей п.с. денег.

Kommanditgesellschaft (KG) / Коммандитное общество

Die K. ist handelsrechtlich eine → Personengesellschaft mit einem oder mehreren unbeschränkt haftenden und zur Geschäftsführung befugten → Gesellschaftern (Komplementäre) sowie mindestens einem beschränkt bis zur Höhe seiner → Einlage haftenden und mit Kontrollrechten versehenen Gesellschafter (Kommanditist). Je einer von ihnen muß bei der Gründung vorhanden	К.о. является, в соответствии с торговым правом, товариществом, в котором одни компаньоны (т.н. комплементеры) управляют делами к.о. и несут неограниченную ответственность, а другие компаньоны (коммандитисты) несут ограниченную ответственность в рамках их вклада и имеют право контроля. Для основания к.о. требуются как минимум

sein. Die K. hat kein eigenes
→ Grund- oder → Stammkapital, sondern nur die einzelnen
Kapitalkonten der Gesellschafter. Die Gesellschaft muß im
→ Handelsregister eingetragen
sein und sollte einen Gesellschaftsvertrag haben. Die K.
ist eine Variante zur → Offenen Handelsgesellschaft.

один коммандитист и один
комплементер. К.о. не имеет
собственного основного и
уставного капитала, а только
отдельные счета для капи-
тала компаньонов. К.о.
должно быть зарегистриро-
вано в торговом реестре и
должно иметь договор о
товариществе. К.о. является
одним из вариантов откры-
того торгового общества.

Kommunikation

Коммуникация

K. ist der Prozeß der Nachrich-
tenübertragung und im weite-
sten Sinne die Verständigung
zwischen verschiedenen Personen (soziale K.).

К. – это процесс передачи
информации и, в более
широком смысле, общения
между различными лицами
(социальная к.).

Kommunikations-Mix

Микс-коммуникация

Das K.-M. zählt zu den vier
grundlegenden Instrumenten
des → Marketings und umfaßt
die → Werbung, die → Ver-
kaufsförderung, die Öffentlichkeitsarbeit (→ Public Rela-
tions) und den persönlichen
Verkauf. Mit den Mitteln des
K.-M. werden zwar keine →
Produkte und → Leistungen
des → Unternehmens verän-
dert, doch es kann die Einstellung von Abnehmern und deren Vorstellung vom → Angebot des Anbieters und damit

М.-к. относится к 4 основным инструментам марке-
тинга и включает в себя вербовку, содействие продаже,
публичную деятельность
(паблик рилейшнс) и соб-
ственно продажу. С
помощью м.-к. невозможно
изменить продукты и услуги
предприятия, но можно влиять на мотивацию потенци-
ального клиента совершить
покупку, а также на его представление о предложении
оферента и на его решение о

der Kaufentscheid der → Kunden beeinflußt werden. Der Kommunikationsprozeß läßt sich in konzentrierter Form durch die sogenannte Kommunikationsformel von Lasswell darstellen:
– Wer (Unternehmen, Kommunikation)
– sagt was (Botschaft)
– über welchen Kanal (Werbeträger, Verkäufer)
– zu wem (Zielperson, Zielgruppe)
– mit welcher Wirkung (Kommunikationserfolg, Kaufentscheid, Einstellung, → Image)?

покупке. Процесс коммуникации можно представить в сконцентрированной форме с помощью так называемой формулы коммуникации Лассвелла:
– Кто (предприятие, коммуникация)
– говорит о чём (послание)
– через какой канал (носитель вербовки, продавец)
– кому (лицо или группа лиц, на которых рассчитана вербовка)
– с какими последствиями (успех коммуникации, решение о покупке, отношение к покупке, имидж)?

Konjunktur

K. gilt als Oberbegriff für den Zustand wechselnder Wirtschaftslagen, die sich entsprechend den Konjunkturphasen als Wellenlinien darstellen lassen. Der Konjunkturverlauf läßt sich einteilen in die Phasen: → Aufschwung (Expansion), Hochkonjunktur (→ Boom), → Abschwung (→ Rezession) und Tiefstand (→ Depression). Durch konjunkturpolitische Instrumente versucht der Staat, Einfluß auf die Konjunkturabläufe auszuüben.

Конъюнктура

K. – это общее понятие о состоянии изменяющегося хозяйственного положения, которое можно представить в соответствии с фазами экономического цикла в виде волнистой линии. Процесс к. можно подразделить на следующие фазы: подъём (экспансия), высокая к. (бум), спад (рецессия) и депрессия. С помощью инструментов конъюнктурной политики государство пытается влиять на процесс к.

Konkurrenzanalyse	Анализ состояния конкуренции

Die K. gehört zu den ständigen Aufgaben zeitgemäßer Marktpolitik, denn sie erhellt die Wettbewerbssituation. Gezielte Informationen über die Konkurrenz sollten nach einer Checkliste unter drei Gesichtspunkten beschafft werden:

1. Daten, die das Konkurrenzunternehmen insgesamt charakterisieren: → Firma, → Unternehmensform, Kontaktpersonen, Mitarbeiteranzahl, Gesamtumsatz, Kapazitätsauslastung, allgemeine Liquiditätslage, → Marktanteil bei Hauptprodukten.

2. Untersuchungen der von der Konkurrenz angebotenen → Produkte/Produktgruppen, soweit sie mit den eigenen Produkten konkurrieren. Im Mittelpunkt sollte ein technischer Vergleich stehen, der die Vor- und Nachteile der eigenen Produkte gegenüber den Konkurrenzfabrikaten aufdeckt.

3. Daten über die Marktaktivitäten und das Leistungsprogramm der Konkurrenzunternehmen:
   – Preispolitik (Wie reagiert das Unternehmen auf Preisveränderungen?),

А.с.к. относится к постоянным задачам современной рыночной политики, т.к. освещает ситуацию при соревновании. Сбор целенаправленной информации о конкуренции желательно осуществлять в соответствии с вопросником по трём направлениям:

1. Данные, характеризующие предприятие-конкурента в целом: фирма, правовая форма предприятия, контактные лица, количество сотрудников, валовый оборот, использование производственных мощностей, общее положение о ликвидности, доля рынка по основным продуктам.

2. Исследование продуктов или групп продуктов, предлагаемых конкурентами и конкурирующих с собственной продукцией. В первую очередь должно осуществляться техническое сравнение, выявляющее преимущества и недостатки собственных продуктов по отношению к продукции конкурентов.

3. Данные о рыночной дея-

– Konditionen, die den →
Kunden gegenüber einge-
räumt werden (→ Skonti,
→ Boni, → Rabatt),
– Zugeständnisse an die
Kunden,
– Vertriebssystem, Serviceleistungen,
– Methoden der → Ver-
kaufsförderung,
– an welchen Produkten ver-
dient die Konkurrenz am
meisten? (Schätzung).

тельности и ассортименте
продукции и услуг пред-
приятия-конкурента,
такие как:
– политика цен (как реа-
гирует предприятие на
изменение цен?),
– условия поставки
(сконто, бонус, скидка с
цены),
– уступки клиентам,
– система продажи, сер-
висные услуги,
– методы содействия про-
даже,
– какие продукты приносят
конкурентам наиболь-
шую прибыль ? (при-
близительная оценка).

Konkurs	**Банкротство**

Der K. ist ein gerichtliches
Verfahren zur zwangsweisen
→ Liquidation (Auflösung) eines → Unternehmens. Das
Verfahren kann sowohl vom
→ Schuldner als auch von einem → Gläubiger beim zustän-
digen Amtsgericht beantragt
werden, wenn die Zahlungsunfähigkeit als erwiesen gilt. Mit
dem Konkursverfahren wird in
der → Marktwirtschaft praktisch eine Auslese solcher Unternehmen vorgenommen, die
nicht mehr wettbewerbsfähig
sind. Der K. ist der härteste
Zugriff in das → Vermögen ei-

Б.- это судебный процесс по
вынужденной ликвидации
предприятия. Этот процесс
могут потребовать у соответствующего суда как долж-
ник, так и кредитор, если
доказана
неплатёжеспособность
(банкротство). С помощью
акта о б. в рыночном
хозяйстве практически осуществляется отбор таких
предприятий, которые более
не являются конкурентоспо-
собными. Б.- это самая
жёсткая форма вмешатель-
ства в имущество правового

ner Rechtsperson, die damit die Verfügungsgewalt über das Vermögen verliert.

лица, которое теряет с этим право распоряжаться имуществом.

Konsortium	Консорциум

Das K. ist eine Gelegenheitsgesellschaft von mindestens zwei Partnern auf der Grundlage des bürgerlichen Rechts zur gemeinsamen Durchführung eines bestimmten Geschäfts. Dieser Zusammenschluß ist damit auf die Durchführung einer sachlich und zeitlich begrenzten → Leistung gerichtet. Wichtigste Formen sind Bank- und Industriekonsortien. Industriekonsortien werden zur Abwicklung einmaliger Großanlagengeschäfte gebildet.

К. – это общество организованное как минимум двумя партнёрами на основе гражданского права для проведения отдельной деловой операции. К. образуется, таким образом, для проведения отдельной ограниченной по времени или по существу хозяйственной операции. Важнейшими формами являются банковые и промышленные к. Промышленные к. образуются для выполнения крупных однократных сделок в области производства промышленного оборудования.

Kontrahierungs-Mix	Микс-контрактация

Das K.-M. umfaßt alle Marketinginstrumente, die zur vertraglichen Vereinbarung zwischen Käufer und Verkäufer führen. Das betrifft insbesondere:
- die Preispolitik,
- die Rabattpolitik,
- die → Liefer- und → Zahlungsbedingungen und
- die Kreditpolitik (Finanzierungspolitik).

М.-к. включает в себя все инструменты маркетинга, которые приводят к договорному соглашению между продавцом и покупателем. Сюда относятся в особенности:
- политика цен,
- политика предоставления скидок с цены,
- условия поставки и платежа,

- кредитная политика (политика финансирования).

Konzern	Концерн

Der K. besteht nach dem → Aktiengesetz aus „einem herrschenden und einem oder mehreren abhängigen → Unternehmen unter einer einheitlichen → Leitung des herrschenden Unternehmens ... ". Beim Zusammenschluß bleibt die rechtliche Selbständigkeit der Einzelunternehmen nach außen erhalten. Die wirtschaftliche Selbständigkeit wird aufgegeben. Man unterscheidet horizontale K. (Unternehmen der gleichen Produktionsstufe), vertikale K. (Unternehmen mit aufeinanderfolgenden Produktionsstufen) und Mischkonzerne (Unternehmen verschiedener Art).

Закон об акционерных обществах определяет к. как „господствующее и одно или несколько зависимых предприятий под единым руководством господствующего предприятия...". При объединении сохраняется правовая независимость отдельных предприятий на внешнюю сторону и исчезает хозяйственная самостоятельность. Различают горизональные к. (предприятия одной производственной ступени), вертикальные к. (предприятия последовательных ступеней производства) и смешанные к. (предприятия разного рода).

Körperschaftsteuer	Налог на прибыль

Die K. ist eine Form der → Einkommensteuer, die Körperschaften des Privatrechts und → Betriebe des öffentlichen Rechts (juristische Personen) entrichten müssen. Der Steuersatz beträgt zur Zeit:
- für nicht ausgeschüttete → Gewinne 56 %,

Н.н.п.- это форма подоходного налога, который должны платить предприятия частного права и публичного права (юридические лица). Налоговая ставка составляет:
- для невыплаченных прибылей 56 %,

– für ausgeschüttete Gewinne 36 %.

Die K. für ausgeschüttete Gewinne wird als Vorauszahlung auf die Einkommensteuer angerechnet.

– для выплаченных прибылей 36 %.

Последняя вышеназванная ставка рассматривается как предварительный платёж на подоходный налог.

Kosten

K. sind der bewertete Verbrauch von → Gütern und Dienstleistungen für eine Abrechnungsperiode oder eine Produkteinheit (Stückkosten), der ausschließlich durch die betriebliche Leistungserstellung bedingt ist. Man unterscheidet nach der Verhaltensweise bei Beschäftigungsveränderungen zwischen → fixen und → variablen K. und nach der Zurechenbarkeit auf die einzelne → Leistung zwischen → Einzelkosten und → Gemeinkosten.

Издержки

И. – это оценённый расход товаров и услуг одного периода времени или на единицу продукции (штучные издержки), который определяется исключительно заводским производственным процессом. В зависимости от поведения при изменении занятости различают постоянные и переменные и., в зависимости от способа отнесения на выработку – одноэлементные и общие и.

Kostenarten

K. kennzeichnen die bewerteten Verbräuche einzelner Güterarten. Wichtigstes Kriterium für die Einteilung der K. ist die Herkunft der den → Kosten zugrunde liegenden verbrauchten → Güter. Danach unterscheidet man zwischen primären K. und sekundären K. Primäre K. werden durch

Виды издержек

В.и. обозначают оценённые расходы отдельных видов благ. Важным критерием для подразделения в.и. является происхождение использованных благ, положенных в основу расчёта издержек. Различают первичные и вторичные в.и. Первичные издержки появляются при

die vom Beschaffungsmarkt bezogenen und verbrauchten Güter verursacht (Personalkosten, Dienstleistungskosten, Kosten für Gebühren, → Steuern, Umweltschutz, Material- und Betriebsmittelkosten). Sekundäre K. entstehen durch den Einsatz selbsterzeugter Güter.

использовании благ, полученных на рынке, (издержки по содержанию персонала, издержки на услуги, пошлины, налоги, охрану окружающей среды, издержки на материал и средства производства). Вторичные издержки образуются в результате использования продуктов собственного изготовления.

Kostenartenrechnung / Расчёт по видам издержек

Die K. ist Teil der → Kostenrechnung. Sie dient der vollständigen Erfassung der gesamten → Kosten einer Periode, untergliedert nach den einzelnen → Kostenarten. Sie ist damit Datenlieferant für die nachgelagerten Teilrechnungen, die → Kostenstellen- und die → Kostenträgerrechnung.

Р.п.в.и. – это часть расчёта издержек. Он служит полному учёту всех издержек одного периода, подразделённых на отдельные виды издержек. Таким образом, р.п.в.и. поставляет необходимые данные для последующих частичных расчётов, расчёта издержек по месту их возникновения и по объектам издержек.

Kosten, fixe / Постоянные издержки

F.K. sind jener Teil der Gesamtkosten, die unabhängig von der hergestellten Produktionsmenge bzw. unabhängig vom Beschäftigungsgrad anfallen. Man unterscheidet:
- absolut-fixe Kosten, die auch bei einem Stillstand der Produktion anfallen,

П.и. – это та часть полных издержек, которая возникает независимо от количества изготавливаемого продукта или уровня занятости. Различают:
- Абсолютные п.и., которые образуются даже при остановке производства.

– → intervall-fixe Kosten, die bei sprunghaft verändertem Produktionsausstoß für einen bestimmten Zeitraum fix bleiben. Diese → Kosten werden als sprung-fixe Kosten bezeichnet, wenn sie bei maximaler Kapazitätsauslastung sprunghaft ansteigen, weil neue Maschinen und neue → Arbeitnehmer zusätzliche f. K. verursachen.

– Интервальные п.и., которые остаются постоянными при скачкообразном изменении объёма производства в течении определённого промежутка времени. Эти издержки называются скачкообразно-постоянными, если они скачкообразно возрастают при максимальном использовании производственных мощностей, в связи с тем ,что новые машины и новые работополучатели вызывают дополнительные п.и..

Kosten, kalkulatorische	**Расчётные издержки**

Bei den k.K. handelt es sich um → Kostenarten, denen kein → Aufwand (z.B. kalkulatorischer Unternehmerlohn, kalkulatorische → Zinsen des → Eigenkapitals = Zusatzkosten) bzw. denen kein Aufwand in entsprechender Höhe (z.B. kalkulatorische → Abschreibungen, kalkulatorische Wagnisse) gegenübersteht.

Р.и.- это виды издержек, которые не обосновываются конкретными затратами (например, расчётная предпринимательская прибыль, расчётный процент на собственный капитал = дополнительные затраты) или достаточным уровнем затрат (например, расчётные амортизационные отчисления, расчётный риск).

Kosten-Nutzen-Analyse	Анализ издержек и полезности

Die K.-N.-A. dient der Beurteilung von Investitionsprojekten aus volkswirtschaftlicher Sicht. Sie bedient sich derselben Instrumente wie eine betriebswirtschaftliche Beurteilung von → Investitionen, baut aber auf dem → Nutzen bzw. Schaden auf, den ein Investitionsprojekt für die → Volkswirtschaft bewirkt. K.-N.-A. unterscheiden sich somit in den positiven und negativen Effekten und evtl. im Zinssatz, die in die Berechnung einbezogen werden. Die K.-N.-A. ist allerdings manipulationsfähig, da es nicht möglich ist, alle in die Berechnung einbezogenen externen Effekte objektiv und quantitativ eindeutig zu bestimmen.

А.и.и п. служит оценке проектов инвестиций с народнохозяйственной точки зрения. Он использует те же инструменты, что и экономическая оценка инвестиций, но основывается на полезности или ущербе, который может возникнуть в народном хозяйстве в результате проекта инвестиций. А.и.и п. отличаются по положительным или отрицательным эффектам и, в отдельных случаях, по процентной ставке, включаемой в расчёты. А.и.и п. можно, естественно, манипулировать в связи с невозможностью объективного качественного и количественного учёта всех внешних факторов, включаемых в расчёты.

Kostenrechnung	Расчёт издержек

Die K. ist ein Teilgebiet des → betrieblichen Rechnungswesens. Sie verfolgt den Prozeß der Kostenentstehung schrittweise und ermöglicht eine rechnerische Aufgliederung des Kostengefüges
- nach → Kostenarten (welche Kosten fallen wann an?),

Р.и. – это составная часть производственной службы учёта и отчётности. Р.и. описывает процесс возникновения издержек по ступеням и позволяет распределить в расчётном порядке различные издержки по:
- видам издержек (какие

– nach → Kostenstellen (wo
fallen welche Kosten an?)
und
– nach → Kostenträgern (wo-
für, das heißt für welche Leistungen fallen Kosten an?).
Die K. ist damit Kontrollinstrument und liefert Basisda-
ten für die Planung. Sie versorgt die Unternehmensleitung
mit den notwendigen Informationen und unterstützt die Ko-
stenverantwortlichen beim →
wirtschaftlichen Handeln in ihren Bereichen. Die K. hat weiterhin die Aufgabe der rechne-
rischen Fundierung von Entscheidungen
– über → Preise und Preisuntergrenzen,
– zur Gestaltung des Pro-
dukt-, Absatz- und Produk-
tionsprogramms,
– zur Planung des Mitteilein-
satzes im → Marketing,
– über Alternativen der Mate-
rialbeschaffung bzw. zur Ei-
genherstellung oder des Zu-
kaufs,
– über → Investitionen und
zur Deckung des Finanzbe-
darfs.

издержки когда воз-
никают?),
– местам возникновення
издержек (где и какие
издержки возникают?),
– объектам издержек (для
чего, т.е. для покрытия
каких услуг возникают
издержки?).
Р.и. является контрольным
инструментом и поставляет
основные данные для планирования. Р.и. снабжает руководство предприятия необходимой информацией и под-
держивает ответственного
по издержкам во всех областях хозяйственной деятельности. Кроме того р.и.
выполняет задачу
расчётного обоснования
решений:
– о ценах и нижних границах
цен,
– об оформлении ассорти-
мента и программы произ-
водства и продажи изде-
лий,
– о планировании использования средств маркетинга,
– об альтернативах снабжения материалом и изготов-
лении или покупки со сто-
роны,
– об инвестициях и покры-
тии потребности в финан-
совых средствах.

Kostenstelle	Место возникновения издержек
K. sind Teilbereiche des → Unternehmens, für die separat → Kosten erfaßt werden. Die Bildung von K. kann nach betrieblichen Funktionen, nach Verantwortungsbereichen, nach räumlichen Gesichtspunkten und nach rechnerischen Aspekten erfolgen. Nach abrechnungstechnischen Gesichtspunkten unterscheidet man Haupt- und Hilfskostenstellen.	М.в.и. – это составные части (например, производственные участки) предприятия, по которым раздельно учитываются издержки. М.в.и. образуются по областям ответственности, а также с точки зрения пространственного размещения и учётных аспектов. С технической точки зрения различают основные и вспомогательные м.в.и..

Kostenstellenrechnung	Расчёт издержек по месту их возникновения
Aufgabe der K. ist es, die → Gemeinkosten am Ort des Kostenanfalls zu erfassen und damit eine Wirtschaftlichkeitskontrolle zu ermöglichen. Die K. dient weiter der Ermittlung von Verrechnungssätzen für innerbetriebliche → Leistungen und von Kalkulationssätzen für die → Kostenträgerrechnung.	Задача р.и.п.м.и.в. заключается в учёте общих издержек на месте их возникновения, что позволяет осуществить контроль эффективности. Кроме того р.и.п.м.и.в. служит определению расчётных ставок внутризаводской выработки и калькуляционных ставок для расчёта по объектам издержек.

Kostenträger	Объект издержек
K. sind einzelne betriebliche Leistungseinheiten (→ Produkte, Produktgruppen, Auf-	О.и.- это отдельные заводские единицы выработки (продукты, группы продук-

träge), denen die von ihnen
verursachten → Kosten zugerechnet werden können.

тов, заказы), на которые
можно отнести вызванные
ими издержки.

| Kostenträgerstückrechnung | Расчёт издержек на единицу продукции |

Die K. (→ Kalkulation) dient
der Ermittlung der Stück-
selbstkosten eines → Kosten-
trägers. Ihr stehen folgende
Verfahren zur Verfügung:
- die einfache oder Stufendivi-
  sionskalkulation, geeignet
  für Betriebe mit Massenpro-
  duktion,
- die Äquivalenzziffernkalku-
  lation bei der Erzeugung art-
  verwandter → Produkte
  (Sortenfertigung),
- die Zuschlagkalkulation bei
  der Erzeugung heterogener
  Sach- oder Dienstleistungen,
- die Kalkulation von Kuppel-
  produkten bei simultaner
  Erzeugung von Haupt- und
  Nebenprodukten.

Р.и.н.е.п. (калькуляция) служит для определения себе-
стоимости единицы продук-
ции объекта издержек.
Р.и.н.е.п. осуществляется на
основе следующих способов
расчёта:
- простой способ, или калькуляция по производственным ступеням, пригодная
  для массового производ-
  ства,
- калькуляция по показа-
  телю эквивалентности
  используется при изготовлении сходных продуктов
  (сортовое производство),
- попередельный метод
  калькулирования применяется при изготовлении
  разнородных изделий или
  услуг,
- калькуляция побочных
  продуктов используется
  при одновременном изго-
  товлении основных и
  побочных продуктов.

Kostenträgerzeitrechnung	Расчёт издержек за определённый период времени

Aufgabe der K. ist es, die in einer Periode (z.B. Monat) entstandenen Gesamtkosten zu erfassen und den entsprechenden → Kostenträgern zuzuordnen. Die K. soll in relativ kurzen Zeitabständen erstellt werden und dient der Analyse der Struktur und der Entwicklung der → Kosten. Die Ergebnisse sollen deshalb möglichst schnell nach dem Periodenablauf vorliegen. Schnelligkeit der Datenbereitstellung geht häufig vor Genauigkeit. Durch Einbeziehung der → Erlöse wird die K. üblicherweise zu einer kurzfristigen → Erfolgsrechnung ausgebaut und erlaubt damit eine monatliche Erfolgskontrolle.

Задача р.и.з.о.п.в. заключается в определении возникающих в определённом периоде (например, в месяце) общих издержек и их распределении по соответствующим объектам издержек. Р.и.з.о.п.в. необходимо производить через относительно короткие интервалы времени. Он служит анализу структуры и изменения во времени издержек. Результаты р.и.з.о.п.в. должны быть готовы сразу после окончания периода. Часто быстрота бывает важнее, чем точность. Путём привлечения в расчёты выручки расширяется область р.и.з.о.п.в. и получается краткосрочный расчёт прибыли и убытков, позволяющий производить ежемесячный анализ работы предприятия.

Kosten, variable	Переменные издержки

V.K. sind jener Teil der → Kosten, deren Höhe sich mit dem Leistungsvolumen ändert. Nach dem Charakter des Kostenverlaufes der v.K. unterscheidet man:

П.и.- это та часть издержек, величина которой изменяется с изменением объёма производства. По характеру п.и. подразделяют на:

– Proportionale Kosten. Sie wachsen gleichlaufend mit dem Leistungsanstieg (z.B. Rohstoffkosten).
– Unterproportionale Kosten. Sie wachsen langsamer als die → Leistung (z.B. bestimmte Betriebsstoffkosten).
– Überproportionale Kosten. Sie steigen schneller als die Leistung (z.B. durch Überstundenzuschläge).

– пропорциональные издержки, возрастающие равномерно с ростом объёма производства (например, издержки на сырьё),
– недопропорциональные издержки, возрастающие медленнее, чем выработка (например, издержки на некоторые материалы производственного назначения),
– перепропорциональные издержки (например, надбавки на зарплату за сверхурочную работу).

Kredit / Кредит

Der Begriff K. hat im Sprachgebrauch eine unterschiedliche Bedeutung. Im Allgemeinen versteht man unter K. die Überlassung von Geld- und Sachwerten (→ Kapital) auf Zeit zur Durchführung von → Investitionen oder zur Abwicklung des laufenden Geschäftsbetriebes. Der → Schuldner übernimmt die Verpflichtung, an den Kreditgeber → Zinsen zu zahlen und den überlassenen Kapitalbetrag zu tilgen. K., die → Unternehmen beanspruchen, werden im Regelfall unterschiedlich abgesichert, z.B. durch Grundpfandrechte, Pfandrechte an beweglichen

Понятие к. используется в разговорной речи в разных значениях. В общем значении под кредитом понимается передача денежных или вещевых ценностей (капитал) на время для осуществления инвестиций или текущих деловых операций. Должник берёт на себя обязательство заплатить заимодателю проценты и погасить взятый капитал. К., которые берут предприятия, обычно страхуются по разному, например, ипотекой, залоговым правом на движимое имущество, передачей кредитору прав собственности,

Gütern, Sicherungsübereignungen, Bürgschaften. Kreditarten werden unterschieden:
- nach der Laufzeit in kurzfristige (bis sechs Monate), mittelfristige (bis vier Jahre) und langfristige (über vier Jahre),
- nach dem Verwendungszweck in Produktions-, Konsumtions-, Investitions-, Betriebsmittelkredite,
- nach der rechtlichen Ausgestaltung in Darlehen, Bar- und Buchkredite, Akzept-, Wechsel-, Kontokorrent-, Dispositions-, Überziehungs- und Aralkredite, Akkreditive, Ratenkredite, Lombardkredite,
- nach den Sicherheiten in besicherte und unbesicherte Kredite,
- nach den Kreditnehmern in In- und Auslandskredite, Kredite an öffentliche → Haushalte usw.

поручительством.
Различают следующие виды к.:
- по сроку действия – краткосрочные (до 6 месяцев), среднесрочные (до 4 лет), долгосрочные (свыше 4 лет),
- по целям использования – производственные, потребительские, инвестиционные и к. для материалов производственного назначения,
- по правовой форме – заёмы, наличные к., к. по открытому счёту, акцептные, вексельные, контокоррентные, диспозитивные, овердрафт и аральные кредиты, аккредитивы, к. в рассрочку, ломбардные к.,
- по выдаваемым гарантиям – к. с гарантиями и без,
- по кредитополучателям – отечественные и зарубежные к., к. для государственного бюджета и т.д.

Krisenmanagement	Кризисный менеджмент

Unter K. versteht man Maßnahmen, die politische oder/und wirtschaftliche Krisensituationen vermeiden bzw. mit denen diese bewältigt werden. Der Begriff K. wird zunehmend zur Bewältigung exi-

Под к.м. понимаются мероприятия, позволяющие избежать политических или хозяйственных кризисных ситуаций или их преодолеть. Понятие к.м. всё чаще используется для преодоле-

stenzgefährdender Krisen in → Unternehmen verwendet und umfaßt spezielle Erfahrungen, Führungsqualitäten sowie Führungstechniken und Instrumente des → Managements. In der Regel wird durch das K. ein Katalog von Sanierungsmaßnahmen ausgearbeitet. Diese Maßnahmen erfassen Veränderungen in allen → Unternehmensfunktionen und werden systematisch umgesetzt.

ния существенных кризисных ситуаций на предприятиях и охватывает опыт, управленческие качества, технику управления и инструменты менеджмента. Обычно с помощью к.м. разрабатывается программа мероприятий по санированию. Эти мероприятия охватывают изменения во всех функциях предприятия; они систематически используются.

Kunden / Клиенты

K., Käufer, Abnehmer sind weitgehend synonyme Begriffe für jene → Wirtschaftssubjekte, die auf dem Markt den Gegenpol zum Verkäufer (Lieferer) bilden. Die K. mit ihren Bedürfnissen und zu lösenden Problemen stehen in einer entwickelten → Marktwirtschaft im Zentrum der Unternehmenspolitik. Die konsequente Orientierung der → Unternehmen auf die K. gehört zu den wichtigsten Merkmalen erfolgreicher Unternehmensführung. Diese notwendige Ausrichtung auf die Bedürfnisse der tatsächlichen und potentiellen K. dient nicht nur der Befriedigung einmal ermittelter Kundenwünsche, sondern muß als Grundhaltung verstan-

K., покупатель, получатель – это синонимы для тех субъектов хозяйства, которые образуют на рынке противоположную сторону для продавца (поставщика). К. с их потребностями и требующими решения проблемами стоят в развитом рыночном хозяйстве в центре политики предприятий. Ориентация предприятий на к. относится к одной из самых важных черт успешного предпринимательства. Эта необходимая направленность на потребности настоящих и потенциальных к. служит не только выполнению определённых пожеланий к., но и должна пониматься как основная позиция для

den werden, den eigenen Kundenkreis besser zu behandeln und potentielle K. zu gewinnen. Dabei sind K. nicht nur als Abnehmer, sondern als Partner zu betrachten, die aktiv in die → Produktpolitik des Unternehmens einzubeziehen sind.

лучшего обслуживания собственных к. и приобретения потенциальных к. К. необходимо рассматривать не только как покупателей, но и как партнёров, которых надо активно привлекать в продуктополитику предприятия.

Kundendienst

Сервис

Als K. wird jede Art von Dienstleistung der Hersteller und des → Handels bezeichnet, die vor oder nach dem Kauf erbracht wird und die dem → Kunden hilft, vollen → Nutzen aus dem gekauften → Produkt zu ziehen. → Leistungen des K. können kostenlos oder zu bestimmten → Preisen erbracht werden. Der K. nimmt im Wettbewerb um die Kunden und bei der Absatzsicherung eine dominierende Stelle ein. Man unterscheidet:
- technische Kundendienstleistungen (Installations-, Inspektions-, Wartungs-, Ersatzteil-, Reparaturdienstleistungen) und
- kaufmännische Kundendienstleistungen. Zu den letzteren zählen: → Beratungs- und Informationsdienste, Zustelldienste, vertragliches Umtauschrecht, Schulungen.

Под с. понимаются те виды услуг изготовителя и торговли, которые оказываются до и после покупки, для того, чтобы помочь клиенту получить полную полезность покупаемого продукта. Сервисные услуги предоставляются бесплатно или по определённым ценам. С. играет основную роль в конкурентной борьбе за клиента и в обеспечении рынка сбыта. Различают:
- технические сервисные услуги (монтажные, инспекционные услуги, услуги по обслуживанию, по снабжению запчастями, ремонтные услуги) и
- экономические сервисные услуги. Сюда относятся: консультационные и информационные службы, службы доставки, договорное право обмена, обучение.

Die zunehmende Bedeutung des K. hat drei Ursachen:
1. der Wunsch des Kunden nach Problemlösungen,
2. das Differenzierungsstreben der Anbieter im verschärften Wettbewerb zwischen gleichartigen → Gütern,
3. die ständige Erhöhung des technischen Niveaus der Produkte.

Возрастающее значение с. объясняется тремя причинами:
1. потребность покупателя в решении проблемных задач,
2. стремление к дифференцированию при острейшей конкуренции сходных товаров,
3. техническое совершенствование и усложнение продуктов.

Kurs	Курс

Als K. bezeichnet man den an der → Börse amtlich festgestellten → Marktpreis für → Wertpapiere, Devisen (→ Wechselkurs) oder → Waren. Der K. ist das Ergebnis von → Angebot und → Nachfrage. Für Wertpapiere wird meistens eine Stücknotierung vorgenommen (z.B. DM-Preis pro → Aktie). Der Devisenkurs bezieht sich häufig auf 100 Währungseinheiten.

К. – это рыночная цена на бирже для ценных бумаг, валюты (валютного курса) или товаров. К. является результатом спроса и предложения. Для ценных бумаг чаще всего используют котировку (например, цену акции в марках). Валютный курс часто выражается на 100 валютных единиц.

L

Lagebericht	Годовой отчёт об экономическом состоянии предприятия
Der L. ist ein nach dem Handelsgesetzbuch von → Kapitalgesellschaften zusätzlich zum → Jahresabschluß aufzustellender Bericht, der nähere Auskünfte über den Geschäftsverlauf und die Lage der Gesellschaft gibt.	Г.о.о.э.с.п. – это отчёт, ежегодно составляемый капиталообществами в соответствии с торговым кодексом в дополнение к годовому отчёту и дающий сведения о деловой деятельности и положении капиталообщества.

Lagerhaltungskosten	Общие складские издержки
L. sind alle → Kosten, die durch die Lagerung von Material verursacht werden. Sie setzen sich zusammen aus: – den Kapitalkosten, die sich aus dem durchschnittlich im Lager gebundenen → Kapital und dem Zinssatz ergeben, und – den Lagerkosten, die alle im Lager anfallenden Kosten – mit Ausnahme der Zinskosten – erfassen. Zu den Lagerkosten zählen Raumkosten, → Personalkosten, Miete, → Abschreibungen,	О.с.и. – это все издержки, связанные с хранением материала. Они состоят из: – издержек на капитал, вызываемых средним связанным со складом капиталом и процентной ставкой, и – складских издержек, включающих в себя все возникающие на складе затраты за исключением процентов за ссуду. К складским издержкам относятся издержки на содержание помещения,

Kosten für die Instandhaltung, Heizung, Beleuchtung, den Materialfluß, die Versicherung sowie für Materialverluste.

издержки на содержание персонала, арендная плата, амортизационные отчисления, издержки на ремонт, издержки на отопление, освещение, материалопоток, страхование и потери.

Lagerwirtschaft	Складское хозяйство

Die L. ist ein Teilbereich der → Materialwirtschaft. Ihre Aufgabe ist es, Materialpositionen aufzunehmen und sie entsprechend dem Einzelbedarf an die auffordernden Stellen abzugeben. Die L. muß jederzeit einen Nachweis nach Mengen und → Wert der am Lager gebundenen Materialien geben. Sie läßt sich organisatorisch gliedern in die Abteilungen Materialeingang, Lagerhaltung, Lagerdisposition und Lagerverwaltung.

С.х. является частью службы материально-технического снабжения. Его задачи заключаются в регистрации позиций материала и его распределении по объектам в соответствии с потребностью. С.х. должно в любой момент обладать информацией о количестве и стоимости находящихся на складе материалов. С.х. можно подразделить по организационным принципам на поступление материалов, складирование, распределение материалов и управление складом.

Leasing	Лизинг

L. ist eine besondere Vertragsform der Vermietung von Investitions- und Konsumgütern gegen Zahlung einer laufenden Geldleistung, der Leasingrate. Das Leasingobjekt wird entwe-

Л. – это особая форма договора об аренде (прокате) инвестиционных и потребительских товаров за текущие денежные платежи, так называемую лизинговую

der von einer speziellen Leasinggesellschaft vom Hersteller gekauft und dem Leasingnehmer bereitgestellt oder direkt vom Hersteller vermietet. Man unterscheidet zwischen

- Operate-Leasing (kündbarer Vertrag mit kurzer Laufzeit, Risiken in bezug auf Verlust oder Beschädigung werden vom Vermieter getragen) und
- Finance-Leasing (Langfristigkeit, Unkündbarkeit während der Grundmietzeit, Risikoübernahme durch den Leasingnehmer).

Die Summe der Leasingraten übersteigt die → Anschaffungskosten des Leasingobjektes um etwa 30 %. Dennoch kann L. für den Leasingnehmer vorteilhaft sein, denn er hat durch die ratenweise Zahlung eine relative Zinsersparnis im Vergleich zur sofortigen Zahlung. Er hat weiter einen liquiditäts- und rentabilitätsmäßigen Vorteil durch Steuerverschiebungen. Leasingraten als Betriebsausgaben sind steuerlich voll absetzbar.

ставку. Объект лизинга либо покупается специальной лизинговой фирмой у производителя и предлагается клиентам, либо сдается в аренду клиентам непосредственно производителем. Различают:

- оперэйт-лизинг (краткосрочный договор с возможностью его расторжения, арендодатель несёт при этом риск потерь и поломки) и
- финансовый лизинг (долгосрочный договор без возможности расторжения в течение оговорённого срока; риск несёт клиент по лизингу).

Сумма затрат на лизинг превышает издержки на приобретение объекта лизинга примерно на 30%. Несмотря на это лизинг может иметь преимущества для клиента, т.к. в связи с оплатой по частям клиент получает экономию процентов по сравнению с наличной оплатой. Кроме того клиент использует преимущества повышения ликвидности и рентабельности в результате налогового сдвига. Лизинговые ставки, как затраты предприятия, можно вычитать от суммы доходов при расчёте налогов.

Leistung	Выработка

Der Begriff L. hat unterschiedliche Inhalte. Betriebswirtschaftlich wird die Herstellung eines → Produktes oder eines Dienstes als L. bezeichnet. Erfaßt wird die L. in der → Kosten- und Leistungsrechnung eines → Betriebes als bewertete Güterstellung. Im Rahmen der Produktionstheorie schlägt sich die erbrachte L. von Maschinen und Anlagen in der Ausstoßmenge pro Zeiteinheit nieder und entspricht damit der → Produktivität. Zivilrechtlich und allgemeinsprachlich ist L. das Ergebnis einer Handlung (oder Unterlassung).

Понятие в. имеет различное значение. В экономике предприятий под в. понимается изготовление продукта или услуги. В. включается в расчёт издержек и доходов предприятия как товар в стоимостном выражении. В теории производства достигнутая в. машин и оборудования выражается в произведённом в единицу времени количестве продуктов и услуг и соответствует таким образом производительности. В соответствии с гражданским правом и в общеупотребительном смысле в. есть результат действия (или отказа от действия).

Leistungslohn	Сдельная заработная плата

Mit L. wird das Arbeitsentgelt bezeichnet, das nicht zeitbezogen ermittelt wird, sondern bei dem die erzielte → Leistung vergütet wird. Arten des L. sind: Akkordlohn, Prämienlohn.

С помощью с.з.п. обозначается не повремённая, а в соответствии с достигнутой выработкой рассчитанная оплата труда. Виды с.з.п.: аккордная оплата, премиальная оплата.

Leistungsort	Место исполнения обязательства
Der L. ist jener Ort, an dem ein Schuldner eine → Leistung zu erbringen hat. Bei Abschluß gegenseitiger Verträge werden zwei L. festgelegt. Der L. des Lieferanten ist der Ort, in dem er die → Ware zur Verfügung stellt. Als L. des → Kunden gilt der Ort, an dem er die Überweisung des Geldes leistet.	М.и.о. – это то место, где должник обязан выполнить своё обязательство. При заключении взаимных договоров определяются два м.и.о. Одно из них, м.и.о. поставщика, это то место, где он передает товар. Другое, м.и.о. клиента, это то место где осуществляется перевод денег.

Leitung	Руководство
Die Begriffe L., → Management, Unternehmensführung werden weitgehend synonym für die Bezeichnung aller Personen mit Leitungskompetenz verwendet. In Abhängigkeit von der Rechtsform wird die L. bei → Personengesellschaften durch die → Gesellschafter unmittelbar wahrgenommen, während → Kapitalgesellschaften i.d.R. durch professionalisierte Spezialisten, d.h. durch Manager, geleitet werden.	Понятия р., менеджмент, управление предприятием используются в качестве синонимов для обозначения лиц с компетенцией руководителя. В зависимости от правовой формы р. осуществляется в товариществах компаньонами, в то время как в капиталообществах р. обычно осуществляется профессиональными специалистами, т.е менеджерами.

Leverage-Effekt	Леверидж-эффект
Unter dem L.-E. versteht man die Hebelwirkung, die vom Verschuldungsgrad auf die → Rendite des → Eigenkapitals	Под л.-э. понимается влияние, которое оказывает уровень задолженности на рендите собственного капитала.

ausgeht. Wenn das insgesamt in einem → Unternehmen eingesetzte Kapital GK (Eigenkapital = EK und → Fremdkapital = FK) eine Rendite in Höhe von R_{GK} abwirft und die → Gläubiger für die von ihnen gewährten → Kredite eine Rendite von R_{FK} verlangen, so beträgt die Eigenkapitalrendite:

$$R_{EK} = R_{GK} + (R_{GK}-R_{FK}) \cdot \frac{FK}{EK}$$

$$\frac{FK}{EK} = \text{Verschuldungsgrad}$$

Wenn demnach die Rendite einer → Investition über dem Fremdkapitalzinssatz liegt (d.h. bei positiver Differenz $R_{GK} - R_{FK}$), so führt zunehmende Verschuldung zu einer Verbesserung der Rendite auf das Eigenkapital. Liegt die Investitionsrendite unter dem → Zins für Kredite, wirkt der Hebel in die entgegengesetzte Richtung.

Если общий, используемый на предприятии капитал GK (собственный капитал EK и заёмный капитал FK) дает рендите R_{GK} и кредиторы требуют за предоставленные кредиты рендите R_{FK}, тогда рендите собственного капитала R_{EK} вычисляется следующим образом:

$$R_{EK} = R_{GK} + (R_{GK}-R_{FK}) \cdot \frac{FK}{EK}$$

$$\frac{FK}{EK} = \begin{array}{l}\text{уровень}\\\text{задолженности}\end{array}$$

Если рендите инвестиций выше процентной ставки заёмного капитала, т.е. при положительной разнице $R_{GK} - R_{FK}$, то дополнительная задолженность улучшает рендите собственного капитала. Если рендите инвестиций ниже процента за кредит, то рычаг действует в противоположном направлении.

Lieferantenkredit	Кредит, предоставляемый поставщиком

L. ist eine kurzfristige Kreditgewährung von Lieferanten durch Warenlieferung auf Ziel. Für den L. wird kein → Zins vereinbart. Es entstehen für den Abnehmer zum Teil be-

К.п.п.- это предоставление краткосрочного кредита поставщиком путём поставки товара с оплатой через определённое время. Для к.п.п. процент не огова-

trächtliche → Kosten aus dem Verzicht auf die Inanspruchnahme des → Skonto und aus der Tatsache, daß hohe Zinsbelastungen im Warenpreis einkalkuliert werden. L. werden i.d.R. für 1 – 3 Monate gewährt. Bis zum Zahlungseingang erfolgt meistens ein Eigentumsvorbehalt. Der L. ist dennoch in der Praxis sehr beliebt.

ривается.Для покупателя это связано со значительными издержками из-за отказа от сконто и из-за того, что высокий процент калькулируется уже в цене товара. Кредит предоставляется обычно на 1-3 месяца. Как правило до полной оплаты товар является собственностью поставщика. Всё же на практике к.п.п. широко используется.

Lieferbedingungen / Условия поставки

Unter den L. versteht man die Modalitäten der Übergabe und des Gefahren- und Eigentumsübergangs der → Produkte vom Lieferanten zum → Kunden. Sie werden von den Vertragspartnern mit den Kaufverträgen vereinbart. Zu den allgemein üblichen L. zählen:
– Lieferbereitschaft,
– Lieferzeit,
– Lieferart,
– Umtausch- und Rücktrittsmöglichkeiten,
– Berechnung der Verpackungs-, Fracht- und Versicherungskosten.

Под у.п. понимается порядок перехода и передачи собственности на продукты и ответственности за них от поставщика к клиенту. У.п. оговариваются партнёрами в договоре купли-продажи. К обычным у.п. относятся:
– готовность поставки,
– время поставки,
– вид поставки,
– возможности обмена и отказа,
– расчёт издержек на упаковку, транспорт и страхование.

Lieferfähigkeit	Возможность поставки

Die L. kann daran gemessen werden, wie schnell und exakt ein Lieferant eine bestehende → Nachfrage erfüllen kann. Sie wird zu einem immer wichtigeren Kriterium der Wettbewerbsfähigkeit. Die L. wird häufig mit dem Begriff Lieferservice gleichgesetzt, der durch folgende Einflußfaktoren bestimmt wird:

- die Lieferzeit als Zeit zwischen Auftragseingang und Eingang der → Ware beim → Kunden,
- die Lieferhäufigkeit, gekennzeichnet durch die Anzahl möglicher → Lieferungen innerhalb einer Periode,
- die Lieferbereitschaft, als Maß für die Verfügbarkeit der → Güter,
- die Lieferzuverlässigkeit, als Maß für den Anteil der fristgemäßen Lieferungen an der Gesamtanzahl der vereinbarten Lieferungen,
- die Lieferbeschaffenheit, als Anteil der quantitativ und qualitativ auftragsgemäß gelieferten Waren an den bestellten Waren,
- die Modalitäten in bezug auf Mindestauftragsgrößen und Mindestabnahmemengen,
- die Liefermodalitäten hinsichtlich der Beachtung von gewünschten Anlieferungszeiten, Transportmitteln

В.п. можно измерить такими данными, как насколько быстро и точно поставщик может удовлетворить спрос. В.п. стала одним из важных критериев соревнования. Понятие в.п. часто используют как синоним к понятию „сервис поставки“, которое определяется следующими факторами:

- время поставки как время между поступлением заказа и получением товара клиентом,
- частота поставки как количество возможных поставок в период времени,
- готовность поставки как критерий наличия товаров,
- надёжность поставки как мера количества своевременных поставок в общем количестве договорных поставок,
- состояние поставок как часть товара, поставленного в соответствии с договорным количеством и качеством, по отношению ко всему заказанному товару,
- минимальное заказываемое количество товара и минимальное количество товара в одной поставляемой партии,

und Ladeeinheiten, Arten der Entladung.

– условия поставки по отношению к желаемому моменту поставки, транспортным средствам, единицам отгрузки, видам разгрузки.

Lieferung / Поставка

Als L. bezeichnet man die Übergabe einer gekauften → Ware an den Käufer, mit der zugleich die Verfügungsmacht über den Gegenstand übertragen wird.

Под п. понимается передача купленного товара покупателю и переход этого предмета в его собственность.

Liquidation / Ликвидация

L. ist die zwangsfreie Auflösung eines → Unternehmens. Sie wird nicht durch → Überschuldung ausgelöst, sondern hat andere Gründe (Altersgründe, Fristablauf). Das gesamte → Vermögen wird durch einen Liquidator veräußert; schwebende Geschäfte werden abgewickelt und Reserven aufgelöst. Die → Firma führt während der L. den Zusatz i.L. = in Liquidation. Er muß im → Handelsregister eingetragen werden.

Л. – это непринудительное закрытие предприятия. Причиной этого закрытия является не превышение пассивов над активами (задолженность), а другие факторы (возраст владельца, окончание срока). Всё имущество продается ликвидатором, текущие сделки прекращаются и ликвидируются резервы. К названию предприятия во время ликвидации добавляется i.L. – в ликвидации. Этот факт заносится в торговый реестр.

Liquidität

L. wird in zweifacher Bedeutung verstanden:

1. als Fähigkeit von → Wirtschaftssubjekten, ihren fälligen finanziellen Verpflichtungen zeitgemäß und betragsgenau nachkommen zu können,

2. als Eigenschaft von Wirtschaftsgütern, als Zahlungsmittel zu dienen oder in Zahlungsmittel umgewandelt werden zu können.

Nach der Rechtsordnung in der Bundesrepublik Deutschland führt Zahlungsunfähigkeit zu schwerwiegenden Folgen für die Existenz eines → Unternehmens, denn sie ist ein allgemeiner Insolvenzgrund und führt zur Eröffnung eines Konkursverfahrens.

Ликвидность

Понятие л. понимается в двойном значении:

1. как способность хозяйствующих субъектов выполнить свои хозяйственные обязательства своевременно и в требуемом объёме,

2. как свойство материальных ценностей, служить средством платежа или возможность их превращения в средства платежа.

По законодательству ФРГ неликвидность приводит к тяжёлым последствиям для существования предприятия, т.к. она общая причина банкротства и приводит к открытию конкурсного делопроизводства.

Logistik

Die L., übernommen aus dem militärischen Bereich, „soll die Verfügbarkeit von Objekten des betrieblichen Material- und Warenflusses auf wirtschaftliche Weise sicherstellen." Dabei geht es stets um das Grundprinzip, daß die Objekte in der erforderlichen Menge zum richtigen Zeitpunkt am richtigen Ort bereitgestellt werden. Die L. umfaßt

Логистика

Л., определение которой взято из военной области, „должна обеспечивать доступность объектов заводского потока материалов и товаров эффективным образом". При этом должен выполняться основной принцип наличия объектов всегда в необходимом количестве своевременно в требуемом месте. Л. охватывает весь

demnach den gesamten Sach-
güterfluß von der → Beschaffung von → Gütern bei den
Lieferanten über die betriebliche Lagerung, den Fertigungsprozeß bis zur Übergabe der
→ Fertigprodukte an die →
Kunden. Logistische Prozesse
wirtschaftlich zu gestalten und
zu steuern heißt, die geforder-
te → Leistung mit minimalen
→ Kosten zu erbringen.

поток товаров, начиная с
закупки товара у постав-
щика, и кончая передачей
готового продукта клиенту.
Эффективно организовать
процессы л. и управлять ими
– это значит достичь требу-
емую выработку с минимальными издержками.

Lohn

Заработная плата

Als L. wird das Arbeitsentgelt
der Arbeiter bezeichnet im
Unterschied zum Gehalt der
Angestellten. Zum L. gehören
nicht nur der Grundlohn, die
Zulagen und Zuschläge, sondern auch sonstige Geldlei-
stungen, wie z.B. Gratifikatio-
nen und Sachzuwendungen,
wie z.B. freies Essen, freie
Kleidung, freies Wohnen. Der
Berechnung des auszuzahlen-
den Nettolohnes liegt der Brut-
tolohn zugrunde, von dem die
gesetzlichen Abzüge (→ Lohnsteuer, Kirchensteuer, Sozial-
versicherungsbeiträge) einbe-
halten werden.

Под з.п. понимается вознаграждение за труд для
рабочих в отличии от оклада
для служащих. К з.п. относятся не только основная
з.п., прибавки и надбавки, но
и прочие денежные
выплаты, например, грати-
фикация и товарные дота-
ции, такие как бесплатное
питание, одежда или жильё.
Основой для расчёта
выплачиваемой з.п. за
вычетом всех налогов
(нетто) является общая
сумма зарплаты (брутто), из
которой вычитаются все
предусмотренные законом
отчисления (подоходный
налог, церковный налог,
социальное страхование).

Lohnsteuer	Налог на заработную плату
Die L. erfaßt sämtliche → Einkünfte aus nichtselbständiger Arbeit und ist eine besondere Erhebungsform der → Einkommensteuer. Sie wird vom → Arbeitgeber einbehalten und monatlich an das Finanzamt überwiesen. Berechnungsgrundlage ist das Bruttoeinkommen, gekürzt um die auf der Lohnsteuerkarte eingetragenen Freibeträge.	Н.н.з.п. начисляется на все возможные доходы от несамостоятельной работы (т.е. работы в качестве работополучателя) и является особой формой взимания подоходного налога. Этот налог работодатель не выплачивает работникам, а переводит его ежемесячно в финансовое управление. Основой для расчёта является общая сумма зарплаты за вычетом части дохода, помеченной в налоговой карточке, которая не облагается налогом.

M

Magisches Viereck	Магический четырёхугольник

Das m.V. bringt vier Hauptziele der Wirtschaftspolitik der Bundesrepublik Deutschland zum Ausdruck, die durch gesamtwirtschaftliche Anstrengungen angestrebt werden:
– Vollbeschäftigung,
– Wirtschaftswachstum,
– Geldwertstabilität und
– außenwirtschaftliches Gleichgewicht.

М.ч. выражает четыре основные цели экономической политики ФРГ, к которым стремятся путём общеэкономических усилий:
– полная занятость,
– экономический рост,
– стабильность денег,
– внешнеэкономическое равновесие.

Management	Менеджмент

Der M.-Begriff wird im betriebswirtschaftlichen Sprachgebrauch für die → Leitung eines → Unternehmens verwendet. M. als Institution umfaßt alle Personen, die im Unternehmen leitende Aufgaben erfüllen und damit die Interessen der Kapitaleigner des Unternehmens als → Arbeitgeber gegenüber den → Arbeitnehmern vertreten. Das M. in diesem weiten Sinne beginnt demnach beim Vorstandsvorsitzenden einer → Aktiengesell-

М. в экономике и организации производства применяют для управления предприятием. М., как учреждение, охватывает всех лиц, выполняющих руководящие функции на предприятии и представляющих интересы владельцев капитала предприятия как работодателя в отношении к работополучателю. В этом широком смысле м. начинается, следовательно, с председателя дирекции

schaft bzw. bei den → Geschäftsführern einer → GmbH und endet beim Meister. M. wird gleichzeitig als Funktion verstanden und umfaßt sämtliche Aufgaben, die eine Unternehmensleitung in allen Bereichen zu erfüllen hat. Wissenschaft und Praxis haben unterschiedliche und bewährte M.-Techniken (Managementmethoden) entwickelt. Dazu zählen:

– management by delegation – als Führungsmodell zur weitgehenden Übertragung von Aufgaben an die einzelnen Mitarbeiter,
– management by exception – ein Führungskonzept, dessen Ziel es ist, die Führungskräfte durch Delegierung von Entscheidungsbefugnissen auf untere Ebenen der Leitung weitgehend zu entlasten und nur im Ausnahmefall durch Vorgesetzte einzugreifen,
– management by objectives – als Führung durch Zielvereinbarung,
– management by participation – ein Führungskonzept mit starker Betonung der Mitarbeiterbeteiligung, sowie weitere „management by ..."-Konzeptionen, die größtenteils in den USA entwickelt wurden.

акционерного общества или исполнительного директора общества с ограниченной ответственностью и кончается мастером. М. понимается одновременно как функция охватывающая совокупность всех задач, которые необходимо решать в управлении предприятием. В науке и на практике развивались разные эффективные методы м. К ним относятся:

– management by delegation – модель управления для широкой передачи задач на отдельных сотрудников,
– management by exception – концепция управления, цель которой как можно больше освобождать руководящих лиц путём передачи полномочий решения на местах и вмешиваться руководству только в исключительных случаях,
– management by objectives – управление на основе целевой договорённости,
– management by participation – концепция управления с сильным акцентом на участие сотрудников, а также другие концепции „management by ...", которые в большинстве были разработаны в США.

Management Buy-Out

Менеджмент бай-аут

Das M.B.-O. ist eine zunehmend an Bedeutung gewinnen-
de Möglichkeit zur Verbindung
von → Leitung und Eigentum.
Sie wird besonders bei der Umwandlung kleiner und mittlerer
staatlicher → Unternehmen in
private → Kapitalgesellschaften als Methode der → Privatisierung genutzt. Das Wesen
des M.B.-O. besteht darin, daß
leitende Mitarbeiter eines Unternehmens dieses käuflich erwerben und somit gleichzeitig
Eigentümer werden.

М.б.-а. – возможность соединения управления и соб-
ственности, которая
получает всё большее
значение. Ею особенно
пользуются как методом
приватизации при преобра-
зовании мелких и средних
государственных предприя-
тии в частные капиталооб-
щества. Сущность м.б.-а.
состоит в том, что руководящие сотрудники предприятия
покупают его и становятся
одновременно владельцами.

Marke

Марка

M. oder Markenartikel ist die
Bezeichnung eines → Produktes, das sich aus einer Vielzahl
angebotener gleichartiger Produkte heraushebt. Markenartikel sind durch folgende Merkmale gekennzeichnet:
- garantierte gleichbleibende
  bzw. verbesserte Qualität,
- gleichbleibende Aufma-
  chung,
- allgemein hoher Bekannt-
  heitsgrad durch intensive →
  Werbung,
- überall erhältlich,
- Anerkennung im → Markt.
Markenpolitik gehört zu den
Marketing-Instrumenten, mit
denen sich Unternehmen

М. или марочное изделие –
это обозначение продукта,
который выделяется из множества предлагаемых подоб-
ных продуктов. Марочные
изделия характеризуются
следующими признаками:
- гарантированное стабиль-
  ное или улучшенное
  качество,
- постоянное оформление,
- широкая известность благодаря интенсивной вер-
  бовке,
- повсеместная доступность
  покупателю,
- признание на рынке.
Марочную политику
причисляют к тем инстру-

Wettbewerbsvorteile zu verschaffen suchen.

ментам маркетинга, с которыми предприятия стремятся
к достижению преимуществ
в конкуренции с другими.

Marketing	**Маркетинг**

M. ist die bewußt marktorien-
tierte Führung des gesamten
→ Unternehmens. Sie schlägt
sich nieder in der Planung, Koordination und Kontrolle aller
auf die aktuellen und potentiellen → Märkte ausgerichte-
ten Aktivitäten des Unternehmens. Zu den wichtigsten We-
sensmerkmalen des M. zählen:
- die strikte Orientierung aller
  Beteiligten auf die Bedürfnisbefriedigung der → Kunden,
- die bewußte Absatz- und
  Kundenorientierung aller
  Unternehmensbereiche,
- die Ausrichtung der strategischen Entwicklung des Lei-
  stungsprogramms (Ideensuche, Produktentwicklung,
  Dienstleistungsgestaltung)
  auf die Erfordernisse des
  Marktes,
- die systematische → Marktforschung, Marktsuche und
  Markterschließung,
- die Anwendung des Prinzips
  der differenzierten Marktbe-
  arbeitung,
- die Anpassung der Organisation des Unternehmens an

M. – это направленное
строго на рынок управление
всем предприятием. Он
определяет планирование,
координацию и контроль
всех действий предприятия
на существующих и потенциальных рынках. К важней-
шим признакам сущности м.
относятся:
- строгая ориентация всех
  участвующих на удовлет-
  ворение потребностей
  покупателей,
- сознательная ориентация
  всех сфер предприятия на
  сбыт и клиентуру,
- направление стра-
  тегического развития производственной программы
  (нахождение идей, развитие продуктов и услуг) на
  потребности рынка,
- систематическое
  изучение, нахождение и
  освоение рынка,
- применение принципа
  дифференцированной
  обработки рынка,
- приспособление организации предприятия к мето-
  дам работы, полностью

die durchgehende markto-
rientierte Arbeitsweise,
– die komplexe Anwendung
und optimale Kombination
der M.-Instrumente.

ориентированных на
рынок,
– комплексное применение
и оптимальное комбиниро-
вание инструментов мар-
кетинга.

Marketing-Mix	**Микс-Маркетинг**

Unter M.-M. versteht man die
Kombination von marketingpolitischen Instrumenten. Jedes → Unternehmen steht immer wieder vor der Frage, welche Instrumente vorzugsweise
in einer bestimmten Marktsituation eingesetzt und so miteinander kombiniert werden sollten , daß ein höchstmöglicher
Absatzerfolg bei vertretbaren
Absatzkosten gesichert wird.
Zu den marketingpolitischen
Instrumenten zählen:
– die → Produktpolitik,
– die Kontrahierungspolitik
(Preis-, Promotion-, Rabatt-,
Kreditpolitik, → Liefer- und
→ Zahlungsbedingungen),
– die Distributionspolitik
(Handels-, Absatzwege-,
Standort-, Niederlassungs-
politik, → Logistik),
– die Kommunikationspolitik
(→ Werbung, → Verkaufs-
förderung, → Public Rela-
tions).

М.-м. – это комбинирование
инструментов политики маркетинга. Любое предприятие
вновь и вновь должно ответить на вопрос, какими
инструментами необходимо
прежде всего пользоваться в
определённой ситуации на
рынке, и как их комбиниро-
вать друг с другом, чтобы
обеспечить наилучший успех
сбыта при допустимых
издержках сбыта. К инструментам политики марке-
тинга относятся:
– продуктополитика,
– контракционная политика
(политика ценообразова-
ния, стимулирование
сбыта, скидки, кредитова-
ние, условия поставки и
платежей),
– дистрибуционная поли-
тика (политика торговли,
каналы сбыта, размеще-
ние производительных сил
и филиалов, логистика),
– коммуникационная поли-
тика (вербовка, содейст-
вие продаже, паблик
рилэйшнз).

Markt	Рынок

Als M. bezeichnet man den Ort, an dem → Nachfrage und → Angebot zusammentreffen und wo sich im Ergebnis → Marktpreise herausbilden. Man unterscheidet:

1. nach sachlichen Merkmalen: Güter-, Dienstleistungs- und Faktormärkte,
2. nach organisatorischen Merkmalen: organisierte und nichtorganisierte M.,
3. nach dem Marktzutritt: offene, beschränkte, geschlossene M.,
4. nach der Homogenität der gehandelten Güter: vollkommene und unvollkommene M.

Р. – это место, где встречаются предложение и спрос, и где в результате образуются рыночные цены. Р. различают:

1. по предметным признакам: товарный рынок, рынок услуг и рынок средств производства,
2. по организационным признакам: организованные и не организованные рынки,
3. по доступности рынка: открытые, ограниченные, замкнутые рынки,
4. по условиям реализации одинаковых товаров: совершенные и несовершенные рынки.

Marktanalyse	Анализ рынка

Die M. ist Bestandteil der → Marktforschung. Sie ermittelt einmalig oder in bestimmten Intervallen alle einen → Markt kennzeichnenden Faktoren, um die Absatz- und Beschaffungsmöglichkeiten zu erkunden.

А.р. – это составная часть изучения рынка. В разовом порядке или в рамках определённых интервалов он изучает все факторы, определяющие рынок с целью изучения возможности сбыта и закупки.

Marktanteil	Удельный вес на рынке

Unter M. versteht man den prozentualen Anteil von → Produkten eines → Unterneh-

У.в.н.р.- это процентная доля продуктов предприятия в количественном или стои-

mens in Mengen- oder Wert-
einheiten gemessen am gesamten Marktvolumen eines →
Marktes.

Der M. sagt aus, wie stark die
Position eines Unternehmens
im Vergleich zu anderen Unternehmen auf einem bestimmten Markt ist.

Marktanteil =

$$\frac{\text{Unternehmensumsatz oder -absatz} \cdot 100}{\text{Marktvolumen}} \%$$

мостном выражении по отношению к общему объёму
рынка.

У.в.н.р. =

$$\frac{\text{объём оборота или сбыта предприятия} \cdot 100}{\text{объём рынка}} \%$$

У.в.н.р. говорит о том, какую
позицию занимает предприятие по сравнению с другими
предприятиями на опре-
делённом рынке.

| **Marktformen** | **Виды рынка** |

Nach dem Konkurrenzverhal-
ten und der Anzahl der Marktteilnehmer unterscheidet man
folgende M.:
- → Polypol:
  Viele wirtschaftlich gleichstarke Anbieter und Nachfrager nehmen am → Markt
  teil. Das Polypol entspricht
  der freien Konkurrenzwirt-
  schaft und führt zur Herausbildung von → Marktpreisen (z.B. Einzelhandelsge-
  schäfte).
- → Oligopol:
  Wenige große und meist
  gleichstarke Marktteilnehmer beherrschen den Markt
  und stehen miteinander im
  Konkurrenzkampf. Oligo-
  polpreise werden durch das

По поведению конкурентов
и числу участников на рынке
различают следующие в.р.:
– Полиполия. На рынке
  участвуют многие эко-
  номически равносильные
  оференты и покупатели.
  Полиполия соответствует
  экономической
  системе,основанной на
  свободной конкуренции и
  ведёт к образованию
  рыночных цен (например,
  сделки розничной тор-
  говли).
– Олигополия. Немногие
  крупные и чаще всего равносильные участники
  рынка господствуют над
  рынком и состоят между
  собой в конкурентной

Marktverhalten und die Reaktion der Konkurrenten stark beeinflußt (z.B. Mineralöl- und Automobilindustrie).
- Monopol:
Auf der Angebots- bzw. Nachfrageseite existiert nur ein Marktteilnehmer. Monopolpreise entstehen durch die einseitige Preisfestsetzung konkurrenzloser Anbieter (z.B. Rohstoffmonopole).

борьбе. При олигополи на цены сильно влияют поведение и реакция конкурентов на рынке (например, нефтяная и автомобильная промышленности).
- Монополия. На стороне предложения или спроса существует только один участник рынка. Монопольные цены возникают путём одностороннего установления внеконкурентным оферентом (например, монополия на сырьё).

| **Marktforschung** | **Исследование рынка** |

Unter M. wird das systematische laufende oder fallweise Untersuchen eines → Marktes verstanden. Die M. hat das Ziel, Grundlagen für Entscheidungen zur → Produkt- und → Absatzpolitik zu schaffen. Sie läßt sich unterteilen in:
- → Marktanalyse,
- Marktbeobachtung,
- Marktprognose.
Nach der Art der Informationsbeschaffung unterscheidet man zwischen Sekundärforschung (Auswertung der bereits im Unternehmen vorhandenen Daten) und Primärforschung (Ermittlung neuer Marktdaten durch Befragun-

И.р. – это систематическое и постоянное или разовое, от случая к случаю, изучение рынка. И.р. имеет целью – создать основы для решения вопросов продуктополитики и политики сбыта. Его можно делить на:
- анализ рынка,
- наблюдение рынка,
- прогноз рынка.
По видам приобретения информации различают вторичное исследование (использование уже находящихся на предприятии данных) и первичное исследование (добывание новых данных рынка через опросы,

gen, Verbrauchertests, Beob-
achtungen).

тестирование потребителей,
наблюдения).

| **Marktführer** | **Ведущее предприятие на рынке** |

Als M. bezeichnet man → Unternehmen, die aufgrund ihres
hohen → Marktanteils eines
bestimmten → Produktes (Produktgruppe), ihres → Images
und ihrer wirtschaftlichen Lei-
stungsstärke von den übrigen
Konkurrenten und den mei-
sten → Kunden als marktfüh-
rendes Unternehmen aner-
kannt werden. In einem oligo-
polistischen → Markt richten
sich die Anbieter in ihrer →
Produkt- und Preispolitik
i.d.R. nach dem M. Hat ein
Unternehmen gegenüber seinen Konkurrenten spürbare
Kostenvorteile, so spricht man
von Kostenführerschaft.

В.п.н.р. – это предприятие,
которое на основе большого
удельного веса своих продуктов (групп продуктов) на
рынке, своего имиджа и
своей экономической пози-
ции признаётся другими конкурентами и большинством
покупателей как ведущее
предприятие на рынке. На
олигополистическом рынке
оференты в своей политике
продуктов и цен ориен-
тируются, как правило, на
в.п.н.р. Если предприятие по
сравнению со своими конкурентами имеет существен-
ные преимущества в издержках производства, то говорят
о ведущем предприятии по
уровню издержек.

| **Marktgleichgewicht** | **Рыночное равновесие** |

Von einem M. in einer markt-
wirtschaftlich organisierten
Wirtschaft spricht man, wenn
die nachgefragten Gütermen-
gen durch die zu → Marktpreisen angebotenen gedeckt sind.
Es existiert weder ein Ange-
bots- noch ein Nachfrageüber-

Р.р. в рыночной экономике
имеет место, когда
количественный спрос на
товары покрывается това-
рами, предложенными по
рыночным ценам. Не
существуют ни превышения
предложения над спросом,

hang. Der freie Marktpreis reguliert das Verhältnis von → Angebot und → Nachfrage und hält es damit im Gleichgewicht.

ни превышения спроса над предложением. Свободная рыночная цена регулирует соотношение между спросом и предложением и держит его в равновесии.

Marktnische

M. ist ein Teilmarkt des Gesamtmarktes, der durch das vorhandene Güterangebot nicht oder nicht voll befriedigt werden kann. M. sind also dadurch gekennzeichnet, daß zwar potentielle Käufer, aber kein geeignetes → Angebot vorhanden ist.

Ниша на рынке

Н.н.р. – это часть общего рынка, где существующий спрос не полностью может быть удовлетворён имеющимся предложением товаров. Значит, н.н.р. характеризуется тем, что имеются потенциальные покупатели, но нет подходящего предложения.

Marktpreis

Der M. entsteht durch die augenblickliche Angebots- und Nachfragesituation auf dem → Markt und ist ein Gleichgewichtspreis. Er bildet sich im Schnittpunkt von Angebots- und Nachfragekurve. Der freie M. „räumt" und „füllt" den → Markt. Der freie M. übt mehrere Funktionen aus:
- Er wirkt als Bewertungsmaßstab und zeigt die relative Knappheit der → Güter an.
- Er signalisiert, was wann und wo produziert werden

Рыночная цена

Р.ц. возникает вследствии моментальной ситуации предложения и спроса на рынке и является ценой равновесия. Она образуется в точке пересечения кривых предложения и спроса. Свободная р.ц. „очищает" или „заполняет" рынок. Свободная р.ц. выполняет несколько функций:
- действует в качестве критерия оценки и указывает на относительный недостаток товаров,
- указывает, что должно

soll und hat damit eine Lenkungsfunktion.
- Er übt eine Gleichgewichtsfunktion aus, indem er → → Angebot und → Nachfrage in Waage hält.
- Er hat eine Erziehungsfunktion, weil steigende M. zu einem sparsameren Verbrauch führen.

быть произведено, где и когда и выполняет функцию регулирования,
- держит равновесие между спросом и предложением, чем и выполняет функцию равновесия,
- имеет воспитательное влияние, поскольку растущие р.ц. ведут к более экономному расходу.

Marktsegmentierung / Сегментирование рынка

Als M. bezeichnet man die Aufteilung eines Gesamtmarktes in abgrenzbare, weitgehend homogene Teilmärkte. Die M. ist Voraussetzung für eine erfolgreiche → Produktpolitik, denn es lassen sich Unterscheidungsmerkmale verschiedener Käufergruppen besser erfassen und differenzierter bearbeiten. Entsprechend den homogenen Wünschen und Bedürfnissen der Zielgruppen eines Marktsegmentes lassen sich die zweckmäßigsten Marketinginstrumente besser ableiten.

С.р. означает расчленение общего рынка на отдельные ограниченные, почти однородные рынки. С.р. является предпосылкой для успешной продуктополитики, поскольку так лучше охватывать признаки различия разных групп покупателей и обрабатывать их более дифференцированно. В соответствии с однородными пожеланиями и потребностями целевых групп одного сегмента рынка лучше определить самые целесообразные инструменты маркетинга.

Marktstrategie / Рыночная стратегия

Auf der Grundlage der Ergebnisse der → Marktforschung und der vorgenommenen →

На основе результатов исследования рынка и произведённого сегментирования

Marktsegmentierung muß die für das → Unternehmen geeignete M. gefunden und festgelegt werden. Dabei ist zu wählen zwischen:

- der Strategie der Marktdurchdringung, die von der weiteren Durchdringung der bisher genutzten → Märkte mit den gegenwärtigen → Produkten ausgeht und die Verdrängung der Konkurrenz einschließt,

- der Strategie der Markterweiterung, die vom → Absatz der → Produkte auf geographisch neuen Märkten, der Erschließung neuer Marktsegmente sowie neuer Abnehmer und → Absatzwege ausgeht und der

- Nischen-Strategie.

рынка необходимо найти и установить подходящую для предприятия р.с. При этом нужно выбирать:
- или стратегию проникновения на рынок, которая преследует дальнейшее проникновение на до сих пор используемые рынки уже предлагаемыми продуктами и включает вытеснение конкурентов;
- или стратегию расширения рынка, которая исходит от сбыта продуктов на географически новых рынках, освоения новых сегментов рынка, а также от новых клиентов и новых каналов сбыта;
- или стратегию ниши.

| **Marktwirtschaft** | **Рыночная экономика** |

Die M. ist eine Wirtschaftsordnung, bei der die Lenkung der Wirtschaftsprozesse und die Koordination der individuellen → Wirtschaftspläne grundsätzlich über freie → Preisbildung auf den → Märkten erfolgt, die sich auf Grund von Knappheiten bilden. Weitere wichtige Merkmale dieser Wirtschaftsordnung sind:
- privates Eigentum an Produktionsmitteln,
- freie wirtschaftliche Betäti-

Р.э.- это экономический порядок, в котором регулирование экономических процессов и координация индивидуальных хозяйственных планов принципиально осуществляются через свободное ценообразование на рынках, которое, в свою очередь, происходит на основе ограниченности товаров. Наряду с этим, важными признаками системы р.э. являются:

gung (→ Gewerbefreiheit, → Vertragsfreiheit),
- freie Konsumwahl,
- Freiheit der Berufs- und Arbeitsplatzwahl,
- Produktions- und Handelsfreiheit,
- Entscheidungsfreiheit der → Unternehmer,
- intakter Wettbewerb, für den der Staat die Rahmenbedingungen zu schaffen hat.

- частная собственность на средства производства,
- свободная экономическая деятельность (свобода занятия промыслом, свобода заключения договоров),
- свобода выбора потребления,
- свобода выбора профессии и рабочего места,
- свобода производства и торговли,
- свобода для предпринимателей принимать решения,
- здоровая конкуренция, для которой государство должно создавать общие условия.

Marktwirtschaft, Soziale	**Социальная рыночная экономика**

Die S.M., das Wirtschaftssystem der Bundesrepublik Deutschland, verbindet das marktwirtschaftliche Prinzip mit den Forderungen nach sozialer Gerechtigkeit, Sicherheit und sozialem Fortschritt. In diesem System hat der Staat die Aufgabe:
- den sozialen Ausgleich zugunsten der Leistungsschwächeren auf der Grundlage der Marktergebnisse herzustellen,
- unsoziale Ergebnisse des → Marktes durch staatliche

С.р.э. – экономическая система Федеративной Республики Германии – связывает принцип рыночной экономики с требованием социальной справедливости, обеспеченности и социального прогресса. В этой системе перед государством стоит задача:
- обеспечить социальное балансирование на основе результатов рынка в пользу социально слабых,
- исправлять несоциальные последствия рынка путём

Eingriffe zu korrigieren,
- Marktmißbrauch und Wettbewerbsbeschränkungen zu verbieten,
- gesetzliche Regelungen zum Schutz des schwächeren Vertragspartners, der Bevölkerung und der Umwelt zu erlassen und
- marktkonforme staatliche Lenkungsmaßnahmen, wie z.B. Umschulungen, Bildungspolitik, Berufsberatung u.a., durchzusetzen.

своего вмешательства,
- запретить злоупотребление рынком и ограничение конкуренции,
- издавать законы для защиты более слабого участника договора, населения и окружающей среды,
- проводить государственные мероприятия регулирования, соответствующие рынку, как, например, переквалификация, политика образования, профессиональная ориентация и др.

Materialwirtschaft	**Материаьное хозяйство**

Die M. umfaßt alle unternehmenspolitischen Maßnahmen der → Beschaffung, Lagerung und Disposition von Material. Dabei geht es nicht um eine passive, registrierende und routinemäßige Abwicklung von Bestellungen, sondern darum, aktiv dazu beizutragen, daß die notwendigen Roh-, Hilfs- und Betriebsstoffe in der geforderten Qualität und Quantität zum richtigen Zeitpunkt am richtigen Ort kostenoptimal bereitstehen.

М.х. охватывает все предпринимательские мероприятия планирования, приобретения, складирования и размещения материалов. При этом, дело не в пассивной, регистрирующей и рутинной реализации заказов, а в активных действиях, способствующих тому, чтобы всё необходимое сырьё, вспомогательные и производственные материалы были вовремя на месте, в требуемом качестве и количестве и с наименьшими издержками.

| Mehrwertsteuer | Налог на прибавочную стоимость |

| → Umsatzsteuer | Налог с оборота |

| Meistbegünstigung | Режим наибольшего благоприятствования |

Die M. wird in internationalen staatlichen Handelsverträgen praktiziert. Sie bedeutet, daß dem Vertragsland gleiche Handelsvorteile gewährt werden, wie sie bisher dem am meisten begünstigten Staat gewährt wurden. Werden z.B. einem Land Zollvergünstigungen eingeräumt, so bedeutet das im Falle der Gewährung der M. einem anderen Staat gegenüber, daß in Handelsverträgen mit diesem die gleichen Vergünstigungen gelten.

Р.н.б. практикуется в международных государственных торговых соглашениях. Он означает, что стране-партнёру предоставляются такие же торговые преимущества, какие были до сих пор предоставлены государству с наибольшим благоприятствованием. Были, например, одному государству предоставлены таможенные льготы, то в случае р.н.б. в отношении к другой стране в торговых соглашениях с ней действуют те же льготы.

| Mitbestimmung | Участие работополучателя в делах предприятия |

Unter M. wird die aktive Teilnahme von → Arbeitnehmern an betrieblichen Entscheidungsprozessen verstanden. Mit der M. wird die aus der Bereitstellung des → Kapitals erwachsende Entscheidungsfreiheit innerhalb des Betriebsgeschehens zugunsten der Arbeitnehmer gesetzlich einge-

У.р.в д.п. означает активное участие работополучателей в процессах решений предприятия. С помощью у.р.в д.п. ограничивается возникающая из вложенного капитала свобода решении работодателей внутри предприятия в пользу работополучателей. В ФРГ у.р.в д.п.

schränkt. In der Bundesrepublik Deutschland wurde die Mitwirkung und M. der Arbeitnehmer in → Betrieben und → Unternehmen durch:
- das → Betriebsverfassungsgesetz (1972),
- das Gesetz über die Mitbestimmung der Arbeitnehmer in den → Aufsichtsräten und → Vorständen der Unternehmen des Bergbaus und der Eisen und Stahl erzeugenden Industrie (1951) und
- das Gesetz über die Mitbestimmung der Arbeitnehmer (1976)

gesetzlich geregelt. Die M. umfaßt unterschiedliche Teilhaberrechte. Das Betriebsverfassungsrecht und das Tarifvertragsrecht regeln die arbeitsrechtliche M. Sie bezieht sich auf das tägliche Arbeitsleben, den Arbeitsplatz, die Lohngestaltung und räumt das Recht auf Informationen, Anhörungen oder Mitentscheidungen ein. Die Wahrnehmung erfolgt vorwiegend über gewählte → Betriebsräte sowie über gewählte Jugend- und Auszubildendenvertretungen. Bei der unternehmerischen M. wird der Einfluß auf grundsätzliche Entscheidungen durch Sitze im Aufsichtsrat und die Stellung des Arbeitsdirektors ausgeübt. Die Einflußmöglichkeiten hän-

на заводах и предприятиях для работополучателей урегулировано законами, а именно:
- законом о заводской конституции (1972),
- законом об участии работополучателей в наблюдательных советах и правлениях предприятий горной и металлургической промышленностей (1951),
- законом об участии работополучателей (1976).

У.р.в д.п. охватывает различные права участников. Законы о заводской конституции и о тарифных соглашениях регулируют право участия с точки зрения трудового права. У.р.в д.п. включает в себя проблемы ежедневной трудовой жизни, рабочего места, развития заработной платы и предоставляет право на информацию, заслушивание и участие в решениях. Реализация у.р.в д.п. производится преимущественно через избранные советы представителей рабочих и служащих, а также избранных представителей молодёжи и учеников. По основным вопросам предприятия право на участие реализуется через представителей в наблюдательном совете и

gen von der Größe und → Rechtsform der Unternehmen ab. Die gesetzlichen Bestimmungen sehen entweder paritätisch zusammengesetzte Aufsichtsräte vor oder die 1/3 Vertretung durch die Arbeitnehmer.

позиции директора по труду. Возможность влиять на решения зависит от величины и правовой формы предприятия. Законы предусматривают наблюдательные советы с паритетным составом или в составе одной трети представителей работополучателей.

Motivation / Мотивация

Als M. bezeichnet man die aktivierenden und orientierenden Beweggründe für das Handeln, Verhalten und für die Verhaltenstendenzen. Die Beweggründe für das menschliche Verhalten sind für die Erforschung des Käuferverhaltens und damit des Bedarfs von ebenso großem Interesse wie für die Untersuchung des Leistungsverhaltens.

М. называют активирующие и направляющие мотивы человека в его действиях, поведении и тенденциях поведения. Мотивы человека представляют большой интерес для исследования поведения покупателей, спроса, а также поведения человека в трудовой жизни.

Mutterunternehmen / Головное предприятие

Von einem M. spricht man, wenn dieses → Unternehmen kapitalmäßig aufgrund von → Beteiligungen oder vertragsmäßig einen beherrschenden Einfluß auf ein oder mehrere andere Unternehmen (→ Tochtergesellschaften) ausübt.

О г.п. говорят в том случае, когда это предприятие на основе акционерного капитала или по договору имеет преимущественное влияние на одно или несколько других предприятий (дочерние предприятия).

N

Nachfrage | Спрос

N. ist die Summe aller mit → Kaufkraft ausgestatteten Bedürfnisse, die auf dem → Markt in Erscheinung tritt und die angebotene → Güter verlangt. Die N. wird vor allem bestimmt durch die Kaufwilligkeit, Kauffähigkeit (Kaufkraft) und Anzahl der Käufer, durch die → Preise der Güter und die Nachfrageelastizität sowie durch → Werbung und → Verkaufsförderung.

С.- это сумма всех потребностей, обладающих покупательной способностью, которая выступает на рынке и требует предлагаемые товары. С. определяется, прежде всего, желанием покупателей, покупательной способностью и числом покупателей, а также ценами товаров, гибкостью спроса, вербовкой и стимулированием сбыта.

Nettosozialprodukt | Чистый социальный продукт

Das N. ist eine Kategorie der volkswirtschaftlichen Gesamtrechnung und entspricht dem → Bruttosozialprodukt, gemindert um die → Abschreibungen auf das → Anlagevermögen.

Ч.с.п. является категорией национального счёта и соответствует валовому социальному продукту, уменьшенному на амортизационные отчисления на имущество в виде сооружений и оборудования.

Normung | Нормирование

N. ist die Vereinheitlichung von materiellen Gegenständen

Н.- это унификация материальных предметов, как

wie Einzelteilen nach Arten, Größen, Abmessungen, Typen und von immateriellen Gegenständen (z.B. Begriffe). Die N. schränkt die Vielzahl denkbarer Problemlösungen ein und führt zur Rationalisierung beim Hersteller und Käufer.

отдельных деталей по видам, величине, размерам, типам и нематериальных объектов (понятий). Н. ограничивает множество возможных решений проблем и ведёт к рационализации у производителя и покупателя.

Nutzen

Полезность

Der N. gilt als Maß für die Bedürfnisbefriedigung, die ein Konsument durch den Konsum erworbener → Güter erzielt. Der subjektiv eingetretene N. aus dem bisherigen Erwerb von Gütern und der damit verbundene erwartete N. beim Kauf neuer → Produkte ist neben dem → Preis kaufentscheidend für den → Kunden. Aus absatzwirtschaftlicher Sicht muß also das Produkt als Bündel von Nutzenerwartungen aufgefaßt werden. Die → Produkt- und Sortimentspolitik eines → Unternehmens muß deshalb unter marktwirtschaftlichen Bedingungen darauf abzielen, mit neuen oder weiterentwickelten Produkten einen größeren N. zu stiften. Nutzenerwartungen, die an ein Produkt gestellt werden, lassen sich erfahrungsgemäß in → Grundnutzen und → Zusatznutzen untergliedern.

П. служит критерием удовлетворения потребностей, которое потребитель получает при потреблении купленных товаров. Субъективная п. от приобретённых в прошлом товаров и ожидаемая п. в связи с покупкой новых товаров являются наряду с ценой решающими мотивами для покупателя. С точки зрения сбыта, продукт нужно рассматривать как сумму многих ожидаемых полезных свойств. Политика развития продуктов и ассортимента предприятия в условиях рыночной экономики должна быть нацелена на то, чтобы новыми или улучшенными продуктами создать большую п. Ожидаемая п., связанная с новым продуктом, делится на основную п. и дополнительную п.

Nutzungsdauer	Срок службы

Die N. ist die betriebsübliche Verwendungsdauer eines Betriebsmittels. Man unterscheidet:
- die betriebsgewöhnliche N. als erfahrungsgemäß mindestens erreichbare Dauer der Einsatzfähigkeit,
- die technische N. als maximale Zeitspanne, in der ein Betriebsmittel technisch einwandfreie Nutzungen abgeben kann,
- die vertragliche N. als höchstzulässige Zeitspanne, in der ein Betriebsmittel aufgrund eines Vertrages genutzt werden darf,
- die wirtschaftliche N. als Zeitspanne, in der es wirtschaftlich sinnvoll ist, ein Betriebsmittel zu nutzen.

Die N. ist für die Berechnung der Höhe der → Abschreibungen maßgebend. Die tatsächliche Lebensdauer ist meist länger.

С.с.- это общепринятый на предприятиях срок использования средств производства. Различают:
- обычный на предприятиях с.с.,- это, исходя из опыта, минимально достигаемый срок эксплуатации,
- технический с.с.- это максимальный отрезок времени, в течении которого средство производства может дать технически безупречную пользу,
- договорный с.с.- это максимально по договору допустимый отрезок времени, в котором можно использовать средства производства,
- экономический с.с.- это отрезок времени, в течении которого экономически целесообразно использовать средство производства.

С.с. является решающим для расчёта объёма амортизационного отчисления.
Фактический с.с. обычно более длительный.

Nutzwertanalyse	Анализ величины полезности

Die N. (→ Scoring-Modell, Rangfolge-Modell) ist ein Verfahren zur Bewertung von alternativen Investitionsvarianten, mit dem auch solche Bewertungskriterien gemessen werden, die nicht in Geldeinheiten ausdrückbar sind. Das betrifft z.B. die Beurteilung technischer, sozialer, psychologischer und ökologischer Aspekte. Die N. erreicht ihr Ziel, indem sie den Handlungsalternativen dimensionslose Nutzenwerte zuordnet, die sich an quantitativen und qualitativen Merkmalen orientieren und die zu einem Teilnutzen und schließlich zu einem Gesamtnutzen je Alternativvariante zusammengefaßt werden. Das Verfahren läuft grundsätzlich nach folgenden Schritten ab:

1. Aufstellen eines Kataloges von Zielkriterien,
2. Gewichten der Zielkriterien,
3. Bestimmung der Teilnutzen jeder Alternative,
4. rechnerische Bestimmung des Nutzwertes als Funktion der gewichteten Teilnutzen,
5. Entscheidung über die Vorteilhaftigkeit anhand der errechneten Nutzwerte.

А.в.п.(Scoring-Modell, модель ранговой очерёдности) является методом для оценки альтернативных вариантов капиталовложения, которым измеряются и такие критерии оценки, которые нельзя выражать в деньгах. Это касается, например, оценки технических, социальных, психологических и экологических аспектов. А.в.п. достигает свою цель путём причисления альтернативным действиям безразмерных величин полезности, а эти, в свою очередь, ориентируются на количественные и качественные признаки. Безразмерные величины полезности объединяются в частичную полезность и, наконец, в суммарную полезность каждого альтернативного варианта. Этот метод реализуется принципиально по следующим этапам:

1. составление каталога целевых критериев,
2. взвешивание целевых критериев с коэффицентами эквивалентности,
3. определение частных полезностей каждого альтернативного варианта,

4. вычисление величины полезности, как функции взвешенных частичных полезностей,
5. принятие решения по наиболее выгодному варианту на основе расчётных величин полезности.

O

Die OHG ist eine Gesellschaft von Kaufleuten mit dem Ziel, unter gemeinsamer → Firma wirtschaftlich tätig zu werden. Alle Gesellschafter (Eigentümer) sind zur Geschäftsführung berechtigt und verpflichtet. Die OHG basiert sowohl auf der Kapitalkraft als auch auf dem persönlichen Engagement der einzelnen Gesellschafter. Die → Finanzierung erfolgt durch die → Einlagen der Gesellschafter, die vertraglich festgelegt werden. Die → Haftung basiert nicht nur auf dem Gesellschaftsvermögen der Firma, sondern auch auf dem Privatvermögen der einzelnen Gesellschafter. Die Firma enthält die Namen eines, mehrerer oder aller Gesellschafter mit einem Zusatz, der die Form der Gesellschaft andeutet. Die Verteilung des → Gewinns erfolgt nach dem Grundsatz: 4 % auf die persönliche Kapitaleinlage, der Rest nach der Anzahl der Köpfe.

О.т.о.- это товарищество коммерсантов с целью хозяйственной деятельности в совместной фирме. Все компаньоны (собственники) уполномочены и обязаны руководить фирмой. О.т.о. базируется как на финансовой мощи, так и на активном личном участии каждого компаньона в управлении обществом. Финансирование происходит через вклады компаньонов, которые устанавливаются договором. Ответственность базируется не только на имуществе общества, но и на личном имуществе каждого компаньона. Фирма содержит фамилию одного, нескольких или всех компаньонов с прибавкой, которая указывает на правовую форму общества. Распределение прибыли осуществляется по принципу: 4 % на личные долевые участия в капитале общества, остаток-по числу участников. Правовая форма

Die → Rechtsform der OHG bietet sich vor allem für Familienunternehmen an und ist hinsichtlich ihrer Gründung und Führung einfach. Sie bietet auch steuerliche Vorteile gegenüber Kapitalgesellschaften.

о.т.о. целесообразна особенно для семейных предприятий и проста относительно учреждения и ведения предприятия. Она имеет и налоговые преимущества в отличии от капиталообщества.

Oligopol

Олигополия

Als O. bezeichnet man eine Marktsituation, in der wenige, relativ große Anbieter oder Nachfrager existieren. Typische Vertreter dieser → Marktform (Oligopolisten) sind z.B. die Stahlindustrie, die Automobilindustrie, die Mineralöl-, Waschmittel- und Zigarettenindustrie. Charakteristisches Hauptmerkmal ist die Reaktionsverbundenheit der Marktteilnehmer.

О. называют ситуацию на рынке, где существуют немногие, относительно крупные оференты или покупатели. Типичными представителями этой формы рынка (олигополистами) являются чёрная металлургия, автомобильная, нефтяная и табачная промышленности. Характерной чертой о. является тесная взаимная связь в реакциях участников рынка.

Opportunitätskosten

Издержки оппортунитета

O. ist ein Begriff der entscheidungsorientierten Bewertung von → Produktionsfaktoren. Bei der Zielsetzung der Gewinnmaximierung sind O. der entgangene → Gewinn der nächstbesten, aber nicht realisierten Verwendungsmöglichkeit eines Produktionsfaktors.

И.о. – это понятие в рамках оценки производственных факторов, направленное на подготовку принятия решений. Когда максимизация прибыли является постановкой цели, тогда и.о. равны недополученной прибыли от следующего по эффективности, но не реализованного

варианта использования
альтернативного производ-
ственного фактора.

Option	Опцион

Mit O. bezeichnet man das bei
→ Verträgen ausgehandelte
Recht, nach Ablauf einer bestimmten Frist etwas tun oder
unterlassen zu dürfen, z.B.
Vertragsverlängerungen, Gül-
tigkeit eines → Preises, Um-
tauschrechte.

О. называют в договорах
согласованное право после
истечения определённого
срока что-то предпринимать
или упускать, например,
продление срока действия
договора, действительность
цены, право на обмен.

Organschaft	Функциональная зависимость

Eine O. liegt vor, wenn ein →
Unternehmen (Organ) von einem anderen Unternehmen
(Organträger) derart be-
herrscht wird, daß es keinen eigenen unternehmerischen Wil-
len mehr hat. Konsequenz ist
der Verlust der wirtschaftlichen (und damit auch der steu-
erlichen) Unabhängigkeit.

Ф.з. юридического лица от
главенствующей организа-
ции имеет место, если над
предприятием (организа-
цией) господствует другое
предприятие так,что
починённое предприятие не
имеет своей предпри-
нимательской воли. Послед-
ствием этого является
потеря экономической (и
следовательно, налоговой)
независимости.

P

Ein P. ist eine ausgesuchte Personengruppe, die über einen längeren Zeitraum immer wieder über die gleiche Sache befragt wird. Das P. wird vor allem in der → Marktforschung zur Befragung eines gleichbleibenden, repräsentativen Personenkreises über die Nutzungseigenschaften neuer oder weiterentwickelter → Produkte angewendet.

П.- это избранная группа людей, которую в течении длительного отрезка времени постоянно опрашивают. П. применяют преимущественно при изучении рынка путём опроса постоянной и репрезентативной группы людей об эксплуатационных свойствах новых или усовершенствованных продуктов.

P. ist die Bezeichnung der rechten Seite einer → Bilanz. Sie gibt Auskunft über die Mittelherkunft eines → Unternehmens und unterteilt das → Kapital in → Eigenkapital (→ Grund- bzw. → Stammkapital und → Rücklagen) und in → Fremdkapital (→ Rückstellungen, langfristige → Verbindlichkeiten, kurzfristige Verbindlichkeiten).

П.- это название правой стороны баланса. Она показывает источники средств предприятия и делит капитал на собственный капитал (основной капитал или уставный капитал и отчисления в резерв) и на заёмный капитал (отчисления в резервный фонд, краткосрочные и долгосрочные обязательства).

Personalkosten	Издержки по содержанию персонала
P. sind die Gesamtheit aller durch den Einsatz der → Arbeitnehmer entstehenden → Kosten. Dazu gehören → Löhne, Gehälter und die Personalnebenkosten, bestehend aus gesetzlichen und freiwilligen sozialen → Aufwendungen, die bis zu 70 % des eigentlichen Lohns ausmachen können.	И.п.с.п. это совокупность всех издержек, возникающих вследствии использования работополучателей. К ним относятся заработная плата, оклады и накладные расходы по содержанию персонала, состоящие из законных и добровольных социальных затрат, которые могут составлять до 70% собственной заработной платы.

Personalwesen	Персонал-менеджмент
Der Begriff P. (Personalmanagement, Personalwirtschaft) umfaßt die Aufgaben der Personalbedarfsermittlung, der Einstellung und Entlassung, der Einsatzplanung, der Personalverwaltung, der Gestaltung der betrieblichen Lohnformen, der Lohn- und Gehaltsabrechnung, der Aus- und Weiterbildung und der Personalführung. Diese Aufgaben des P. werden in einem Funktionsbereich der Wirtschafts- und Verwaltungsorganisationen wahrgenommen.	П.-м. охватывает задачи определения потребности в персонале, найма и увольнения, плана размещения персонала, управления персоналом, развития форм оплаты труда предприятия, расчёта заработной платы и окладов, образования и квалификации. Эти обязанности выполняются в функциональном отделе экономического и административного управления.

Personengesellschaft	Товарищество

P. ist der Sammelbegriff für mehrere → Rechtsformen von → Unternehmen mit folgenden typischen Merkmalen:
- Die Eigentümer nehmen die Geschäftsführung selbst wahr, d.h., die Delegation von Managementaufgaben an Dritte unterbleibt i.d.R.
- Die personelle Bindung wird vor die kapitalmäßige gestellt. Deshalb sind Anteile an einer P. unvererblich und unveräußerbar.
- Ein Teil der → Gesellschafter haftet für die Schulden des Unternehmens mit seinem Privatvermögen.

Zu den P. zählen: die → Offene Handelsgesellschaft, die → Kommanditgesellschaft und die → GmbH & Co. KG.

Т.- это сводное понятие для нескольких правовых форм предприятий со следующими характерными признаками:
- Собственники лично руководят предприятием и, как правило, передача задач менеджмента третьим лицам не имеет места.
- Личная связь с предприятием превыше связи через капитал. Поэтому доли в т. не передаются по наследству и их нельзя продавать.
- Часть компаньонов отвечают своим личным имуществом за долги предприятия.

К т. относятся: открытое торговое общество, коммандитное общество и общество с ограниченной ответственностью & Co. KG.

Plankosten	Плановые издержки

Unter P. versteht man den unter Wirtschaftlichkeitsgesichtspunkten anzustrebenden wertmäßigen → Verbrauch an → Produktionsfaktoren, der bei Vorliegen günstiger Fertigungsbedingungen auch erreichbar erscheint. Bezugsbasis für die P. ist der geplante Beschäftigungsgrad. P. können

П.и.- это стоимостный расход производственных факторов, к которому стремятся с точки зрения экономичности и который считается достигаемым при наличии благоприятных производственных условий. Базой сравнения для п.и. является запланированный

als Produkt von Planverrechnungspreisen und Planmengen verstanden werden. Planverrechnungspreise werden unter Berücksichtigung der zu erwartenden Lohn- und Preisentwicklungen, der Konditionen der Lieferanten, wirtschaftlicher Bezugsmengen usw. ermittelt. Planmengen werden analytisch auf der Grundlage des geplanten Beschäftigungsgrades, der kapazitiven Voraussetzungen, der angestrebten Absatzentwicklung und anderer Einflußfaktoren errechnet und vorgegeben.

уровень занятости. П.и. можно рассматривать как продукт из плановой расчётной цены и запланированного количества. Плановые расчётные цены устанавливаются с учётом ожидаемого развития заработной платы и цен, кондиции поставщиков, экономических объёмов закупки. Запланированные количества рассчитываются и задаются на основе запланированного уровня занятости, предпосылок, связанных с производственными мощностями, предусмотренного развития сбыта и других влияющих факторов.

Plankostenrechnung   **Расчёт плановых издержек**

Die P. ist eine zukunftsorientierte Form der → Kostenrechnung, die der Bereitstellung von Kosten- und Leistungsinformationen für die Planung, Steuerung und Kontrolle der wirtschaftlichen Tätigkeit im → Unternehmen dient. Die → Kosten werden nicht aus Vergangenheitswerten abgeleitet, sondern gehen aus der betrieblichen Planung für eine zukünftige Abrechnungsperiode hervor. Voraussetzungen der Kostenplanung sind Kenntnisse über die Beziehungen zwi-

Р.п.и.- это направленная на будущее форма расчёта издержек, которая служит предоставлению информации об издержках и выработках для планирования, управления и контроля экономической деятельности предприятия. Издержки выводятся не из данных прошедшего, а получаются из внутризаводского планирования на будущий период расчёта. Предпосылкой планирования издержек являются данные отношений

schen den Kosten und ihren wichtigsten Einflußgrößen. Die Kontrolle der Wirtschaftlichkeit in den → Kostenstellen läßt sich durch regelmäßige Vergleiche der → Plankosten mit den → Istkosten erreichen. Eine besondere Art der P. ist die in der betrieblichen Praxis zunehmend angewendete flexible P., die zuerst alle geplanten Kosten in → fixe und → variable Kosten aufteilt, um sie dann den einzelnen Kostenstellen zuzuordnen.

между издержками и важнейшими, на них влияющими факторами. Контроль экономичности на местах возникновения издержек можно достичь путём регулярного сравнения плановых издержек с фактическими издержками. Особый вид р.п.и. – это так называемый „гибкий р.п.и.", который на практике получает всё большее распространение и который делит запланированные издержки на постоянные и переменные, чтобы их после этого причислять к отдельным местам возникновения издержек.

Polypol / Полиполия

Mit P. bezeichnet man die → Marktform, bei der sich viele relativ kleine Anbieter und Nachfrager gegenüberstehen. Typisch für das Verhalten eines Anbieters, d.h. eines Polypolisten, ist auf Grund der relativ bescheidenen Rolle, die er am → Markt spielt, die Notwendigkeit zur Anpassung. Für einen Polypolisten wäre es z.B. nicht sinnvoll, preispolitisch aktiv zu werden. Hebt er seine → Preise über das Niveau der Konkurrenten an, würde ihn der Nachfrageausfall treffen. Im umgekehrten

П. – это форма рынка, при которой на рынке встречаются многие, относительно мелкие оференты и покупатели. Типичным для поведения оферента, т.е. полиполиста, является необходимость к приспособлению, поскольку он на рынке играет довольно скромную роль. Для полиполиста, например, не целесообразно быть активным в политике цен. Если он повышает свои цены выше уровня конкурентов, его ожидает сбой спроса. В обратном случае

Falle zöge er die gesamte → Nachfrage auf sich, ohne sie befriedigen zu können.

он сконцентрировал бы весь спрос на себе, не имея возможности его удовлетворить.

Portfolio-Analyse

Die P.-A. ist ein in den letzten Jahren zunehmend angewendetes Planungsinstrument des strategischen → Managements. Sie dient der Darstellung und Analyse der Wettbewerbsposition der → Produkte (Produktgruppen oder Geschäftsbereiche) eines → Unternehmens im Vergleich zum stärksten Konkurrenten. Auf dieser Grundlage können Entscheidungen zur Strategie der Produktentwicklung und zum Einsatz der Marketinginstrumente getroffen werden. Bei der Anwendung der 4-Felder-Portfolio-Matrix kann folgendermaßen vorgegangen werden. Auf der horizontalen Achse wird der relative → Marktanteil aufgetragen. Er ist definiert als:

$$\text{Relativer Marktanteil} = \frac{\text{eigener} \rightarrow \text{Umsatz}}{\text{eigener Umsatz} + \text{Umsatz des stärksten Konkurrenten}}$$

Порт-фолио-анализ

П.-ф.-а.- это инструмент планирования стратегического менеджмента, который в последние годы всё больше применяется. Он служит для изображения и анализа позиции продукта (группы продуктов, сферы деятельности) одного предприятия в конкуренции и при сопоставлении с самыми сильными конкурентами. На этой основе можно принимать решения о стратегии развития продуктов и об использовании инструментов маркетинга. При применении четыре-поля-портфолия-матрицы можно поступать следующим образом. По горизонтальной оси наносится относительный удельный вес на рынке. Он определяется как:

$$\text{Относительный удельный вес} = \frac{\text{собственный оборот}}{\text{собственный оборот} + \text{оборот самого сильного конкурента}}$$

Auf der vertikalen Achse wird die Marktattraktivität aufgetragen. Sie kann nach den Kriterien Marktwachstum, Marktqualität, Konjunkturanfälligkeit und weiteren möglichen Aspekten qualitativ ermittelt werden. Auf diese Weise erhält man eine Matrix mit vier Feldern (siehe Bild). In diese Felder werden die Produktgruppen positioniert. Ihrer Bedeutung entsprechend haben sich folgende charakteristische Felderbezeichnungen durchgesetzt:

1. Question-marks: „Fragezeichen" zeichnen sich durch niedrigen relativen Marktanteil in einem expandierenden → Markt (hohes Marktwachstum) aus. Der weitere Ausbau der Marktposition erfordert hohe → Investitionen, intensive → Werbung und → Verkaufsförderung, d.h. hohen Mittelaufwand. I.d.R. handelt es sich um innovative Produkte, die sich am Markt noch nicht endgültig durchgesetzt haben und erst mit → Gewinn hergestellt werden, wenn es gelingt, den Marktanteil zu erhöhen.

2. Stars: „Sterne" sind Produktgruppen mit hohem relativem Marktanteil in attraktiven Märkten. „Sterne" ermöglichen das heutige

По вертикальной оси наносится аттрактивность рынка. Её можно качественно определить по критериям: рост рынка, качество рынка, чувствительность к коньюнктуре и по другим возможным аспектам. И таким образом получают матрицу с четырьмя полями (см. рисунок). На этих полях располагаются группы продуктов. Соответственно их значению практикуются следующие характерные названия полей:

1. Question-marks: „вопросительные знаки" отличаются низким удельным весом на растущем рынке (высокий темп роста рынка). Дальнейшее расширение положения на рынке требует большие капиталовложения, интенсивную вербовку и стимулирование сбыта, т. е. большие затраты средств. Как правило, всё дело в новых продуктах, которые на рынке ещё не добились своего признания и могут быть произведены с прибылью только тогда, когда удасться повысить их удельный вес на рынке.

2. Stars: „Звёзды"- это группы продуктов с высоким удельным весом на аттрактивных рынках.„Звёзды"

Umsatzwachstum des Unternehmens. Sie bringen die notwendigen Einnahmeüberschüsse von morgen. Die Marktposition muß demnach gefestigt und erweitert werden.

3. Cash-cows: „Geldkühe" sind Produktgruppen mit hohem relativem Marktanteil in Märkten, deren Attraktivität bereits gelitten hat. Sie erzielen aber die Einnahmeüberschüsse von heute und müssen deshalb unbedingt erhalten bleiben. Es sind also Entscheidungen zur Verteidigung der Marktposition zu treffen (Ersatzinvestitionen, Produktvariationen, Verkaufsförderung).

4. Dogs: „Arme Hunde" sind Produktgruppen in der Degenerationsphase. In Abhängigkeit vom erzielbaren → Deckungsbeitrag müssen Entscheidungen zum Erhalt oder zum Rückzug der Produktgruppe vom Markt getroffen werden.

обеспечивают сегодняшний рост оборота предприятия. Они приносят необходимые превышения доходов над расходами завтрашнего дня. Поэтому их позиций на рынке необходимо укреплять и расширять.

3. Cash-cows: „Денежные коровы" - это группы продуктов с высоким удельным весом на рынке, аттрактивность которых уже пострадала. Но они обеспечивают превышение доходов над расходами сегодняшнего дня и, следовательно, должны быть обязательно сохранены. Поэтому нужно принимать решения для защиты их позиций на рынке (капиталовложения, направленные на замену изношенных основных фондов, вариации продуктов, стимулирование сбыта).

4. Dogs: „Бедные собаки" – это группы продуктов в фазе дегенерации. В зависимости от достигаемой величины покрытия постоянных издержек необходимо принимать решения об их сохранении на рынке или об уходе.

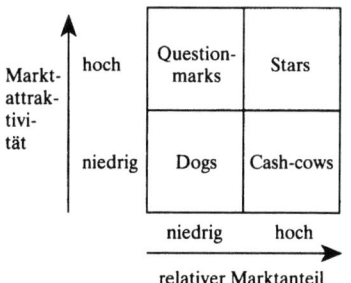

четыре-поля- портфолия- матрица

Prämie	Премия

Die P. ist ein mehrfach verwendeter Begriff für
- Lohnbestandteile des Prämienlohnes, die über den Grundlohn hinausgehen,
- Zahlungen des Versicherungsnehmers für eine Versicherung,
- zusätzliche → Leistungen des Staates, um die Sparförderung zu intensivieren (Arbeitnehmersparzulage),
- Zahlungen an landwirtschaftliche Betriebe zur Verhütung von Überproduktion.

П.- это понятие с несколькими значениями:
- составная часть заработной платы при премиальной оплате труда, которая превышает основную заработную плату,
- платежи страхователя за страхование,
- дополнительные услуги государства, чтобы интенсивнее стимулировать вкладчиков хранить деньги в сберегательной кассе (прибавка работополучателям в случае хранения денег в сберегательной кассе),
- платежи сельскохозяйственным предприятиям с целью предупреждения перепроизводства.

Preis

Der P. ist der in Geld ausgedrückte Tauschwert einer →
Ware. Voraussetzung für das
Zustandekommen eines P.
sind mindestens drei Gründe:
- die Ware muß Bedürfnisse
  befriedigen,
- Knappheit der Ware,
- die Ware muß auf dem →
  Markt angeboten und nachgefragt werden, und es muß
  eine Tauschbereitschaft der
  Marktteilnehmer vorhanden
  sein.

Цена

Ц. -это меновая стоимость
товара, выраженная в деньгах. Предпосылкой для образования ц. являются мини-
мум три причины:
- товар должен удовлетво-
  рять потребности,
- ограниченность товара,
- товар должен иметь предложение и спрос на рынке
  и должна существовать
  готовность участников
  рынка к обмену.

Preisbildung

Die P. erfolgt in marktwirtschaftlichen Systemen i.d.R.
durch Ausgleich von → Angebot und → Nachfrage ohne Mitwirkung des Staates. Welche →
Preise ein Anbieter verlangt, ist
ihm selbst überlassen. Umgekehrt hängt der Abschluß eines
Kaufvertrages zu einem bestimmten Preis nur von den
Nutzenvorstellungen der Nachfrager ab. Der Marktmechanismus in einem → Markt mit
vielen Anbietern und Nachfragern sorgt für die
Herausbildung eines Gleichge-
wichts- (→Markt-) preises. Ist
der Wettbewerb eingeschränkt,
so können Anbieter bestimmte
preispolitische Forderungen
durchsetzen.

Ценообразование

Ц. в системе рыночной экономики происходит, как правило, через выравнивание
предложения и спроса без
участия государства. Какую
цену требует оферент – это
его собственное решение. С
другой стороны, заключение
договора куплипродажи по
определённой цене зависит
только от представления
покупателя о выгодности
товара. Рыночный механизм
на рынке со многими оферен-
тами и покупателями обес-
печивает образование урав-
новешенной (рыночной)
цены. Если конкуренция
ограничена, то оференты
могут реализовать опре-
делённые требования, относящиеся к политике цен.

Preisbindung

Die P. entspricht der Festsetzung des Endverbraucherpreises durch den Hersteller. In der → Marktwirtschaft beschränkt sich die P. auf Ausnahmen, z.B. im Buch- und Zeitschriftenhandel.

Установление твёрдых цен

У.т.ц. соответствует установлению розничных сбытовых цен государством. В рыночной экономике у.т.ц. происходит в исключительных случаях, например, в торговле книгами и журналами.

Preiselastizität

Unter P. versteht man die relative Änderung der nachgefragten Menge eines → Gutes bei einer geringen Änderung seines → Preises.

Эластичность цен

Э.ц.- относительное изменение запрошенного количества определённого товара при незначительном изменении его цены.

Preisführerschaft

P. entspricht einer preis- und absatzpolitischen Haltung am → Markt. Sie liegt vor, wenn ein → Unternehmen aufgrund seiner Marktstärke den Zeitpunkt und die Intensität von Preisänderungen bestimmt. Die Konkurrenten folgen mit ihren Maßnahmen dem Preisführer. P. ist typisch für → Oligopole.

Ведущее предприятие по установлению цен

В.п.п.у.ц. называют предприятие, которое на основе своего сильного положения на рынке, определяет момент и интенсивность изменений цен. Конкуренты своими мероприятиями следуют за ведущим в ценообразовании. Ведущая роль отдельных предприятий при изменении цен – типична для олигополии.

Preisregulierung

Der Begriff P. wird für staatliche Maßnahmen der Preispolitik verwendet. Die P. wird aus einkommens- oder sozialpolitischen Gründen vorgenommen und entweder über Mindest-, Höchst- und Festpreise, über Interventionspreise oder über spezielle → Verbrauchsteuern und → Subventionen vorgenommen. Die Wirksamkeit der staatlichen P. in marktwirtschaftlichen Systemen ist umstritten. Die Praxis in der Bundesrepublik Deutschland lehrt, daß die meisten staatlich administrierten Verbrauchspreise in der Vergangenheit ebenso schnell gestiegen sind wie die → Marktpreise.

Регулирование цен

Понятие р.ц. обозначает мероприятия государства в области политики цен. Р.ц. реализуется из соображений политики доходов и социальной политики и осуществляется через минимальную цену, максимальную цену, твёрдую цену, интервенционную цену или через специальные акцизы и субвенции. Действенность государственного р.ц. в системе рыночной экономики спорная. Практика в ФРГ учит, что в прошлом большинство розничных цен, администрированных государством, повышалось так же быстро, как и рыночные цены.

Privateigentum

Das P. ist nach dem Grundgesetz der Bundesrepublik Deutschland das umfassendste, absolute, dingliche Recht des Eigentümers an einer Sache. Im zivilrechtlichen Sinn ist P. das umfassende Herrschaftsrecht an einer Sache, das jedermann gegenüber Beeinträchtigungen, Entziehungen, Zerstörungen oder Beschädigungen schützt. „Der Eigentümer einer Sache kann, soweit nicht das Gesetz oder Rechte Drit-

Частная собственность

По конституции ФРГ ч.с.- это самое обширное, абсолютное и вещественное право собственника на имущество. С точки зрения гражданского права, ч.с. - это полное право пользования имуществом, которое защищает любое лицо против нанесения ущерба, лишения, разрушения или повреждения. „Собственник имущества может, если закон или право третьего лица

ter entgegenstehen, mit der Sache nach Belieben verfahren und andere von jeder Einwirkung ausschließen." (§ 903 Bürgerliches Gesetzbuch).

этому не противостоит, обращаться с ним по своему усмотрению и исключать третьих лиц от любого воздействия." (§ 903 Гражданский кодекс).

Privatisierung

Als P. bezeichnet man den Prozeß der Umwandlung von Staatsbetrieben und landwirtschaftlichen Produktionsbetrieben in private → Unternehmen unterschiedlicher → Rechtsformen (insbesondere → Personen- und → Kapitalgesellschaften), öffentliche Unternehmen in der Hand von Bund, Ländern oder Kommunen und gemischtwirtschaftliche Unternehmen. Für den Prozeß der Umwandlung der → Betriebe in den neuen Bundesländern der Bundesrepublik Deutschland wurde eine der Bundesregierung unterstehende → Treuhandanstalt gebildet.

Приватизация

П. называют процесс преобразования государственных и сельскохозяйственных производственных предприятий в частные предприятия разных правовых форм (преимущественно в товарищества и капиталообщества), в предприятия общественного пользования в руках федерации, земель или коммун и в смешанные предприятия. Для процесса преобразования предприятий в новых федеративных землях ФРГ было создано государственная организация по управлению государственными предприятиями, подчинённая федеральному правительству.

Produkt

Der P.-Begriff wird allgemein als Ergebnis der Produktion im Sinne von → Waren und Dienstleistungen verwendet, die ein → Unternehmen auf

Продукт

Понятие п. используют в общем для результата производства и как синоним для товаров и услуг, которые предприятие предлагает на

dem → Absatzmarkt anbietet. Ein P. verkörpert demnach eine absatzwirtschaftliche → Leistung, die der Käufer und Verwender aus der Sicht seiner Nutzenerwartungen beurteilt. Das P. ist nicht allein ein technisches Gebilde, das durch physikalische und chemische Eigenschaften oder auch durch seine äußere Erscheinung zu beschreiben ist. Der Käufer nimmt ohnehin nur einen Teil dieser Eigenschaften wahr. Für ihn ist das P. ein Bündel unterschiedlicher Nutzenerwartungen. Diese Interpretation ist für die Bestimmung der → Produktpolitik eines Unternehmens maßgebend. Gegenstand der Produktpolitik sind grundsätzlich alle Faktoren, mit denen der Nutzen für den Käufer beeinflußt werden kann.

рынке сбыта. П. воплощает произведённую для сбыта выработку, которую покупатель и потребитель оценивают с точки зрения ожидаемой полезности. П.- это не только техническое произведение, которое можно охарактеризовать физическими, химическими свойствами или его внешним видом. Покупатель всё равно воспринимает только часть этих свойств. Для него п.- сумма различных ожидаемых полезных свойств. Такая интерпретация является определяющей в разработке продукт-политики предприятия. Предметом продукт-политики являются принципиально все факторы, которыми можно повлиять на ожидаемую покупателями полезность.

Produktelimination

Элиминация продукта

P. ist die endgültige Herausnahme eines → Produktes oder einer Produktgruppe aus dem Absatz- und Produktionsprogramm. Die P. als Bestandteil der Produktpolitik kann sich sowohl auf die Breite als auch auf die Tiefe des Sortiments beziehen und führt zu einer Spezialisierung und Sortenreduktion beim Hersteller.

Э.п.- это окончательное изъятие продукта или группы продуктов из программ сбыта и производства. Э.п., как составная часть продукт-политики, может касаться как разнообразия, так и полноты ассортимента и ведёт к специализации и к уменьшению количества сортов у произ-

Die Entscheidung über eine P. will sorgfältig durchdacht sein. Es sollte deshalb geprüft werden, ob es Alternativen zur P. gibt, ob das Produkt über eine Produktvariation eventuell wieder lebensfähig gemacht werden kann oder ob das Produkt vielleicht für einen Konkurrenten interessant ist. Vor einer Entscheidung sollte eine sorgfältige und komplexe Produktbeurteilung vorgenommen werden. Der erzielbare → Deckungsbeitrag nimmt innerhalb der Beurteilungskriterien eine Spitzenposition ein.

водителя. Решение о э.п. должно быть тщательно продумано. Необходимо проверить, есть ли альтернативы к э.п., можно ли путём вариации сделать продукт жизнеспособным или не представляет ли продукт интерес для конкурента. Перед решением необходимо провести тщательную и комплексную оценку продукта. Доступная величина покрытия постоянных издержек занимает ведущее место среди экономических критериев оценки.

Produktgestalt / Внешний вид продукта

Die P. (Design) ist das Produktäußere, die Erscheinungsform eines Erzeugnisses und kommt in der Produktform und Produktfarbe zum Ausdruck. Mit der P. wird die ästhetische Seite eines → Produktes hervorgehoben. Sie gewinnt bei weitgehender Gleichheit des → Produktkerns und der Produktfunktionen konkurrierender Produkte eine immer größere Bedeutung für den Kaufentscheid der → Kunden.

В.в.п. (дизайн) – это внешнее выражение продукта, вид изделия и выражается через форму и цвет продукта. В.в.п. подчеркивает эстетическую сторону продукта. При общем равенстве сердцевины и функции конкурирующих продуктов, т.е. при одинаковом качестве в.в.п.получает всё большее значение для решения о совершении покупки.

Produktionsfaktoren	**Производственные факторы**
P. sind die zur Produktion eingesetzten → Güter und Dienstleistungen materieller und immaterieller Art. Die Volkswirtschaftslehre unterscheidet die drei Faktoren: Boden, Arbeit und → Kapital. Die → Betriebswirtschaftslehre unterscheidet zwischen den Elementarfaktoren: menschliche Arbeit, → Betriebsmittel, Werkstoffe und den dispositiven Faktoren: Geschäfts- und Betriebsleitung, Planung und Organisation.	П.ф.- это материальные и нематериальные товары и услуги, предназначенные для производственного процесса. Теория народного хозяйства различает три фактора: земля, труд и капитал. Учение об экономике предприятия различает элементарные факторы: человеческий труд, средства производства, сырьё и материалы, и диспозитивные факторы: управление предприятием, планирование и организация.

Produktionsmittel	**Средства производства**
P. im engeren Sinne ist die Bezeichnung für Realkapital und Boden im Unterschied zum → Produktionsfaktor menschliche Arbeit. Im weiteren Sinne sind P. das Synonym für Produktionsfaktoren.	В узком смысле слова, с.п.- это реальный капитал и земельное владение, в отличии от производственного фактора- человеческий труд. В более широком смысле, с.п. – синоним производственных факторов.

Produktionstiefe	**Расчленение производственного процесса в глубину**
Mit P. bezeichnet man die Zahl der Produktionsstufen, die der Produktionsprozeß eines → Betriebes umfaßt. Vorteil eines tiefen Produktions-	Р.п.п.в г. – так обозначают число ступеней производства, которое существует в производственном процессе предприятия. Преимущество

programms ist die Unabhängigkeit von fremden Bezugsquellen. Nachteile bestehen in der Notwendigkeit hoher → Investitionen. Für die Entscheidung, ob einzelne Produktionsstufen aus dem → Unternehmen ausgegliedert werden sollen, sind maßgebend:
– Fragen der Stabilität entsprechender Zulieferungen,
– Kostenvergleiche zwischen selbsthergestellten und bezogenen Fertigteilen,
– Qualitätsaspekte u.a.

глубокой производственной программы – это независимость от внешних поставщиков. Недостаток её – это необходимость крупных капиталовложений. Для решения, выделить ли отдельные ступени производства из предприятия, имеют большое значение:
– вопросы стабильности фирм-поставщиков,
– сравнивание издержек между готовыми изделиями из собственного производства и полученными со стороны,
– вопросы качества.

Produktivität	Производительность

P. bringt die Ergiebigkeit des Einsatzes und der Kombination von → Produktionsfaktoren zum Ausdruck. Sie ist nicht gleichbedeutend mit Wirtschaftlichkeit, sondern in dieser Begriffsbestimmung immer eine Mengenrelation, die für sich allein gesehen keine Aussagekraft hat. Erst durch vergleichende Betrachtungen wird sie bedeutsam. Meßbar ist die P. durch Bezugnahme des → Ertrages bzw. der → Leistung auf eine Einheit Einsatzmengen, z.B. der Ernteertrag in dz je ha Boden im Jahr oder die Anzahl Schmiedestücke je Maschinenstunde.

П. выражает доходность использования и комбинирования производственных факторов. Она не равнозначна экономичности. П. является всегда количественным соотношением. Если взять её отдельно, она мало что говорит. Только путём сравнительного сопоставления она становится значительной. Измерять можно п. ссылкой на доход и на выработку на единицу использованных производственных факторов, например, годовая урожайность на гектар земли или число поковок на машино-час.

Produktkern

Сердцевина продукта

Der P. umfaßt alle physikalischen, chemischen und technisch-konstruktiven Merkmale eines → Produkts. Sie lassen sich durch technische Maßgrößen messen, unabhängig davon, ob sie vom Käufer wahrgenommen werden oder ob sie ihm verborgen bleiben. Warenkenntnis und Risikobewußtsein des → Kunden beeinflussen den Umfang wahrgenommener Produkteigenschaften. Für den Hersteller ergibt sich daraus die Notwendigkeit, die → Produktqualität, die maßgeblich durch den P. geprägt wird, auf die jeweiligen Zielgruppen abzustimmen und den Umfang der Informationen, die für die Produktbeurteilung erforderlich sind, differenziert festzulegen.

С.п. содержит все физические, химические и технико-конструктивные признаки определённого продукта. Их можно измерять в технических единицах, независимо от того, может ли покупатель их ощущать или нет. Знание товара и готовность покупателя к риску влияют на объём замеченных свойств продукта. Для производителя вытекает из этого необходимость – качества продукта, которое значительно определяет с.п., тщательного согласования с требованиями целевой группы покупателей и дифференцированного установления объёма информации, который требуется для оценки продукта.

Produktlebenszyklus

Цикл жизни продукта на рынке

Das Marketingkonzept des P. geht von der Annahme aus, daß die zeitliche Entwicklung eines → Produktes verschiedene Phasen durchläuft, die durch Umsatz- und Gewinnveränderungen geprägt sind und einem allgemein gültigen Verlauf unterworfen sind. Die typischen Phasen im P. sind:

Концепция маркетинга исходит от предположения, что развитие продукта по времени протекает по разным фазам, которые определяются изменениями оборота и прибыли и подчиняются всеобще действующему процессу. Типичные фазы ц.ж.п.н.р.:

1. Die Einführungsphase. Der
   → Absatz ist noch gering,
   die Stückgewinne sind meist
   negativ. Der Absatz steigt
   erst stärker an, wenn die po-
   sitiven Erfahrungen der
   Käufer durch Mund-zu-
   Mund-Propaganda weiterge-
   geben werden. Maßnahmen
   der intensiven → Werbung,
   → Verkaufsförderung und
   der Erschließung von → Ab-
   satzwegen sind erforderlich.
2. Die Wachstumsphase. Sie ist
   durch stark zunehmenden
   Absatz gekennzeichnet. Der
   Käuferkreis vergrößert sich.
   Die Produkte werden mit →
   Gewinn abgesetzt. In dieser
   Phase treten immer mehr
   Konkurrenten auf, die das
   Produkt nachahmen. Die
   Marketingstrategie lautet:
   Investieren, Werben, Absatz
   forcieren, Produktvariationen auf den → Markt bringen.
3. Die Reife- und Sättigungs-
   phase. Die Absatzmengen
   nehmen nur noch degressiv
   zu, um schließlich zu stag-
   nieren und nehmen im weiteren Verlauf ab. In dieser
   Phase erreicht der Stückge-
   winn sein Maximum, denn
   die → Investitionen sind abgeschlossen. Im Vordergrund der Unternehmenspolitik steht die Abschöpfung
   des Erfolgspotentials des →

1. Фаза продвижения. Сбыт
   ещё не велик, штучная
   прибыль обычно отрица-
   тельная. Сбыт растёт
   после того, как положи-
   тельный опыт покупате-
   лей распространяется из
   уст в уста. Потребуются
   мероприятия интенсивной
   вербовки, стимулирования
   сбыта и освоения новых
   каналов сбыта.
2. Фаза роста. Она характеризуется сильно растущим
   сбытом. Круг покупателей
   увеличивается. Продукты
   продаются с прибылью. В
   этой фазе выступает всё
   больше конкурентов, под-
   ражающих тому же про-
   дукту. Стратегия маркетинга требует: инвестиро-
   вать, вербовать, усиливать
   сбыт, выступать на рынке
   с вариациями продукта.
3. Фаза зрелости и насыще-
   ния. Объём сбыта растёт
   дегрессивно, позже стагни-
   руется и уменьшается в
   ходе дальнейшего развития. В этой фазе штучная
   прибыль продукта достигает своего максимума,
   т.к. капиталовложения
   закончены. На первом
   плане политики предприятия стоит использование
   потенциала успеха на
   рынке. Борьба вытесне-
   ния усиливается.

Marktes. Die Verdrängungs-
kämpfe nehmen zu.
4. Die Degenerationsphase.
Sie ist gekennzeichnet durch
stark sinkenden → Umsatz
und finanzielle Verluste. Es
muß der richtige Zeitpunkt
gefunden werden, zu dem
das Produkt vom Markt zu-
rückgezogen wird.

4. Фаза дегенерации. Она
характеризуется сильно
уменьшающимся оборо-
том и финансовыми убыт-
ками. Необходимо найти
подходящий момент, к
которому следует убрать
продукт с рынка.

Produktmanagement

Продукт-менеджмент

Das P. ist eine organisatorische
Konzeption, bei der die Orga-
nisationsstruktur eines → Unternehmens durch die produkt-
spezifischen Anforderungen
geprägt ist. So werden für bestimmte Produktgruppen Pro-
duktmanager eingesetzt, die
für die Koordinierung aller betrieblichen Tätigkeiten von der
Markterforschung über die
Produktentwicklung bis zum
Absatz verantwortlich sind.

П.-м. – это организационная
концепция, в которой струк-
тура организации предприятия определяется спе-
цифическими требованиями
продукта. Так для опре-
делённых групп продуктов
назначают продукт-менедже-
ров, которые отвечают за
координацию всех действий
предприятия от исследова-
ния рынка, развития про-
дукта до его сбыта.

Produkt-Mix

Микс-продукт

Unter dem Begriff P.-M. versteht man die Gesamtheit aller
Entscheidungen, die auf eine
marktgerechte Gestaltung des
Absatzprogramms in einem →
Unternehmen gerichtet sind.
Dazu zählen:
– die → Marktsegmentierung,
– die optimale Gestaltung des

М.-п.- это совокупность всех
решений предприятия,
направленных на разработку
программы сбыта,
отвечающей всем требова-
ниям рынка. К ним относятся:
– сегментирование рынка,
– оптимальное оформление

langfristigen Produkt- und Sortimentsprogramms,
- die Variation von → Produkten,
- die Elimination von Produkten,
- die Entwicklung und Einführung neuer Produkte (Produktinnovation).

долгосрочной программы развития продуктов и ассортимента,
- вариация продуктов,
- элиминация продуктов,
- развитие и внедрение новых продуктов (новация продуктов).

Produktname	Наименование продукта

Der P. dient dazu, ein → Produkt von anderen Produkten zu unterscheiden, um es als „einmalig" und möglichst „einzigartig" erscheinen zu lassen. Gleichzeitig wird durch den Namen die → Kommunikation zwischen Anbietern und Nachfragern erleichtert. Aus bewährten P. werden Markennamen entwickelt. Hauptziele der Markenpolitik sind:
- Produkte von Konkurrenzprodukten unterschiedlich zu machen,
- Präferenzen für ein Produkt aufzubauen,
- Produkte seitens der Käufer schnell zu erkennen,
- die Herkunft der Produkte sichtbar zu machen,
- ein Qualitätsimage aufzubauen,
- den → Handel wirksam zu unterstützen.

Н.п. употребляется для того, чтобы различать один вид продукта от другого и создать впечатление, что он „единственный" и, по возможности, „исключительный". В то же время, н.п. облегчает коммуникацию между оферентом и покупателем. Н.п., которые себя оправдали, создают основу для марочных продуктов. Основные цели марочной политики следующие:
- явные отличия продукта от продуктов конкурентов,
- создание преференции для продукта,
- опознание продукта покупателем,
- ясность происхождения продукта,
- создание имиджа качества,
- эффективное стимулирование торговли.

Produktpolitik	Продуктополитика
→ Produkt-Mix	Микс-продукт

Produktqualität	Качество продукта
P. kommt sowohl in der Summe der wesentlichen Produkteigenschaften als auch in den Anforderungen zum Ausdruck, die vom Käufer an das → Produkt gestellt werden. Die Beurteilung der Qualität richtet sich danach, ob das angebotene Produkt geeignet ist, die Bedürfnisse des Käufers zu erfüllen. Für den Käufer eines Produktes ist maßgebend, ob er die vom Hersteller gelieferten Produkteigenschaften als qualitativ geeignet empfindet. P. ergibt sich folglich aus einer Objekt(Produkt) – Subjekt(Käufer)beziehung.	К.п. выражается как в сумме существенных свойств продукта, так и в требованиях, которые предъявляют покупатели к продукту. Оценка качества ориентируется на вопрос – способен ли продукт удовлетворять потребности покупателей. Полезность продукта для покупателя является решающим аргументом, т.е. ощущает ли покупатель предложенное производителем к.п. подходящим. Следовательно, к.п. вытекает из отношений между объектом (продукт) и субъектом (покупатель).

Produktstrategie	Стратегия развития производственной программы
Die P. zielt darauf ab, langfristig wettbewerbsfähig zu sein und die eigene Marktposition des → Unternehmens zu festigen und auszubauen. Folgende Basisstrategien haben sich in der Praxis der → Marktwirtschaft bewährt:	С.р.п.п. направлена на долгосрочную конкурентоспособность, укрепление и развитие положения предприятия на рынке. Следующие основные стратегии оправдались себя на практике рыночной экономики:

– Strategie der Marktdurchdringung. Sie zielt auf eine
weitere Durchdringung der
gegenwärtigen → Märkte
mit den im Produktionsprogramm enthaltenen → Pro-
dukten ab.
– Strategie der Marktentwick-
lung. Mit ihr sollen für die
bestehenden Produkte neue
Märkte erschlossen werden.
– Strategie der Produktentwicklung. Sie verfolgt das
Ziel, neue Produkte für bestehende Märkte zu ent-
wickeln oder Produktdiffe-
renzierungen anzubieten.
– Diversifikationsstrategie.
(→ Diversifikation)

– Стратегия проникновне-
ния на рынок. Она направ-
лена на дальнейшее про-
никновение на
существуюшие рынки про-
дуктами из производствен-
ной программы.
– Стратегия развития
рынка. С её помощью
стремятся к освоению но-
вых рынков продуктами из
производственной про-
граммы.
– Стратегия развития про-
дуктов. Она направлена на
развитие новых продуктов
для существующих рын-
ков или на предложение
дифференцированных
продуктов.
– Стратегия диверсифика-
ции.

Profit	**Прибыль**

P. wird als Sammelbegriff für
→ Zinsen auf das eingesetzte
→ Kapital, Unternehmerlohn
und Unternehmergewinn verwendet. Nach der marxisti-
schen Theorie ist der P. eine
Form des Mehrwertes.

Понятие п. употребляется
как сводное понятие процентов вложенного капитала,
доходов предпринимателя и
предпринимательской при-
были. По марксистской теории, п. является формой при-
бавочной стоимости.

Profit Center	Центр прибыли
P.C. sind relativ autonome Teilbereiche eines → Unternehmens, für die ein „eigener Periodenerfolg" ermittelt wird. Der Vorteil dieser Organisationsstruktur besteht in der hohen Motivationswirkung auf die Leiter eines P.C. Sie orientieren sich wie selbständige → Unternehmer am → Gewinn.	Ц.п.-это автономные, относительно самостоятельные сферы предприятия, для которых выявляется „свой экономический успех периода". Преимущество такой организационной структуры состоит в большей стимуляции руководителей ц.п. Они как и самостоятельные предприниматели ориентируются на прибыль.

Prokura	Общая доверенность
P. ist eine besonders umfangreiche Art der Handlungsvollmacht, die zur Eintragung ins Handelsregister anzumelden ist und den Prokuristen zu allen gerichtlichen und außergerichtlichen Geschäften ermächtigt, die ein Handelsgewerbe mit sich bringt.	О.д. – это особенно обширный вид полномочий на ведение торговых операций, которую необходимо регистрировать в торговом реестре и которая даёт прокуристу полномочия на все дела на суде и вне его, связанные с коммерческой деятельностью.

Promotions	Промошен
→ Verkaufsförderung	Стимулирование сбыта

Provision	Комиссионное вознаграждение
P. ist eine Zahlung für geleistete Dienste, die meist in Prozent des Wertes einer Sache	К.в. – это платёж за услуги, который чаще всего выражается в процентах стоимости

ausgedrückt wird. Der Anspruch auf P. ist für Kaufleute und kaufmännische Hilfspersonen sowie für Handelsgeschäfte besonders geregelt. Dabei gilt der Grundsatz, daß Kaufleute, die in Ausübung ihres Handelsgewerbes einem anderen Geschäfte besorgen oder Dienste leisten, ohne Verabredung eine P. fordern können.

одного дела. Претензия на к.в. особенно регламентирована для коммерсантов, коммерческого вспомогательного персонала, а также для торговых операций. При этом действует принцип, что коммерсанты, которые в ходе своей коммерческой деятельности дают другому коммерсанту возможность на сделку или оказывают ему услугу, могут без договорённости требовать к.в..

Public Relations (PR) — Паблик рилэйшнз

P.R. ist ein Komplex von Maßnahmen der Öffentlichkeitsarbeit, mit denen sich ein → Unternehmen um das Vertrauen der Öffentlichkeit, bei → Kunden, Mitarbeitern und Geschäftsfreunden bemüht. „Tue Gutes – und rede darüber!" Dieses Sprichwort erfaßt den Sinn und die Aufgaben von P.R. Es setzt im Unternehmen eine neue Bewußtseinshaltung voraus, nach der ein Unternehmen nicht nur eine gewinnbringende Produktionsstätte ist, sondern als Gemeinwesen auch soziale und Umweltaufgaben zu erfüllen hat. Mitarbeiter und Öffentlichkeit werden zunehmend kritischer und wollen ausreichend, ehrlich, klar und offen informiert,

П.р. – это комплекс мероприятий по организации широкой коммуникации, которым предприятие старается достичь доверия общественности, клиентов, сотрудников и партнёров. „Делай хорошее – и говори об этом!" – эта пословица хорошо охватывает смысл и задачи п.р.. П.р. требует на предприятии нового сознания, что предприятие – это не только прибыльное производство, но и как социальная система должно выполнять социальные задачи и задачи охраны окружающей среды. Сотрудники и общественность становятся более критичными и хотят полной, честной, ясной и

überzeugt und gewonnen werden. P.R. ist zwar Sache der Unternehmensleitung, gleichzeitig aber trägt jeder Mitarbeiter durch sein Verhalten zum Ruf des Unternehmens bei.

гласной информации для того, чтобы быть убеждёнными и заинтересованными. П.р., прежде всего, дело руководства предприятия, но в то же время, каждый сотрудник влияет на репутацию предприятия.

R

R. sind Abschläge auf den Absatzpreis, die dem Käufer von → Produkten und Dienstleistungen von Verkäufern eingeräumt werden. Der R. ist demnach eine Preisvergünstigung. In Abhängigkeit von den Motiven des Verkäufers unterscheidet man folgende Rabattarten:
- Mengenrabatte verfolgen das Ziel, den → Kunden zur Bestellung größerer Auftragsmengen zu veranlassen.
- Treuerabatte knüpfen an die vorangegangene Dauer der Geschäftsbeziehungen an und sollen den Kunden auch künftig an die Lieferfirma binden.
- Einführungsrabatte fördern die Produktionseinführung.
- Auslaufrabatte dienen der Lagerräumung auslaufender → Waren.
- Funktionsrabatte werden den Groß- und Einzelhandelsbetrieben als Entgelt für die übernommenen Handelsfunktionen gewährt.
- Personalrabatte erhalten Angehörige des → Unternehmens.

С.с ц. – это та скидка с продажной цены продуктов или услуг, которую дают продавцы покупателям. Т.е. эта скидка делает цену более выгодной. В зависимости от того, какие цели преследует продавец, различают следующие виды таких скидок:
- С.с ц. за количество, преследующая цель, спровоцировать покупателя купить большее количество товара.
- С.с ц., предоставляемая за длительные деловые связи, связывающая клиентов с фирмами-поставщиками на долговременную совместную работу.
- С.с ц. за внедрение, стимулирующая внедрение производства.
- С.с ц. за снятие с производства, служащая для освобождения складов от устаревших товаров.
- С.с ц. за принятие на себя торговых функций, даётся

оптовым или частным тор-
говцам за выполнение
функций, связанных с про-
дажей.
– С.с ц. персоналу, она
даётся работникам пред-
приятия.

Rationalisierung

Mit R. bezeichnet man allgemein Maßnahmen, die der
Verwirklichung des → Ratio-
nalprinzips dienen und eine
Steigerung der Wirtschaftlichkeit zum Ziel haben. Im Ar-
beitsprozeß steht die R. häufig
im Mittelpunkt von Auseinan-
dersetzungen zwischen → Arbeitgebern und → Arbeitnehmern, da sie zum Verlust von
Arbeitsplätzen führt.

Рационализация

Р. называют все мероприя-
тия, направленные на осу-
ществление принципа рацио-
нальности и повышение
эффективности производ-
ства. В процессе работы р.
часто является причиной
конфликтов между работо-
дателями и работо-
получателями, т.к. она ведёт
к сокращению рабочих мест.

Rationalprinzip

R. ist ein allgemeiner Grundsatz für das Verhalten von →
Wirtschaftssubjekten in Ent-
scheidungssituationen. Das R.
kann als genereller Grundsatz
menschlichen Handelns folgendermaßen formuliert werden: „Handle stets so, daß mit
den vorhandenen knappen
Mitteln (→ Gütern) optimale
Ausprägungen der gesetzten
Ziele erreicht werden!"

Принцип рациональности

П.р. это общее выражение
поведения хозяйствующих
субъектов в условиях принятия решений. Его, как посту-
лат взаимодействия между
людьми, можно ещё сформу-
лировать так: „Действуй так,
чтобы, используя
ограниченные средства,
оптимально достигнуть
поставленной цели!".

Rechnungsabgrenzung	Разграничение учёта затрат и поступлений между смежными отчётными периодами

Die R. dient der sachlich richtigen zeitlichen Zuordnung der → Aufwendungen und → Erträge zur Ermittlung des Periodenerfolgs in der → Gewinn- und Verlustrechnung. Dabei ist so zu verfahren, daß alle Aufwendungen und Erträge, die wirtschaftlich in ein Geschäftsjahr fallen, auch in diesem erfaßt werden, unabhängig davon, ob der Zahlungsvorgang außerhalb oder innerhalb dieses Geschäftsjahres ausgeführt wurde.

Р.у.з.и... служит для упорядочения по истинному положению вещей и по времени всех доходов и затрат, для определения экономического успеха за отчётный период в расчёте прибыли и убытков. При этом, к учёту принимаются все доходы и затраты данного хозяйственного года, независимо от платёжного оборота и от того, поступали или расходовались денежные средства в этом году или нет.

Rechnungswesen, betriebliches	Заводская служба учёта и отчётности

Das b.R. umfaßt sämtliche Verfahren, mit denen alle im → Betrieb auftretenden Geld- und Leistungsströme mengen- und wertmäßig erfaßt und überwacht werden. Im einzelnen hat das b.R.
– mit Hilfe der Geschäftsbuchhaltung einen Überblick über die Vermögens- und Ertragslage zu gewähren,
– mittels → Kostenrechnung die angefallenen → Kosten aufzuzeichnen und den Stel-

З.с.у.и о. включает в себя все методы количественного и стоимостного учёта и контроля за всеми денежными и материальными потоками на предприятии. Эта служба должна:
– с помощью бухгалтерии предприятия обеспечивать представление об экономическом положении предприятия относительно его имущественного состояния и доходов,
– используя расчёт издер-

len und → Produkten zuzu-
rechnen, die sie verursacht
haben,
- das betriebliche Zahlenma-
terial mit Hilfe der Statistik
für analytische Zwecke auf-
zubereiten und
- durch die Planungsrechnung
vorausschauende Unterla-
gen für die betriebliche Planung bereitzustellen.

жек просчитывать
издержки по местам
 возникновения и по про-
дуктам,
- с помощью статистики
подготавливать весь
числовой материал для
аналитических целей,
- используя плановые
расчёты подготавливать
необходимые доку-
менты для составления
заводского плана.

Rechtsformen	Правовые формы
→ Gesellschaftsformen	Организационно-правовые формы предприятий

Reisender	Коммивояжёр

R. ist nach dem Handelsrecht
ein Angestellter eines → Unternehmens im Außendienst.
Zu den wesentlichen Aufgaben gehören:
- → Kunden und potentielle
Käufer aufzusuchen,
- Kundengespräche zu füh-
ren,
- → Produkte anzubieten,
- Bestellungen entgegenzu-
nehmen und
- Marktinformationen zu be-
schaffen.
Die Vollmachten sind unterschiedlich und werden vertraglich geregelt. R. erhalten i.d.R.

Согласно торговому кодексу
к. называют служащего
выездной службы предприя-
тия. К его основным задачам
относятся:
- посетить клиентов и
потенциальных покупате-
лей,
- завязать с клиентами пере-
говоры,
- предложить продукты,
- принять заказы,
- собирать рыночную
информацию.
Полномочия, предоставляе-
мые к., различны и обычно
оговариваются в договоре.

als Vergütung ein Gehalt als
Fixum und Umsatzprovision.

Как правило, к. получают
определённый оклад и
комиссионные с оборота.

Relaunch	Обновление продажных свойств продукта

R. bedeutet „wieder in Gang
bringen". Durch Veränderungen an einem wenig erfolgrei-
chen oder veralteten → Produkt soll dieses den Kunden-
wünschen angepaßt und wieder marktfähig gemacht werden.

О.п.с.п. означает „снова при-
водить в действие". Путём
некоторых изменений, уста-
ревшие или не
пользующиеся спросом про-
дукты, обретают новые
качества, удовлетворяющие
клиентов и становятся вновь
жизнеспособными на рынке.

Rendite	Рендиты

Als R. bezeichnet man den
jährlichen Gesamtertrag eines
angelegten → Kapitals, ausgedrückt in % zum Kapital.

Р. обозначают общий годо-
вой доход вложенного капитала, выраженный в процен-
тах к капиталу.

Rentabilität	Рентабельность

R. ist das in Prozenten ausgedrückte Verhältnis zwischen
erzieltem → Gewinn und ein-
gesetztem → Kapital in einem
Zeitabschnitt. Wer sein Geld
in ein → Unternehmen steckt,
fragt danach, ob es sich lohnt.
Der Einzelunternehmer will
ebenso wie der Groß- und
Kleinaktionär wissen, wie hoch
die Eigenkapitalrentabilität als

Р.- это выраженное в про-
центах отношение
полученной прибыли к вло-
женному капиталу в опре-
делённый промежуток вре-
мени. Тот, кто вкладывает
свои деньги в какое-либо
предприятие, спрашивает,
было ли это выгодно.
Частный предприниматель,
так же как и мелкий или

Verhältnis von Gewinn zu haftendem → Eigenkapital ist. Wenn diese geringer ist als die Verzinsung von Rentenpapieren, wird der Kapitalanleger nach attraktiveren Varianten der Kapitalanlage suchen. Langfristig muß demnach die Eigenkapitalrentabilität höher sein als die Verzinsung des eingesetzten → Fremdkapitals. Die Gesamtkapitalrentabilität GKR (Unternehmensrentabilität) ergibt sich aus:

$$GKR =$$

$$\frac{\text{Reingewinn} + \text{Fremdkapitalzinsen}}{\text{Eigenkapital} + \text{Fremdkapital}} \cdot 100$$

Bezieht man den Gewinn auf den → Umsatz, so erhält man die Umsatzrentabilität UR:

$$UR = \frac{\text{Gewinn}}{\text{Umsatz}} \cdot 100$$

крупный акционер, хочет знать, насколько высока р. собственного капитала, определяемая как отношение полученной прибыли к вложенному собственному капиталу. Если оно меньше, чем проценты от ценных бумаг, то вкладчик будет искать более аттрактивные варианты вложения капитала. Важно, чтобы р. собственного капитала в течении долгого времени была выше, чем проценты, начисляемые на заёмный капитал. Общая р. капитала GKR (р. всего предприятия), вычисляется по следующей формуле:

$$GKR=$$

$$\frac{\text{чистая прибыль} + \text{проценты на заёмный капитал}}{\text{собственный капитал} + \text{заёмный капитал}} \cdot 100$$

Если прибыль относить к обороту, то можно вычислить р. оборота:

$$UR = \frac{\text{прибыль}}{\text{оборот}} \cdot 100$$

Rente

R. ist der Sammelbegriff für
→ Einkommen aus Kapitalver-
mögen (→ Zinsen) und aus
Grund und Boden sowie die
regelmäßig wiederkehrende
Zahlung an Versicherte.

Рента

Р. представляет собой
обобщённое понятие дохода
из объёма капитала (про-
центы), от земельной соб-
ственности, а также от
постоянно выплачиваемых
страховок.

Return on Investment

R.o.I. bedeutet Rückfluß des
investierten → Kapitals und
zählt zu den Verfahren der
Rentabilitätsrechnung. In ein-
fachster Form wird der erwartete Jahresgewinn alternativer
Investitionsprojekte ins Verhältnis zum investierten Kapital gesetzt. Unter Berücksichtigung des → Umsatzes kann
das Verfahren aufschlußrei-
cher gemacht werden:

$$R.o.I. = \frac{Gewinn}{Umsatz} \cdot$$

$$\frac{Umsatz}{investiertes\ Kapital} \cdot 100$$

Der erste Faktor entspricht der
Umsatzrentabilität, der zweite
der Umschlaghäufigkeit des investierten Kapitals. Um die
Vorteilhaftigkeit einer → Investition feststellen zu können,
wird ihre → Rentabilität mit
der vom Investor geforderten

Ретёрн он инвестмент

Р.о.и. обозначает возвращение вложенного капитала и
относится к методам расчёта
рентабельности. В простейшем случае, ожидаемую
годовую прибыль альтерна-
тивного инвестиционного
проекта относят к вложен-
ному капиталу. С учётом оборота этот метод будет более
показательным.

$$R.o.I. = \frac{прибыль}{оборот} \cdot$$

$$\frac{оборот}{инвестируемый\ капитал} \cdot 100$$

Первый фактор характери-
зует рентабельность обо-
рота, второй –
оборачиваемость инвестиру-
емого капитала. Для того,
чтобы установить преиму-
щества той или иной инве-
стиции, её рентабельность

Mindestrendite verglichen. Liegt die errechnete Rentabilität darüber, so ist die Investition zu befürworten.

сравнивают с требуемой от инвестора минимальной рендитой. Если рассчитанная рентабельность больше, то инвестицию можно рекомендовать к проведению.

Rezession / Рецессия

Mit R. bezeichnet man die Konjunkturphase des wirtschaftlichen Rückganges. Sie ist gekennzeichnet durch Produktions- und Absatzrückgang, höhere Arbeitslosigkeit, Gewinn- und Lohnverminderungen, sinkende Zinssätze und Aktienkurse und in der Folge durch Rückgang des Sozialprodukts.

Р. обозначает коньюнктурную фазу экономического спада. Она характеризуется спадом производста и сбыта, высокой безработицей, уменьшением прибылей и заработной платы, пониженными процентными ставками и курсами акций и, в итоге, уменьшенным социальным продуктом.

Risikoanalyse / Анализ риска

Die R. ist eine Methode zur Abschätzung der Auswirkung von Unsicherheiten in den Daten einer → Investitionsrechnung. Sie baut auf der Wahrscheinlichkeitsrechnung auf und geht von dem Grundgedanken aus, bei unsicheren Eingangsdaten anstelle von festen Zahlenwerten mit Wahrscheinlichkeitsverteilungen zu arbeiten.

А.р. представляет собой метод оценки влияния ненадёжности расчётных данных на определение эффективности капиталовложений. Он основан на теории вероятности и его основной мыслью является работа с распределением вероятностей вместо конкретных цифр при недостаточной надёжности данных.

Rohgewinn	Валовая прибыль
Der Begriff R. wird in Handelsbetrieben als positive Differenz zwischen Verkaufspreisen und Einstandspreisen einer → Ware verwendet. Wird der R. in Prozenten zum Einstandspreis ausgedrückt, entspricht er dem Kalkulationszuschlag in der Warenkalkulation.	Понятие в.п. в торговых организациях применяется как положительная разница между продажной и покупной ценами товара. Если в.п. выражают в процентах по отношению к покупной цене, то она отвечает калькуляционной надбавке в товарной калькуляции.

Rücklagen	Отчисления в резерв
R. sind Teil des → Eigenkapitals einer Gesellschaft. Man unterscheidet in der → Bilanz offen ausgewiesene und stille Reserven. Bei → Aktiengesellschaften müssen in die gesetzliche R. solange 5 % des → Jahresüberschusses eingestellt werden, bis 10 % des Grundkapitals erreicht sind. Es können darüber hinaus freiwillige R. durch nicht ausgeschüttete → Gewinne gebildet werden. Kapitalrücklagen werden aus Kapitalzuführungen von außen gebildet. Als Gewinnrücklagen dürfen nur Beträge ausgewiesen werden, die aus dem → Ergebnis des → Unternehmens gebildet worden sind. Stille R. (stille Reserven) sind aus der Bilanz nicht ersichtlich. Sie entstehen durch Unterbewertung der → Aktiva oder Über-	О.в р. являются частью собственного капитала любого общества. В балансе различают открытые и скрытые резервы. Для акционерных обществ в резерв, предусмотренный законодательством, должны отчисляться 5 % от годового избытка до тех пор, пока его сумма не достигнет 10 % основного капитала. Кроме того, могут быть образованы и другие резервы из невыплачиваемой балансовой прибыли. О.в р. капитала образуются из внешних поступлений. Резерв прибыли разрешается создавать только из частей прибыли хозяйственной деятельности предприятия. Скрытые резервы не видны из баланса. Они возникают при

bewertung der → Passiva. Damit werden die tatsächlichen Vermögenswerte des Unternehmens verschleiert.

занижении оценки активов или при завышении пассивов. Тем самым скрывается действительная стоимость имущества предприятия.

Rückstellungen	Отчисления в резервный фонд

R. sind Passivposten der → Bilanz, die der periodengerechten Abgrenzung bestimmter → Aufwendungen dienen. Sie werden gebildet für künftige Verpflichtungen und Aufwendungen, die zwar am Bilanzstichtag bereits verursacht sind, deren Höhe oder Eintritt aber noch ungewiß sind. Das betrifft zum Beispiel R. für Altersversorgung, laufende Prozesse, Gewährleistungen, unterlassene Instandhaltung. Dazu zählen auch drohende → Verluste aus schwebenden Geschäften.

О.в р.ф. представляют собой статью пассивов баланса, которая служит для разграничения определённых затрат по периодам. Его образуют для оплаты будущих обязательств и затрат, которые уже произведены на день составления баланса, но величина и срок платежа которых ещё не известны. Это касается, например, о.в р. ф. для пенсионного обеспечения, идущих процессов, гарантий, непроведённых текущих ремонтов. К этому также относятся возможные потери из рискованных сделок.

S

S. sind der materielle Teil des → Anlagevermögens eines → Unternehmens. Zu ihnen zählen:
- Grundstücke und Bauten auf fremden Grundstücken,
- Maschinen und technische Anlagen,
- andere Anlagen, Betriebs- und Geschäftsausstattungen,
- geleistete Anzahlungen auf S. und Anlagen, die sich im Bau befinden.

С.и о.
являются материальной составляющей имущества предприятия. К ним относятся:
- земельные участки и здания на чужих земельных участках,
- машины и техническое оборудование,
- прочее оборудование, заводской и конторский инвентарь,
- произведённые оплаты на строящиеся с.и о.

Der amerikanische Begriff S.P. wird als Sammelbegriff für eine Vielzahl von kommunikativen Maßnahmen angewendet, die kurzfristig den → Absatz eines → Produktes beeinflussen sollen. Während die klassische → Werbung verkaufsvorbereitend wirkt, soll mit Maßnahmen der S.P. der → Kunde direkt beeinflußt werden, seinen Kaufentscheid

Американское понятие с.п. применяется как общий термин для большого количества коммуникативных мероприятий, целью которого является краткосрочно повлиять на сбыт продукта. Если классическая вербовка имеет подготовительные функции для продажи, мероприятия с.п. должны непосредственно

zu treffen. Hinsichtlich der Zielgruppen der → Verkaufsförderung unterscheidet man:
- Handelspromotion. Dazu zählen verkaufsfördernde Maßnahmen, die sich unmittelbar an den → Handel als Abnehmer wenden wie Ausbildung und Schulung der Händler, Aufstellungen von Displays (Verkaufshilfen), Gestaltung von Verkaufsflächen, Verkaufsaktionen.
- Verbraucherpromotion. Mit dieser Form der Verkaufsförderung sollen die Endverbraucher schnell auf bestimmte Produkte aufmerksam gemacht werden. Durch einen körperlichen Kontakt zwischen Verbraucher und Produkt (Produktproben, Preisausschreiben) soll es zu einer aktiven Auseinandersetzung mit dem Produkt kommen. Zusätzliche Anreize und besondere Vorteile beim sofortigen Kauf des Produktes durch Sonderpreisaktionen, Verlosungen und spezielle Preisausschreiben werden auf vielfältige Weise praktiziert.
- Außendienstpromotion. Maßnahmen dieser Art richten sich besonders auf die Fähigkeit und → Motivation der Außendienstmitarbeiter, die Käufer persönlich über ein → Angebot zu informieren, von der Qualität-

влиять на решение клиентов совершить покупку. Относительно целевых групп покупателей различают:
- Торговые промошен. К ним относятся мероприятия, стимулирующие продажу, которые обращены непосредственно к торговле как приёмщику товаров. Это касается мероприятий, таких как повышение квалификации и учёба торговцев, предоставление выставочных средств для презентации товаров, оформление торговых залов, проведение акций по продаже.
- Потребительские промошен. Такой формой стимулирования продажи должно быть быстро привлечено внимание конечных потребителей к определённым продуктам. Путём непосредственного контакта потребителя и продукта (пробами, объявлением цен) должно возникнуть интенсивное взаимодействие потребителя с продуктом. Практикуются всевозможные дополнительные приёмы для возбуждения заинтересованности покупателей в немедленной покупке, с помощью кампаний снижения цен, розыгрышей и специальных выигрышей.

des Produktes zu überzeugen und hinsichtlich der Verwendung und Auswahl sachkundig zu beraten, so daß es zu einem Kaufabschluß kommt.

– Промошен выездных служб. Мероприятия этого вида направлены на повышение способностей работников выездных служб лично информировать клиентов о предлагаемых продуктах, убеждать в их качестве, умело консультировать о возможностях их применения и выгодах и, наконец, добится заключения контракта.

Sanierung

Санирование

S. ist ein Verfahren mit dem Ziel, die Existenz eines ertragsschwachen und finanziell angeschlagenen → Unternehmens zu sichern. Ein Sanierungsverfahren ist dann zu empfehlen, wenn einzelne Teile eines Unternehmens noch rentabel arbeiten oder in absehbarer Zeit wieder rentabel sein können. Sanierungsmaßnahmen, insbesondere die Zuführung neuen → Eigenkapitals, sollen das Unternehmen vor dem Zusammenbruch bewahren und seine Leistungsfähigkeit wieder herstellen. Sanierungsmaßnahmen umfassen i.d.R. Veränderungen der Unternehmensorganisation und des gesamten → Managements, des Produktpro-

С. – это метод управления, имеющий цель обеспечить эксистенцию экономически слабого предприятия с малым доходом и испытывающего финансовые затруднения. Метод с. можно рекомендовать тогда, когда отдельные части предприятия ещё работают рентабельно или смогут так работать в недалёком будущем. Мероприятия с., в особенности привлечение новых, собственных капиталов, должны удержать предприятие от краха и восстановить его экономическую работоспособность. Мероприятия с. включают в себя, как правило, изменения организации предприятия и общего

gramms, der Beschaffungs-, Fertigungs-, Absatz- und Personalwirtschaft. Die S. zählt zu den wichtigsten Voraussetzungen für die Umwandlung ehemals zentral geleiteter staatlicher → Betriebe in private Unternehmen der → Marktwirtschaft.

менеджмента, производственной программы, снабженческого, сбытового, производственного и персонального хозяйства. С. является важнейшей предпосылкой для перехода ранее центрально руководимого государственного предприятия в частное предприятие в условиях рыночной экономики.

Satzung

Устав

Die S. ist die schriftlich niedergelegte Verfassung eines rechtlichen Zusammenschlusses, die öffentlich beurkundet wurde. Sie enthält alle Rechtsvorschriften, die für die jeweilige Gesellschaft zwingend sind. Bei → Kapitalgesellschaften umfaßt die S. beispielsweise die → Firma, den Sitz der Gesellschaft, Art der → Aktien bzw. der Geschäftsanteile (→ GmbH), die Höhe des → Grund- oder → Stammkapitals, Ausgabe und Nennbetrag der Aktien, Befugnisse der gewählten Organe. Die S. wird durch die → Hauptversammlung bestätigt und kann nur mit Dreiviertelmehrheit geändert werden. Sie wird bei Kapitalgesellschaften als Gesellschaftsvertrag bezeichnet.

У. представляет собой письменно представленную конституцию правового объединения, которую представляют на освидетельствование общественности. В ней представлены все правовые предписания, касающиеся данного общества. Для капиталообществ в у. входят, например, название фирмы, её местоположение, вид акций или доли участия в предприятии (для обществ с ограниченной ответственностью), величина основного или уставного капитала, выпуск и номинальная стоимость акций, полномочия выбранных органов. У. подтверждают на главном собрании и могут изменить лишь при согласии трёх четвертей голосов. Для капиталообществ у. ещё называют договором общества.

Schuldner	**Дебитор**

S. (Debitor) ist derjenige, der aufgrund eines Schuldverhältnisses verpflichtet ist, dem → Gläubiger eine → Leistung zu erbringen.

Д. это тот, кто на основании правового отношения является должником перед кредитором.

Schwarzarbeit	**Незаконное занятие каким-либо промыслом**

Unter S. versteht man eine Arbeitsleistung, die gegen Entgelt erbracht wird, ohne daß vom → Arbeitgeber → Steuern und Sozialabgaben abgeführt werden. Sie ist bei erheblichem Umfang und Gewinnsucht eine Ordnungswidrigkeit. Die S. hat in der Bundesrepublik Deutschland in den 70er Jahren stark zugenommen. Man schätzt ihren Umfang auf etwa 10 % des Sozialprodukts. Am stärksten ist sie im Handwerk und in arbeitsintensiven Dienstleistungsberufen verbreitet. Die S. führt zur „Untergrundwirtschaft", mit der der staatlichen Steuer- und Abgabenlast begegnet wird. Die amtlichen Statistiken geben durch S. ein verzerrtes Bild der Wirklichkeit wieder. Die Inflationsrate und die Arbeitslosigkeit werden tendenziell zu hoch, die → Wertschöpfung zu niedrig ausgewiesen.

Под н.з.к.-л.п. подразумевают выполненную работу за вознаграждение, без удержания со стороны работодателя налогов и социальных отчислений. Она является нарушением правопорядка, если проводится в значительном объёме и с целью получения незаконной прибыли. Н.з.к.-л.п. сильно увеличилось в ФРГ в 70-ые годы. Его величину оценивают в размере 10% социального продукта. Сильнее всего оно наблюдается в ремёслах и в наиболее трудоёмких сферах обслуживания. Это ведёт к „подпольному хозяйству", которое избегает налоговых и других отчислений государству. Административная статистика предоставляет искажённую картину действительности. Степень инфляции и безработицы предоставляется тенденцион-

но завышенной, величина
чистого продукта общества
заниженной.

S.-M. sind Punktbewertungs-
verfahren, die unterschiedliche
Einflußfaktoren so auf eine
Zielgröße reduzieren, daß eine
dimensionslose Maßzahl (Sco-
ring-Index) als Beurteilungskriterium entsteht.

М.т.с. являются методами
балльной оценки, которые
сокращают различные фак-
торы влияния до такой целевой величины, что в ка-
честве оценочного критерия
возникает безразмерный
показатель (скоринг-
индекс).

S. sind die Gesamtheit aller →
Kosten, die bei der Erstellung
und beim Verkauf eines →
Produkts oder einer Dienstleistung anfallen. Sie dienen insbesondere der Ermittlung von
Preisuntergrenzen. In Ferti-
gungsbetrieben können die S.
nach folgendem Kalkulations-
schema berechnet werden:

Einzelmaterialkosten
+ Materialgemeinkosten

= Materialkosten
+ Fertigungslöhne
+ Fertigungsgemeinkosten
+ Sondereinzelkosten der Fer-
  tigung

= → Herstellungskosten
+ Vertriebsgemeinkosten

С. является совокупностью
всех издержек, воз-
никающих при производстве
и продаже каких-либо про-
дуктов или услуг. Особенно
важна с. для определения
нижнего уровня цены. На
производственных предприятиях с. можно рассчитывать
по следующей схеме:

единичные материальные
издержки
+ общие издержки на мате-
  риал

= издержки на материал
+ заработная плата за производственную работу
+ общие производственные
  издержки

+ Sondereinzelkosten des Vertriebs
+ Verwaltungsgemeinkosten

= Selbstkosten
In Handelsbetrieben können die S. wie folgt ermittelt werden:
    Warenpreis
−   → Rabatt, → Skonto, Preisnachlässe

= Einkaufspreis
+ Bezugskosten
+ → Zölle und → Abgaben
+ sonstige direkte Beschaffungsspesen

= Einstandswert (Einstandspreis)
+ Lagerkosten
+ Verwaltungskosten ⎱ Handels-
+ Vertriebskosten ⎰ kosten

= Selbstkosten

+ особые единичные издержки производства

= издержки на производство
+ общие издержки на сбыт
+ особые единичные издержки на сбыт
+ общие издержки на управление

= себестоимость
В торговых организациях с. можно рассчитать так:
    цена товара
−   сконто, различные скидки с цены

= закупочная цена
+ транспортно-поставочные издержки
+ таможенные пошлины и отчисления
+ прочие прямые накладные издержки на приобретение

= покупная цена
+ издержки на содержание складских запасов
+ издержки на управление ⎱ торговые
+ издержки на продажу ⎰ издержки

= себестоимость

Sensitivitätsanalysen

Sie dienen der Untersuchung der Auswirkungen von Datenänderungen auf das rechnerische → Ergebnis von Planungsmodellen. S. sind geeig-

Анализы чувствительности

Они служат для исследования влияния изменения данных на расчётный результат плановых моделей. А.ч. подходят, когда нет уверенности

net, dem Umstand Rechnung zu tragen, daß die Inputdaten z.B. bei Investitionsberechnungen unsicher sind. Sie ermöglichen zwei Fragen zu beantworten:

1. Wie weit dürfen bestimmte Inputdaten sich ändern, ohne daß die errechnete Vorteilhaftigkeit einer → Investition in Zweifel gezogen wird?

2. Wie ändert sich das Beurteilungskriterium (z.B. der → Kapitalwert) einer Investition, wenn die Inputdaten in bestimmten Grenzen variiert werden (wenn z.B. die Absatzmenge um 10 %, die → variablen Kosten um 2 % steigen und der Preis um 3 % zurückgeht)?

в исходных данных, например, при расчёте капиталовложений. Они дают возможность ответить на два вопроса:

1. Насколько могут изменяться вводимые данные, чтобы ещё сохранилась уверенность в расчётном преимуществе данного капиталовложения.

2. Как изменится оценочный критерий (напрмер, стоимость капитала) капиталовложения, если вводимые данные будут варьировать в определённых границах (если, например, объём сбыта изменится на 10 %, переменные издержки возрастут на 2 % и цена снизится на 3 %)?

Service	Сервис
→ Kundendienst	С.- это консультативная служба по оказанию услуг покупателям.

Skonto	Сконто
Unter einem S. versteht man einen Preisnachlaß, der gefordert oder gewährt wird, wenn der Abnehmer eine Rechnung vor dem Zeitpunkt, zu dem er zur Zahlung verpflichtet ist, bezahlt. S. wird oft gestaffelt	Под с.понимают скидку с цены, которую требуют или предлагают, если покупатель оплачивает счёт до того момента времени, когда он обязан это сделать. Часто с. предоставляют с дифферен-

gewährt, z.B. „zahlbar in 3 Monaten netto, binnen 1 Monat 2 %, binnen 10 Tagen 3 % Skonto.“

цированным, процентом, например, „счёт подлежащий оплате за 3 месяца нетто, за 1 месяц имеет 2 %, за 10 дней 3 % скидки с цены.“

Stagflation	Стагфляция

S. ist die Bezeichnung für eine wirtschaftliche Entwicklung, die zuerst in den USA und Großbritannien, dann auch 1971 in der Bundesrepublik Deutschland bemerkbar wurde. Dieser wirtschaftspolitische Zustand ist charakterisiert durch ein Nebeneinander von stagnierender oder sogar abnehmender Produktion und anhaltend kräftigem Preisauftrieb. Die OECD definiert S. als eine Phase „fortgesetzter → Inflation unter Bedingungen stagnierender Erzeugung und wachsender Arbeitslosigkeit.“ Über die tieferen gesellschaftlichen Ursachen gibt es unterschiedliche Meinungen. Genannt werden vor allem zwei Ursachenkomplexe:

1. Der sich erweiternde Spielraum für das preisstrategische Verhalten bei den Anbietern. Die Preise steigen nicht, weil die → Nachfrage größer als das → Angebot ist, sondern weil die Anbieter in der Lage sind, Kosten-

С. обозначает экономическое развитие, которое наблюдалось сначала в США и Великобритании, а в 1971 году и в ФРГ. Это политико-экономическое состояние характеризуется, наряду с застойным или даже падающим производством, установившимся сильным завышением цен. Европейское Экономическое Сообщество определяет с. как фазу „постоянной инфляции в условиях застойного производства и возрастающей безработицы“. Существуют различные мнения о глубоких общественных причинах этого. Обычно называют следующие комплексы:

1. Всё возрастающие возможности проведения стратегии цен у оферентов. Цены возрастают не по тому, что спрос превышает предложение, а в связи с тем, что оференты имеют возможность нало-

erhöhungen in den Preisen an die Abnehmer weiterzureichen. Bei den Anbietern bilden sich durch versteckte Verbandsempfehlungen und stillschweigende Aufforderungen zu Preiserhöhungen gleichgerichtete Verhaltensweisen heraus. Der fortschreitende Konzentrationsprozeß insbesondere bei den Handelsunternehmen begünstigt solche Entwicklungen.

2. Tendenzen des zunehmenden „Verteilungskampfes" um höhere Anteile an → Einkommen, → Vermögen und → Märkten, der zwischen den großen gesellschaftlichen Interessengruppen geführt wird.

жить на цены для потребителей возрастающие затраты. У оферентов вырабатывается единое поведение путём скрытых советов в отрасли и безмолвными требованиями повысить цены. Прогрессирующий процесс концентрации, особенно для торговых организаций, благоприятствует такому развитию.

2. Тенденции всё возрастающей „борьбы за перераспределение", за большие доли доходов, имущества, рынков, которая ведётся между крупными общественными группами по интересам.

Stammkapital	Уставной капитал

Mit S. bezeichnet man das Haftungskapital einer → GmbH. Das S. ist → Eigenkapital und setzt sich aus der Summe der Nennbeträge aller GmbH-Anteile, d.h. der Stammeinlagen der → Gesellschafter, zusammen. Die Mindesthöhe des S. beträgt 50 000 DM und darf nicht unterschritten werden. Bei der Gründung einer GmbH müssen mindestens 25 000 DM eingezahlt sein.

Под у.к. понимается капитал, которым несёт ответственность общество с ограниченной ответственностью. У.к. является собственным капиталом, состоящим из суммы номинальных стоимостей всех долей этого общества – уставных вкладов всех пайщиков. Минимальный размер у.к. составляет 50 000 марок. При образовании общества с ограниченной ответствен-

ностью должна быть уплачена сумма минимум 25 000 марок.

| Standortfaktoren | Факторы, влияющие на место размещения предприятия |

S. sind Tatbestände, die für die Wahl eines äußeren Standortes unter ökonomischen Aspekten maßgebend sind. Man unterscheidet:
- input-bezogene S. (Boden, Rohstoffe, Energieversorgung, Transportbedingungen, Arbeitskräftelage, staatliche und kommunale Förderbedingungen),
- throughput-bezogene S. (politische, soziale, technologische, Umweltbedingungen) und
- output-bezogene S. (Nähe zum → Absatzmarkt, Absatzorgane, Konkurrenzbedingungen, Bedingungen für die Abfallentsorgung).

Ф.в.н.м.р.п. являются критериями, влияющими на выбор месторасположения фирмы при учёте экономических аспектов. Различают:
- факторы касающиеся работы предприятия (земельные участки, сырьё, обеспечение электроэнергией, транспортные условия, наличие рабочей силы, государственные и коммунальные средства стимулирования развития),
- общие общественные и естественные факторы (политические, социальные, технологические, экологические условия),
- факторы касающиеся выпуска продукции (близость к рынкам сбыта, организация сбыта, условия конкуренции, условия для уборки и переработки отходов производства).

Stärken-/Schwächenanalyse	Анализ сильных и слабых сторон

Die S.-/S. ist eine Methode der Bewertung der Leistungsfähigkeit eines → Unternehmens aus langfristiger Sicht. Gegenstand dieser Analyse ist die Erarbeitung von Erkenntnissen über besondere Stärken und Schwächen des Unternehmens. Dabei werden diese durch Vergleiche zum wichtigsten Konkurrenten relativiert. Das bewußte Herausstellen und Bewerten dieser Einflußfaktoren verschafft Grundlagen für Unternehmensentscheidungen im strategischen Bereich. Dabei kommt es besonders darauf an, die Stärken des Unternehmens weiter auszubauen, um Synergieeffekte zu erschließen und die Wettbewerbsposition langfristig zu verbessern. Erfahrungen zeigen, daß durch das Zusammenwirken von 2 Positivfaktoren die Summe ihrer Einzeleffekte $2 + 2 > 4$ ist. Das Bewußtwerden sowohl der eigenen Fähigkeiten als auch der vorhandenen Mängel ist der erste Ansatzpunkt für strategische Arbeit.

А.с.и с.с. является методом оценки производительности работы предприятия на длительный срок. Сущностью этого анализа является разработка представлений о преимуществах и недостатках предприятия. При этом сопоставление проводят с самым сильным конкурентом. Осознанное выявление и оценка этих влияющих факторов составляет основу для принятия решений в стратегической области. При этом особое значение уделяют дальнейшему развитию сильных сторон, чтобы используя синергетические эффекты на долгое время укрепить свои позиции на рынке по отношению к конкурентам. Опыт показывает, что при совместном действии двух положительных факторов, сумма отдельных факторов равна $2 + 2 > 4$. Отдавать себе отчёт, как о своих способностях, так и о имеющихся недостатках – это и есть исходный пункт для стратегической работы.

Steuern	**Налоги**

S. sind Zwangsabgaben an den Staat (Bund, Land, Kommune), die dieser zur Finanzierung seiner vielfältigen Aufgaben von seinen Bürgern und → Unternehmen ohne Anspruch auf eine Gegenleistung erhebt. Sie schränken die freie Verfügung über das → Einkommen ein. Insbesondere die Besitzsteuern (→ Lohn-, → Einkommen-, Erbschaft- und → Vermögensteuer) dienen nicht nur dem Zweck, dem Staat Geld zur Verfügung zu stellen, sondern sie haben die Aufgabe, zu einer sozial gerechteren Verteilung des geschaffenen Sozialprodukts der Gesellschaft beizutragen. Das Ziel des sozialen Ausgleichs zwischen gut Verdienenden und sozial Schwachen soll vor allem durch die in der Lohn- und Einkommensteuer verankerte Progression erreicht werden. Dieses Ziel konkurriert allerdings mit dem Ziel, höhere → Leistungen auch besser zu honorieren. Jedes → Steuersystem und seine inhaltliche Ausgestaltung bewegt sich folglich im Spannungsfeld zwischen Leistungsorientierung und sozialer Gerechtigkeit.

Н.- это вынужденные отчисления в пользу государства (союза, земли, коммуны), которые оно использует для финансирования различных программ и которые оно взимает от своих граждан и предприятий безвозмездно. Они ограничивают свободное распоряжение доходами. Особенно н. на владение (подоходный налог, налог на заработную плату, налог на наследство и имущество), служат не только для того, чтобы предоставлять средства государству, но и для более справедливого в социальном смысле распределения в обществе совокупного социального продукта. Цель социального выравнивания между хорошо зарабатывающими и социально слабыми должна быть достигнута с помощью прогрессивного подоходного налога и н. на заработную плату. Хотя при этом эта цель конкурирует с другой целью – более производительную работу оплачивать выше. Каждая налоговая система и состав её содержания колеблются между ориентацией на производительность и социальной справедливостью.

Steuersystem	Налоговая система

Das S. umfaßt die Gesamtheit der in einem Land geltenden Einzelsteuern und gliedert diese nach logischen Zusammenhängen. Die Steuern können dabei nach verschiedenen Kriterien gegliedert werden. Geht man von den betrieblich relevanten → Steuern aus, dann lassen sich diese gliedern in Betriebsmittelsteuern, Betriebsleistungssteuern und in Ergebnissteuern. Das S. der Bundesrepublik Deutschland besteht aus etwa fünfzig verschiedenen Steuerarten und wurde seit 60 Jahren nicht mehr grundlegend verändert. Es entspricht deshalb nicht mehr in vollem Umfang den Anforderungen, die die heutige Wirtschafts- und Gesellschaftsordnung an ein modernes S. stellt.

Н.с. включает в себя все действующие в данной стране налоги и разделяет их по логической связи. При этом налоги могут разделяться по различным критериям. Если исходить из важнейших налогов для предприятия, то их можно подразделить на налоги на средства производства, на заводскую выручку и на результат хозяйственной деятельности. Н.с. ФРГ состоит примерно из пятидесяти видов налогов и она существенно не менялась в течении последних шестидесяти лет. Поэтому она не отвечает в полной мере существующим требованиям, предъявляемым экономикой и общественным порядком к современной н.с..

Stille Gesellschaft	Негласное товарищество

Die S.G. ist eine Sonderform einer Gesellschaft, in der der „stille" → Gesellschafter → Kapital in das → Unternehmen (Einzelunternehmen oder → Personengesellschaft) einbringt und dafür einen vereinbarten Gewinnanteil erhält. Er hat keinen Einfluß auf die Geschäftsführung des Unternehmens.

Н.т. представляет собой специальную форму обществ, при которой „негласный" компаньон вносит капитал в фирму (частное предприятие или товарищество) и получает за это оговорённую долю прибыли. При этом он не имеет никакого влияния на руководство предприятия.

Streckengeschäft	Торговая операция, при которой предприятие-поставщик поставляет товар непосредственно заказчику по указанию оптовой торговой организации

S. ist ein Handelsgeschäft, bei dem der Großhändler lediglich als Vermittler einer Kaufhandlung auftritt. Bei dieser Form der → Distribution wird die → Ware direkt vom Hersteller unter Umgehung des Großhandels an den → Kunden geliefert. Der Großhandel hat nur eine disponierende Funktion, da die Abwicklung der Aufträge, der Rechnungen und der Bezahlungen über ihn läuft. Verbreitet ist die Anwendung des S. beim → Absatz von Massengütern.

При такой торговой сделке оптовая торговая организация выступает лишь в роли посредника. При этой форме распределения товары поступают непосредственно от производителя к потребителю минуя оптовую торговлю. Оптовая торговля имеет только функцию диспонирования, состоящую из оформления договоров, составления счётов и платежей и контроля за их оплатой. Такие торговые операции широко распространены при сбыте массовой продукции.

Substanzwert	Реальная стоимость имущества

Der S. ist neben dem → Ertragswert eine Wertkategorie, die bei der Bewertung eines → Unternehmens hinzugezogen wird. Bei der Berechnung des S. muß jedoch der Zweck der Bewertung eines Unternehmens berücksichtigt werden. Soll ein Unternehmen liqui-

Наряду с чистой доходной стоимостью р.с.и. является категорией стоимости, которая применяется при оценке предприятий. Но при расчёте р.с.и. должна быть учтена цель оценки предприятия. Если предприятие должно быть ликвидировано, то

diert werden, dann wird als S. der → Wert der verkaufsfähigen Substanz (Liquidationswert) ermittelt. Er soll angeben, welche Nettoeinnahmen bei einer → Liquidation erzielt werden können. Stellt sich die Frage, ein Unternehmen neu zu errichten, dann gilt es, den S. als Reproduktionswert zu ermitteln. In diesem Fall soll der S. angeben, wieviel → Kapital erforderlich würde, wenn das Unternehmen wieder hergestellt werden soll.

р.с.и. должна быть рассчитана как стоимость способных к продаже субстанций (ликвидационная стоимость). Она должна дать ответ на вопрос, какой доход нетто может быть получен при ликвидации. Если стоит вопрос о обновлении предприятия, то р.с.и. следует оценивать как стоимость воспроизводства. В этом случае р.с.и. должна давать представление о том, какой капитал будет необходим, чтобы восстановить предприятие.

Subvention / Субвенция

Eine S. ist eine einmalige oder fortlaufende Unterstützungszahlung, die → Unternehmen, Wirtschaftszweigen oder → Haushalten vom Staat gewährt wird. Ziel der Subventionspolitik ist es, notwendige Strukturveränderungen in der → Wirtschaft staatlich zu unterstützen und zeitlich zu strecken, um damit soziale Härten zu mindern. S. sind i.d.R. Anpassungshilfen und deshalb zeitlich befristet. Die Anwendung von S., vor allem von Erhaltungssubventionen, ist umstritten, denn sie verzerren den Wettbewerb und können unternehmerische Eigeninitiative behindern.

С.- это одноразовая или многократная денежная помощь государства предприятиям, отраслям промышленности или домашним хозяйствам. Целью субвенционной политики является поддержка необходимых изменений структур экономики и растяжение их во времени, чтобы тем самым снизить социальную напряжённость. С.,как правило, являются помощью для приспособления к соответствующим экономическим условиям и поэтому имеют временный характер. Применение с., особенно для сохранения предприятий, подлежит оспа-

риванию, так как искажает
рыночное соревнование и
может помешать прояв-
лению собственной пред-
принимательской инициа-
тивы.

T

Tarif	Тариф
T. ist die Angabe eines meist in Tabellenform dargestellten → Preises, der für eine → Leistung zu zahlen ist. Dazu zählen z.B. Eisenbahn-, Lohn- und Steuertarife.	T. представляет собой перечень, обычно составленный в форме таблиц, существующих цен за выполнение определённых услуг. К ним относятся, например, железнодорожный и налоговый тарифы и т. заработной платы.

Tarifautonomie	Тарифная автономия
T. ist das durch Artikel 9 des Grundgesetzes der Bundesrepublik Deutschland gewährleistete Recht der Tarifparteien, d.h. der → Arbeitgeberverbände und der Gewerkschaften, selbständig und ohne Einfluß des Staates Arbeitsbedingungen auszuhandeln. Oft wird die T. als Kernstück der → Sozialen Marktwirtschaft bezeichnet.	Согласно 9-ой статьи конституции ФРГ, т.а. является законным правом каждой из тарифных партий, т.е. профсоюзов и объединений работодателей, вырабатывать условия работы самостоятельно и без вмешательства государства. Часто т.а. называют основным положением социальной рыночной экономики.

Tarifvertrag	Тарифный договор
Im T. werden die Ergebnisse der Verhandlungen über die	В т.д. отражены результаты переговоров о минимальных

Mindestarbeitsbedingungen für einzelne Berufszweige und für einen genau festgelegten Zeitraum niedergelegt. Der T. wird allgemeinverbindlich für alle dem Verband angegliederten → Unternehmen und alle → Arbeitnehmer dieser Unternehmen abgeschlossen, unabhängig davon, ob der einzelne gewerkschaftlich organisiert ist oder nicht. Inhalt des T. können sein: → Lohn, Gehalt, Arbeitszeit, Urlaub, Kündigungsfristen, Überstunden. Während der Laufzeit des T. besteht die Friedenspflicht und die Einwirkungspflicht. Die Friedenspflicht bedeutet, daß die Tarifparteien während der Dauer des T. und während der Tarifverhandlungen nicht streiken oder aussperren, um Forderungen durchzusetzen. Die Einwirkungspflicht verpflichtet die Parteien, auf ihre Mitglieder im Sinne des T. einzuwirken.

условиях работы для каждой из отраслей экономики на определённый период времени. Т.д. действителен для всех предприятий, входящих в это объединение, и для всех работополучателей этих предприятий, независимо от того, являются они членами профсоюза или нет. Т.д. может содержать положения о заработной плате, окладах, времени работы, отпуске, сроках увольнения, сверхурочных. Во время действия т.д. партнёры обязаны соблюдать мир и содействовать выполнению этого договора. Соблюдение мира означает, что в период действия т.д. и при ведении переговоров забастовки и отстранение от работы, как средства принуждения выполнения требований, запрещены. Обязательность содействия обязывает партии влиять на своих членов в смысле выполнения т.д.

Teilkostenrechnung / Расчёт частичных издержек

Die T. zählt zu den modernen entscheidungsorientierten Systemen der → Kostenrechnung. In ihr werden – anders als in der → Vollkostenrechnung – nur ein Teil der → Kosten, nämlich die → variablen Kosten auf die

Р.ч.и. относится к современной системе расчёта издержек, ориентированной на принятие решений.В ней, в отличии от расчёта полных издержек, только часть издержек, а именно перемен-

→ Kostenträger verrechnet und für die Entscheidungsfindung herangezogen. Der Fixkostenblock bleibt i.d.R. unverteilt, es sei denn, es lassen sich Teile der → Fixkosten einem Kostenträger direkt zurechnen. Im Ergebnis der T. wird der → Deckungsbeitrag ermittelt. Er dient vor allem für absatzpolitische Entscheidungen als wichtigstes Kriterium.

ные издержки рассчитываются по объектам издержек и применяются для нахождения решения. Блок постоянных затрат остаётся, как правило, не распределённым, исключая случаи, когда части постоянных затрат можно прямо отнести к объекту издержек. В результате р.ч.и. получают величину покрытия постоянных издержек, которая является важнейшим критерием для решений политики в области сбыта.

Termingeschäft / Сделка по сроку

Ein T. ist ein → Vertrag, bei dem der → Preis heute vereinbart wird. Die beiderseitige Erfüllung erfolgt jedoch erst zu einem späteren Termin. Zwei Vertragspartner vereinbaren z. B., daß sie eine bestimmte Menge US-Dollar gegen Deutsche Mark zum heutigen → Wechselkurs (Terminkurs) tauschen werden.

С.п.с.- это договор, при котором сразу определена цена. Выполнен же договор будет обеими сторонами позже. Два партнёра могут, например, договориться, что они поменяют какую-то сумму долларов США на немецкие марки по сегодняшнему курсу.

Tochtergesellschaft / Дочернее общество

T. ist ein rechtlich selbständiges → Unternehmen, dessen → Kapital aber zum großen Teil (meist 100 %) im Besitz

Это в правовом отношении самостоятельное предприятие, чей капитал в основном (обычно на 100%) находится

der herrschenden Gesellschaft (Muttergesellschaft) ist und demnach unter ihrer einheitlichen → Leitung steht.

в собственности головного предприятия и, тем самым, под его единым управлением.

Treuhandanstalt	Государственная организация по управлению государственными предприятиями

T. ist die Kurzbezeichnung für die 1990 in Berlin gegründete „Anstalt zur treuhänderischen Verwaltung des Volkseigentums". Sie ist seit der Vereinigung Deutschlands eine der Bundesregierung direkt unterstehende Anstalt des öffentlichen Rechts unter Aufsicht des Bundesfinanzministeriums. Ihre Aufgabe besteht darin, die 8000 staatseigenen → Unternehmen und landwirtschaftlichen Produktionsgenossenschaften der ehemaligen DDR zu privatisieren, zu sanieren und notfalls zu liquidieren.

Г.о.п.у.г.п.- это обозначение основанного в 1990-ом году „учреждения по доверенному управлению народным имуществом". С момента объединения Германии оно является публично-правовым учреждением, подчиняющимся федеральному правительству, и контролируемым федеральным министерством финансов. В его функции входит санирование, приватизация и, в случае необходимости, ликвидация 8 000 государственных предприятий и сельскохозяйственных производственных кооперативов бывшей ГДР.

U

Eine Ü. liegt dann vor, wenn das → Vermögen geringer ist als die → Verbindlichkeiten. Bei → Unternehmen mit festem → Eigenkapital (→ GmbH, → Aktiengesellschaft) entsteht bei Ü. eine Unterbilanz, die den → Wert des Eigenkapitals übersteigt. Kann dieser Zustand der Ü. bei → Kapitalgesellschaften auf absehbare Zeit nicht verändert werden, so muß durch den Inhaber, → Gesellschafter oder den gesetzlichen Vertreter der Konkurs- oder Vergleichsantrag gestellt werden.

П.з. имеет место если долговые обязательства превышают имущество предприятия. Для предприятий с установленным собственным капиталом (акционерные общества, общества с ограниченной ответственностью) п.з. выражается отрицательным балансом, превышающим сумму собственного капитала. Если это положение капиталообществ не удастся изменить в ограниченный период времени, то их владельцы, или компаньоны, или законные представители должны подать заявление о банкротстве или мировой сделке.

U. sind kurzfristig gebundene Vermögensgegenstände, die nicht auf Dauer dem Geschäftsbetrieb dienen und die sich in einem → Unternehmen

И.н.о.с.- это временно связанные имущественные предметы, которые не всё время служат фирме и, как правило, оборачиваются

i.d.R. mehrmals jährlich um-
schlagen. Dazu zählen Zahlungsmittel, Vorräte an Roh-
stoffen, Hilfs- und Betriebsstoffen, unfertige und fertige
Erzeugnisse, → Forderungen,
Guthaben bei Kreditinstituten.

несколько раз в год. К ним
относятся: платёжные средства, сырьевые запасы, вспомогательные и производ-
ственные материалы, полу-
фабрикаты и готовая про-
дукция, требования и активы
в кредитных институтах.

Umsatz / Оборот

U. ist die Summe der in einer
Periode verkauften und mit ihren erzielten → Preisen bewerteten → Leistungen. Anstelle
des U.-Begriffs wird im →
Rechnungswesen auch der Begriff → Erlös bzw. Umsatzerlös
verwendet.

О. представляет собой сумму
всех проданных за опре-
делённый период времени
результатов деятельности
предприятия, оцененных реа-
лизированными ценами.
Вместо понятия о. в заводских службах учёта и
отчётности часто
пользуются понятиями
выручки или выручки с оборота.

Umsatzkostenverfahren / Расчёт прибыли на основе оборота и издержек

Das U. ist ein Verfahren der
→ Gewinn- und Verlustrechnung, bei dem die Verkaufser-
löse (Umsatzerlöse) nicht den
Gesamtkosten der Periode,
sondern den → Selbstkosten
der abgesetzten → Leistungen
gegenübergestellt werden. Be-
rechnungsschema:

Р....является одним из методов расчёта прибыли и убытков, при котором выручка от
продажи (с оборота) противопоставляется не полным
издержкам определённого
периода, а себестоимости
реализованной продукции
или услуг. Схема расчёта:

Bruttoumsatz
– Erlösschmälerungen

= Nettoerlös
– → Herstellungskosten der abgesetzten Leistungen, gegliedert nach → Kostenträgern
– volle Verwaltungs- und Vertriebskosten, gegliedert nach Kostenträgern

= → Betriebsergebnis
Als Vorteil des U. gegenüber dem → Gesamtkostenverfahren gilt, daß die Erfolgsbeiträge pro Kostenträger erkennbar sind.

оборот брутто
– потери и скидки разного вида

= доход нетто
– издержки на изготовление реализованных результатов производства, раздельно по объектам издержек
– полные издержки на управление и сбыт, раздельно по объектам издержек

= заводская прибыль
Преимущество этого метода по сравнению с расчётом прибыли на основе полных издержек состоит в том, что видно влияние на экономический успех каждого объекта издержек.

Umsatzsteuer	Налог с оборота

Die U. wird in der Bundesrepublik Deutschland und in vielen Ländern der Europäischen Gemeinschaft als sogenannte Netto-Allphasenumsatzsteuer erhoben. Das bedeutet, daß diese → Steuer auf jeder Wirtschaftsstufe von den → Unternehmern erhoben wird. Der Empfänger einer → Leistung ist allerdings berechtigt, die an den Vorlieferanten gezahlte U. als Vorsteuer bei der Berechnung seiner an das Finanzamt

Н.с о. взимается в ФРГ и многих других странах Европейского сообщества в форме, так называемого, многофазного налога с оборота нетто. Это означает, что данный налог взимается с предприятия на всех ступенях народно-хозяйственного передела. Но надо отметить, что завод-потребитель, оплатив н.с о. своему поставщику за купленные товары имеет право вычитать эту сумму из

abzuführenden Beträge abzuziehen. Das → Unternehmen zahlt also für den geschaffenen Mehrwert Steuern. Die eigentliche finanzielle Last dieser Steuerart trägt der Endverbraucher. Der allgemein gültige Steuersatz beträgt ab 1993 15 %. Beispiel zur Berechnung der Steuerschuld (Zahllast): Ein Großhändler A liefert an den Einzelhändler B → Waren zum Listenpreis von 1000 DM. Dieser verkauft sie mit einem Kalkulationsaufschlag von 30 % an seine → Kunden weiter.

Großhändler A:
Listenverkaufs-
preis   1000,00 DM
+ 15 % U.   150,00 DM

= Bruttoverkaufs-
preis   1150,00 DM

Einzelhändler B:
Bruttoeinkaufs-
preis   1150,00 DM
− U.   150,00 DM

= Nettoeinkaufs-
preis   1000,00 DM
+ Kalkulationsaufschlag
von 30 %   300,00 DM

= Listenverkaufs-
preis   1300,00 DM
+ 15 % U.   195,00 DM

= Bruttoverkaufs-
preis   1495,00 DM

своих налогов при их выплате налоговому ведомству. Таким образом, предприятие платит налоги за созданную прибавочную стоимость. В конечном итоге, финансовую нагрузку этого вида налогов несёт конечный потребитель. Начиная с 1993 года этот налог будет составлять 15 %. Пример рассчёта налогового долга (платёжного долга):Оптовый торговец А: поставляет товары розничному торговцу Б по прейскурантной цене 1000 марок. Он, в свою очередь, продаёт эти товары своим покупателям с калькуляционной надбавкой в 30 %.

Оптовый торговец А:
прейскурантная цена
                        1000,00 марок
+ 15 % н.с о.   150,00 марок

= продажная цена брутто
                        1150,00 марок
Розничный торговец Б:
закупочная цена брутто
                        1150,00 марок
− н.с о.   150,00 марок

= закупочная цена нетто
                        1000,00 марок
+ калькуляционная надбавка
30 %   300,00 марок

= прейскурантная продажная цена 1300,00 марок

Ermittlung der vom Einzelhändler an das Finanzamt abzuführenden U. (Zahllast):

U. auf den eigenen Umsatz	195,00 DM
− an A gezahlte U. (Vorsteuer)	150,00 DM
= U. auf den selbst geschaffenen Mehrwert (Zahllast)	45,00 DM

+ 15 % н.с о.   195,00 марок

= продажная цена брутто
                    1495,00 марок
Расчёт н.с о. для розничного
торговца, обязательного к
уплате налоговому ведом-
ству:

н.с о. для своего оборота	195,00 марок
− заплаченный н.с о. торговцу А (предналог)	150,00 марок
= н.с о. на собственно созданную прибавочную стоимость (платёжный долг)	45,00 марок

Unternehmen	**Предприятие**

Der Begriff U. ist in der Wirtschaftspraxis und in der → Betriebswirtschaftslehre nicht
einheitlich definiert. Weit verbreitet ist jedoch die Auffas-
sung, ein U. als technische, soziale, wirtschaftliche und rechtliche Einheit zu verstehen, die
durch drei wesentliche Merkmale charakterisiert wird:
– Fremdbedarfsdeckung,
– selbständige Entscheidungen und
– eigene Risiken.
Für U. in marktwirtschaftlichen Ordnungen ist das Auto-
nomieprinzip typisch. Dieses
Merkmal bringt zum Aus-

В учении об экономике предприятия и в хозяйственной
практике понятие п. определяют не однозначно. Наиболее широко распространено представление о п., как
об экономической,
технической и социальной
единице, которая характеризуется тремя основными признаками:
– покрытие чужого спроса,
– самостоятельное принятие
  решений,
– собственный риск.
Для п. при рыночном
хозяйстве принцип автономии является типичным.

druck, daß ein U. unter Beachtung der rechtlichen Rahmenbedingungen seine materiellen, sozialen, wirtschaftlichen und ökologischen Ziele weitgehend ohne Weisung anderer wählen kann und eigenverantwortlich plant. Private U. gehen i.d.R. vom erwerbswirtschaftlichen Prinzip aus, nach dem die Eigentümer nach maximalem → Gewinn streben. Das Merkmal eigenes Risiko wird durch den Erwartungswert möglicher → Verluste gemessen. Das größte aller Risiken eines U. ist das Absatz- oder Marktrisiko. U. und der Begriff Unternehmung werden i.d.R. synonym verwendet.

Этот критерий отражает, что любое п. может ставить перед собой материальные, социальные, экономические, экологические цели без чьих-либо указаний и под свою ответственность, при соблюдении существующих законодательных ограничений. Частные п. исходят, как правило, из промыслово-хозяйственного принципа, т.е. стремления владельцев к достижению наибольших прибылей. Принцип собственного риска измеряется ожидаемой величиной возможных потерь. Наиболее большой риск для п. связан с рыночным риском или с риском сбыта. Немецкие слова „Unternehmen" и „Unternehmung" применяются обычно как синонимы.

| Unternehmensberatung | Консультационная служба предприятия |

Die U. ist infolge der sich schnell verändernden Wirtschaftsbedingungen und des Wettbewerbsdrucks neben der Wirtschaftsprüfung und der Steuerberatung zu einer Dienstleistungsbranche herangewachsen, die aus dem Wirtschaftsleben nicht mehr wegzu-

В связи с быстро изменившимися экономическими условиями и давлением со стороны конкуренции, к.с.п., наряду с экономическим контролем и налоговыми консультациями, стала настолько важной сферой услуг, что без неё стало

denken ist. Die Aufgaben der U. sind vielfältig. Die Beratung kann praktisch alle Geschäftsfelder und → Unternehmensfunktionen umfassen und dient dem Ziel, die Wettbewerbsfähigkeit des → Unternehmens zu verbessern. Neben den klassischen Gesellschaften für U. treten auf dem → Markt zunehmend neue Anbieter auf, wie z.B.

- Wirtschaftsprüfungsgesellschaften,
- Banken,
- Versicherungen,
- Werbeagenturen,
- Consulting Engineering Firms,
- Industrieunternehmen,
- Universitäten.

Für die → Nachfrage ergibt sich aus dem umfangreichen → Angebot von Beratungsleistungen die Notwendigkeit, sich mit diesem intensiver auseinanderzusetzen.

невозможно представить экономическую жизнь. Задачи к.с.п.- многогранны. Консультации могут охватывать практически все области и функции предприятия и служить при этом цели улучшения конкурентоспособности предприятия. Наряду с классическими обществами к.с.п. на рынок всё чаще выступают новые оференты:
- общества экономического контроля (ревизии),
- банки,
- страховые агентства,
- агентства по вербовке,
- инженерные консультационные фирмы,
- промышленные предприятия,
- университеты.

Исходя из такого многообразия предложений, при определённом спросе возникает необходимость более критично вести отбор из существующего набора советчиков.

Unternehmensform	Правовая форма предприятия
→ Gesellschaftsform	Организационно – правовые формы предприятий.

Unternehmensfunktionen	Функции управления предприятием
U. dienen der Erfüllung der Aufgaben eines jeden → Unternehmens und sind nach Gesichtspunkten der Arbeitsteilung des betrieblichen Gesamtprozesses gegliedert. Nach dem eigentlichen Inhalt des Leistungsprozesses unterscheidet man die drei Hauptfunktionen: → Beschaffung, Produktion und → Absatz, die in eine mehr oder minder große Zahl von Hilfsfunktionen unterteilt werden können. Die ständige Kombination aller betrieblichen Leistungsfaktoren erfordert dispositive Tätigkeiten. Deshalb benötigt jedes Unternehmen die Leitungsfunktionen: Zielsetzung, Planung, Organisation und Kontrolle sowie die Funktionen: → Investition und → Finanzierung, Personalverwaltung, → Rechnungswesen.	Ф.у.п. служат для выполнения его задач и подразделяются на группы с точки зрения разделения труда общего заводского процесса.По существу производственного процесса различают три основные функции: закупка, производство и сбыт, которые, в свою очередь, подразделяются на большое или малое количество вспомогательных функций. Постоянная комбинация всех производственных факторов требует диспозитивной деятельности. Поэтому каждому предприятию необходимы руководящие функции определения целей, планирования, организации и контроля, а также функции инвестиции и финансирования, управления персоналом, учёта и отчётности.

Unternehmensziele	Цели предприятия
U. sind Zielsetzungen, die von den unternehmerischen Verhaltensweisen des → Managements, von den → Rechtsformen, insbesondere vom Eigentum und von den Marktbedingungen, abgeleitet werden.	Ц.п. представляют собой совокупность целей, которые формулируются на основе предпринимательской деятельности менеджмента, правовых форм и, в особенности, владения иму-

Grundsätzlich verfolgt ein → Unternehmen mehrere Ziele, zwischen denen Beziehungen bestehen. Hauptziele privater Unternehmen sind vor allem:
- Gewinn- und Rentabilitäts-streben,
- Sicherung der → Liquidität,
- Streben nach Markterweiterung,
- Streben nach Machterweiterung,
- Streben nach Erhalt und Aufbau eines bestimmten → Images.

Neben diesen wirtschaftlich geprägten U. bekennen sich immer mehr Unternehmen zu sozialen Zielen und Umweltzielen. Öffentliche Unternehmen verfolgen Ziele der Bedarfsdeckung, der Nutzenmaximierung, der Kostendeckung oder Verlustminimierung. U. werden häufig in Hauptziele, Unter- oder Teilziele gegliedert.

ществом и состояния рынка. Как правило, предприятие преследует сразу несколько целей, взаимосвязанных между собой. Главными целями частных фирм являются прежде всего:
- стремление к получению прибылей и рентабельности,
- обеспечение ликвидности,
- стремление к расширению рынка,
- стремление к увеличению экономической мощи,
- стремление к приобретению и сохранению имиджа.

Кроме этих экономических целей все большее число предприятий признает также социальные и экологические цели. Муниципальные предприятия преследуют цели удовлетворения спроса, обеспечения максимальной пользы, покрытия издержек или уменьшения потерь. Ц.п. обычно подразделяются на главные, второстепенные и подцели.

Unternehmer	Предприниматель
Der U. ist in der → Marktwirtschaft der Leiter des → Unternehmens. Im Einzelunternehmen und in der → Offenen Handelsgesellschaft ist er Eigentümer der → Produktions-	П. (бизнесмен) называют руководителя предприятия в условиях рыночной экономики. В частной фирме или открытом торговом обществе он является вла-

mittel, trägt das ganze Risiko und vereinigt die Funktionen der Kapitalaufbringung und der → Leitung in seiner Person. Dieser Unternehmertyp ist vorwiegend in Klein- und Mittelbetrieben anzutreffen. Er ist seltener geworden. Bei → Kapitalgesellschaften bringen außenstehende → Gesellschafter das → Kapital auf, während die U. angestellte → Manager des Unternehmens sind. U. sein heißt vor allem, die sich am → Markt bietenden Wachstumschancen aufzuspüren, innovatives Denken und rationales Handeln im Unternehmen durchzusetzen, neue Bezugs- und Absatzquellen zu erschließen, die Organisation des Unternehmens den Markt- und Wettbewerbsbedingungen anzupassen und die → Unternehmensziele zu verwirklichen. U. zeichnen sich besonders durch ihre Findigkeit im Aufspüren und Nutzen neuer Gewinngelegenheiten aus.

дельцем средств производства и полностью несёт предпринимательский риск, сочетая в одном лице функции руководства и обеспечения необходимым капиталом. П. такого типа характерны для мелких и средних предприятий, но в настоящее время они стали редки. Для капиталообществ капитал вносят различные участники, стоящие вне предприятия, а п. являются служащими менеджерами этих обществ. Быть п. означает, прежде всего, умение находить появляющиеся на рынке шансы роста сбыта, способность думать инновативно и внедрять дух предпринимательства (бизнеса) на предприятии, находить новые источники закупок и сбыта, приспосабливать организацию производства к изменяющимся условиям рынка и конкуренции и стремиться к достижению целей предприятия. Лучше всего п. проявляет себя в умении нахождения и использования новых возможностей получения прибыли.

Unternehmerisch handeln — **Действовать предприимчиво**

U.h. ist die Fähigkeit von Personen, ständig nach neuen,

Д.п.- это способность человека ежедневно искать

wirtschaftlich sich lohnenden Zielen und neuen verfügbaren Ressourcen Ausschau zu halten. U.h. setzt die Findigkeit voraus, bisher unbekannte, wenig oder nicht genutzte Gelegenheiten zur Gewinnerwirtschaftung aufzuspüren und konsequent zu nutzen.

новые, экономически более выгодные цели и новые, имеющиеся в наличии ресурсы. Д.п. означает проявление находчивости в применении незнакомых, мало – или неиспользованных ранее возможностей для прибыльного хозяйствования и их последовательно использовать.

V

Обязательства

V. sind Verpflichtungen eines → Unternehmens zu einer → Leistung, die nach Grund, Höhe und Fälligkeit feststehen und erzwingbar sind. V. sind Schulden. Alle am Bilanzstichtag fälligen V. müssen in der → Bilanz eines Unternehmens ausgewiesen werden. Zu den V. zählen: → Anleihen, V. gegenüber Kreditinstituten, Anzahlungen von → Kunden, Warenschulden, Schuldwechsel, V. gegenüber verbundenen Unternehmen.

О. представляют собой обязанности предприятия произвести поставки или платежи, причина, размер и срок реализации которых оговорены, и они должны быть реализованы в принудительном порядке. Таким образом, о.- это долги. Все существующие на день составления баланса о. должны быть отражены в нём. К о. относятся: заёмы, о. по отношению к кредитным институтам, задатки клиентов, товарные долги, долговые вексели, о. по отношению к взаимосвязанным предприятиям.

Расход

Der V. hat zwei verschiedene Anwendungsgebiete:
– als Konsum von → Gütern und Dienstleistungen zur unmittelbaren oder mittelbaren Befriedigung menschlicher Bedürfnisse,
– als Verwendung von Roh-,

Р. имеет две разные области применения:
– как потребление товаров и услуг для косвенного или непосредственного удовлетворения человеческих потребностей,
– как употребление сырья,

Hilfs- und Betriebsstoffen für die Produktion von Gütern.	вспомогательных и производственных материалов для производства товаров.

V. ist der Sammelbegriff für alle Steuerarten, die auf den → Verbrauch von → Gütern erhoben werden und im → Preis enthalten sind. Sie wird demnach nicht am Ort des Verbrauchs, sondern am Ort der Produktion bzw. der Einfuhr erhoben. Zu V. zählen: Mineralölsteuern, Tabaksteuer, Kaffee- und Teesteuer, Biersteuer.	Н.н.р. - это обобщённое понятие для всех видов налогов, взимающихся за потребление товаров, и которые отражены в цене. Это делается не на месте потребления, а на местах изготовления или ввоза. К н.н.р. относятся налоги на нефть, табак, кофе и чай, пиво.

V. ist die Bezeichnung für einen → Markt, der dadurch gekennzeichnet ist, daß die → Nachfrage größer ist als das → Angebot. Der Markt wird folglich vom Verkäufer beherrscht. Der → Absatz ist problemlos. Engpässe liegen in den → Unternehmen, in der Produktion, → Beschaffung und → Finanzierung. Die Marktorientierung ist von untergeordneter Bedeutung. Ein V. war in der Bundesrepublik Deutschland nach dem Kriege, zum Teil bis Ende der fünfziger Jahre, vorhanden. Die	Р.п. называют рынок, который характеризуется тем, что спрос превышает предложение. Т.е. на рынке господствуют продавцы. Сбыт не представляет никаких проблем. Узкие места существуют на предприятиях, на производстве, при его обеспечении и финансировании. Р.п. существовал в ФРГ после войны, частично до конца пятидесятых годов. Рыночная ситуация в восточно-европейских странах будет длительное время соответствовать р.п. при

Marktsituation in den osteuropäischen Ländern wird beim
Übergang zu marktwirtschaftlichen Strukturen längere Zeit
dem Wesen des V. entspre-
chen.

переходе к структурам
рыночной экономики.

Verkaufsförderung	Содействие продаже
→ Sales Promotion	Сейлс промошен

Verlust	Убыток

Der V. als Gegenstück zum →
Gewinn kennzeichnet eine
Lage des → Unternehmens, in
dem die → Aufwendungen die
→ Erträge übersteigen, bzw.
die → Kosten höher sind als
die Umsatzerlöse. V. reduzieren das → Eigenkapital. Sie ge-
fährden damit auf Dauer die
Existenz des Unternehmens.
Das Verlustrisiko ist in der →
Marktwirtschaft Teil des Un-
ternehmenswagnisses. Auftre-
tende V. sind für jedes Unternehmen ein Alarmsignal. Muß
damit gerechnet werden, daß
bestimmte Produktgruppen
dauerhaft am → Markt keine
kostendeckenden → Preise
mehr erzielen können, ist ihre
Aufgabe und die Suche nach
neuen gewinnträchtigen →
Produkten angezeigt.

У. как противоположность
прибыли отражает положе-
ние предприятия, при котором затраты превышают
доходы, а также издержки
выше выручки с оборота. У.
снижают собственный капи-
тал. У. в течении длительного времени создают угрозу
экстенции предприятия. В
условиях рыночной эконо-
мики, риск несения у. является частью общего предпри-
нимательского риска.
Появляющиеся у. должны
быть тревожным сигналом
для любого предприятия.
Следует считаться с тем, что
за определённые группы
продуктов в дальнейшем не
возможно будет установить
цены, покрывающие
издержки, поэтому нужно
заняться поиском новых при-
быльних продуктов.

Vermögen

Als V. bezeichnet man:
– die einer Privatperson gehörenden in Geld bewertbaren Sachwerte und reinen Geldwerte,
– den im Verfügungsbereich eines → Unternehmens befindlichen Bestand an Zahlungsmitteln, → Forderungen und → Beteiligungen sowie an Sachgütern.
Das V. steht auf der Aktivseite der → Bilanz. Reduziert man das V. um die → Verbindlichkeiten, erhält man das Reinvermögen.

Имущество

И. называют:
– принадлежащие какому-либо частному лицу денежные средства и реальные ценности, выраженные в денежной форме,
– находящиеся в распоряжении предприятия платёжные средства, требования, долевые участия и вещественные ценности.
И. указывается в статьях актива баланса. Если вычесть обязательства из и., то в результате останется чистая величина имущества.

Vermögensteuer

Die V. zählt zu den direkten → Steuern. Sie wird sowohl von natürlichen Personen als auch von juristischen Personen erhoben. Berechnungsbasis ist das Reinvermögen. Für natürliche Personen beträgt der Steuersatz 0,5 %, für juristische Personen 0,6 % des steuerpflichtigen → Vermögens. Bei natürlichen Personen wird je Ehepartner ein Freibetrag von 70 000 DM gewährt, der nicht versteuert wird.

Налог на имущество

Н.н.и. относится к прямым налогам. Он взимается как с физических, так и с юридических лиц. Основой для его расчёта является чистая величина имущества. Для физических лиц налоговая ставка составляет 0,5 %, для юридических 0,6 % от имущества, подлежащего налогообложению. У физического лица (в семье у каждого из супругов) имущество стоимостью до 70 000 марок не подлежит налогообложению.

Verrechnungspreis	Расчётная цена

Der V. ist ein → Preis, mit dem → Leistungen zwischen zwei → Kostenstellen oder Teilbereichen eines → Konzerns abgerechnet werden. V. werden auch zur Bewertung des Materialverbrauchs benutzt, um Marktpreisschwankungen auszuschalten. V. werden auf der Grundlage bisheriger → Marktpreise für längere Zeiträume unter Berücksichtigung erkennbarer Entwicklungstendenzen gebildet.

Р.ц.- это та цена, по которой рассчитываются между собой различные производственные участки или части одного концерна за оказанные услуги или произведённую работу. Р.ц. используется также для оценки использования материалов, чтобы не учитывать колебания рыночных цен. Р.ц. образуются на основе существующих в течении долгого времени рыночных цен с учётом наблюдающихся тенденций в развитии.

Versandhandel	Посылочная торговля

V. ist eine Form des Einzelhandels, bei der den → Kunden die → Waren nach Katalogen oder Anzeigen angeboten werden. Die Bestellung erfolgt direkt beim V. oder bei dessen Vertretern. Die Lieferung erfolgt per Post oder auf andere Weise direkt an den Besteller. Vorteile des V. sind günstige → Preise, breites → Angebot, überall erhältlich, bequemes Aussuchen zu Hause, nicht an Ladenschlußzeiten gebunden. Diesen Vorteilen stehen jedoch auch Nachteile, wie fehlender persönlicher Kontakt

П.т. является одной из форм розничной торговли, при которой товары предлагаются покупателям только с помощью каталогов или объявлений в печати. Заказы поступают прямо на фирму п.т. или через их посредников. Заказанные товары получают по почте или они доставляются покупателю прямо на дом. Преимуществами такой формы торговли являются низкие цены, большой выбор товара, всеобщая доступность, удобная воз-

zum Kunden, keine körperliche Präsentation der → Ware und hoher organisatorischer → Aufwand, gegenüber. Es wird angenommen, daß sich der → Marktanteil von etwa 5,5 % in der Bundesrepublik Deutschland nicht verändert.

можность выбора не выходя из дома, независимость от режима работы магазинов. Наряду с преимуществами существуют и недостатки: отсутствие прямого контакта с клиентами, физического контакта с товарами, высокие организационные затраты. Предполагают, что в ФРГ доля этой формы торговли неизменно составляет 5,5 % рынка.

Vertrag / Договор

Ein V. entsteht durch schriftliche oder mündliche Übereinkunft von mindestens zwei Vertragspartnern, etwas zu tun oder etwas zu unterlassen. Er kommt durch Antrag und Annahme zustande, kann aber auch durch Schweigen, z.B. beim → Kauf auf Probe, bei Schenkungen oder durch schlüssige Handlungen, z.B. durch wortlose Annahme einer angebotenen → Ware, erreicht werden. V. bedürfen keiner besonderen Form. Das Vertragsrecht basiert auf dem Grundsatz der → Vertragsfreiheit. Sie läßt den Vertragspartnern großen Spielraum für die eigenverantwortliche Regelung ihrer Angelegenheiten.

Д. возникает в результате письменной или устной договорённости минимум двух партнёров о совместном действии или бездействии. Он появляется в результате заявления и его приёма,но может быть достигнут и молча, например, при покупке на пробу, при дарении, при решительных действиях – молчаливого взятия предложенного товара. Д. не требует определённой формы. Договорное право базируется на основном положении свободы заключения договоров. Это даёт большие возможности партнёрам для самостоятельного урегулирования своих дел под свою ответственность.

Vertragsfreiheit	**Свобода заключения договоров**

Die V. garantiert das Recht der Menschen, ihre Beziehungen zueinander durch → Verträge frei und eigenverantwortlich zu regeln. Die V. als wesentliches Merkmal der → Marktwirtschaft umfaßt:
- Abschlußfreiheit. Sie geht davon aus, daß geschäftsfähige Personen ihre Vertragspartner frei wählen können.
- Inhaltsfreiheit. Danach können Verträge inhaltlich frei gestaltet werden.
- Formfreiheit. Sie bedeutet, daß Verträge keiner besonderen Form bedürfen.

С.з.д. гарантирует людям право регулировать свои отношения заключением договоров совершенно самостоятельно и под свою ответственность. С.з.д., как один из важнейших принципов рыночной экономики, включает в себя:
- Свободу выбора партнёра для заключения договора.
- Свободу содержания. В соответствии с этим, содержание договоров определяется самостоятельно.
- Свободу формы. Это означает, что договоры не требуют особой формы.

Volkswirtschaft	**Народное хозяйство**

Unter V. versteht man ein arbeitsteilig verbundenes System von Einzelwirtschaften innerhalb eines Staatsraumes mit einheitlicher Währung und deren Beziehungen und Verflechtungen untereinander.

Под н.х. понимают связанную с разделением труда комплексную систему отдельных хозяйственных единиц на территории одного государства с единой валютой, с их отношениями и переплетениями.

Vollkostenrechnung

Die V. ist ein Verfahren der → Kostenrechnung, mit dem alle → Kosten, die bei der Leistungserstellung einer Periode entstehen, auf die einzelnen → Kostenträger verrechnet werden. Wo keine direkte Zurechnung möglich ist, werden Umlagen über Bezugsgrößen gebildet. Für jeden Kostenträger wird der → Gewinn bzw. → Verlust ermittelt. Eine Auflösung der Kosten in variable und fixe Anteile unterbleibt. Gegen die V. werden häufig Einwände erhoben, die sich vor allem auf die ungenaue Kostenschlüsselung und die begrenzte Verwendbarkeit ihrer Informationen für Entscheidungen richten.

Расчёт полных издержек

Р.п.и. является одним из методов расчёта издержек, при котором все возникшие за определённый период времени издержки при производстве распределяют по продуктам и услугам. Там, где прямое распределение не возможно, приписывают издержки косвенным путём с применением раскладок. Для каждого объекта издержек рассчитывают прибыль или убыток. Разделение издержек на переменные и постоянные составляющие не производится. Против р.п.и. часто возражают, мотивируя тем, что информацию, полученную в результате этого расчёта, можно лишь ограниченно использовать для принятия решений, и что этот расчёт не даёт полного представления о возникновении издержек.

Vorstand

Дирекция акционерного общества

Der V. ist das geschäftsführende Organ eines Vereins, einer → Aktiengesellschaft, einer → Genossenschaft oder einer Stiftung. Er ist gesetzlicher Vertreter der von ihr vertretenen juristischen Person. Bei

Д.а.о.- это орган исполняющий обязанности управления какого-либо объединения, акционерного общества, товарищества или учреждения. Она является законным представителем

Aktiengesellschaften wird der
V. vom → Aufsichtsrat für
höchstens fünf Jahre gewählt.

определённого
юридического лица. В акционерных обществах дирекция
выбирается
наблюдательным советом
самое большее на пять лет.

W

Wagniskosten — Издержки риска

W. sind eine → Kostenart, die der kalkulatorischen Abrechnung möglicher auftretender Wagnisse oder Risiken dient. Zu diesen kalkulatorischen Wagnissen zählen:
- das Ausschußwagnis,
- das Bestandswagnis (Verluste durch Bestandshaltung),
- das Vertriebswagnis (ausgelöst durch Ausfälle an → Forderungen durch Warenlieferungen),
- Entwicklungswagnis (fehlgeschlagene Entwicklungsarbeiten),
- Gewährleistungswagnis (Nacharbeitungsaufwand).

И.р. представляют собой вид издержек,связанный со всевозможными возникающими рисками и учитываемыми при проведении калькуляционных расчётов. Калькуляционным риском считается:
- риск брака,
- риск хранения (потери при хранению),
- риск сбыта (возникающий при утрате требований за поставленную продукцию),
- риск развития (ошибочные решения в работах по перспективному развитию),
- риск, связанный с принятием обязательств по выдаваемым гарантиям (затраты на исправление некачественного товара).

Ware — Товар

Der Begriff W. wird im allgemeinen für alle → Güter verwendet, die auf dem → Markt

Это понятие обобщённо применяется для всех благ, предлагаемых и пользующихся

angeboten und nachgefragt werden. Nach dem Handelsrecht wird der Begriff enger gefaßt und gilt für bewegliche Sachen, die Gegenstand des Handelsverkehrs sind. Dazu zählen nicht Grundstücke.

спросом на рынке. В соответствии с торговым правом это понятие определено в более узком смысле для движимого имущества, являющегося предметом торговли. Это не относится к земельным участкам.

Wechsel / Вексель

Der W. ist ein → Wertpapier. Man unterscheidet zwei grundlegende Arten, den gezogenen und den Solawechsel. Der gezogene W. (Tratte) ist eine unbedingte Anweisung des Ausstellers an den → Schuldner (Bezogener), eine bestimmte Summe an einen Dritten (den Remittenten) zu zahlen. Der Solawechsel ist ein Zahlungsversprechen des Ausstellers, eine bestimmte Summe an einen anderen zu zahlen. Der W. ist damit ein Zahlungs- und Kreditinstrument. Die formalen Anforderungen an einen W. sind: Bezeichnung „Wechsel" im Text, die unbedingte Anweisung auf eine bestimmte Geldsumme, Name des Bezogenen, Verfallstag, Zahlungsort, Name des Remittenten, Ort und Datum der Ausstellung, Unterschrift des Ausstellers.

В. является ценной бумагой. Различают два основных вида: переводный и соло-вексель. Переводный в. (тратта) – это приказание векселедателя (трассанта) плательщику по в. (трассату) о необходимости перевода определённой суммы третьему лицу (ремитенту). Соло-вексель является платежным обещанием трассанта о выплате определённой суммы другому лицу. Таким образом, в. представляет собой инструмент платежа и кредитования. Формальные требования к в. таковы: текстовое обозначение „вексель", точное указание денежной суммы, фамилия трассата, срок платежа по в., место платежа, фамилия ремитента, дата и место выдачи в., подпись векселедателя.

Werbung	Вербовка (реклама)

Unter dem Begriff W. faßt man alle Maßnahmen zusammen, die darauf gerichtet sind, die Abnehmer mit den → Produkten eines → Unternehmens bekannt zu machen, das Kaufinteresse zu wecken und so die kaufkräftige → Nachfrage auf die eigenen Erzeugnisse hinzulenken. Mit der W. werden unterschiedliche Ziele verfolgt:
- Sie soll neue → Kunden gewinnen.
- Sie soll Stammkunden erhalten.
- Sie soll neuen Produkten den Weg zum Abnehmer bahnen.
- Sie soll neue Bedürfnisse wecken.
- Sie soll zur Verbesserung des Firmenimage und zum Aufbau einer bestimmten Marktposition beitragen.

W. ist damit unverzichtbarer Bestandteil des marktwirtschaftlichen Wettbewerbs. Im Gesetz „gegen den unlauteren Wettbewerb" sind Grundsätze festgelegt, die bei der W. einzuhalten sind. So ist festgelegt, daß die W. wahr sein muß und daß ein öffentlicher Vergleich der eigenen → Waren mit denen der Konkurrenz zum Zweck der Herabsetzung von Mitbewerbern untersagt ist.

Под понятием в. понимают все мероприятия направленные на то, чтобы ознакомить покупателей с продуктами какого-либо предприятия, пробудить у них покупательский интерес и, тем самым, управлять покупательским спросом, направляя его на собственные изделия. С помощью в. преследуют различные цели:
- выигрывать новых покупателей,
- сохранять постоянных покупателей,
- пролагать путь новым продуктам,
- пробуждать новые потребности,
- способствовать улучшению имиджа фирмы и завоеванию определённой позиции на рынке.

В. является, таким образом, неотъемлимой составной частью конкурентной борьбы в условиях рыночной экономики. По закону „против недобросовестной конкуренции" определены основные положения, которые необходимо соблюдать при всех мероприятиях проведения в. Так, например, определено, что в. должна быть правдивой и что запрещено

публично сравнивать соб-
ственный товар с товарами
конкурентов с целью их при-
нижения.

Wert	Стоимость

Der W.-Begriff wird in der
wirtschaftswissenschaftlichen
Literatur sehr unterschiedlich
interpretiert:
- Nach der Produktionsko-
  stentheorie (A. Smith) entspricht der W. der → Güter
  ihren Produktionskosten.
- Für K. Marx ist die Arbeit
  der einzige wertbildende
  Faktor.
- Nach subjektivistischen
  Werttheorien wird der W.
  der Güter aus ihrem → Ge-
  brauchswert, d.h. aus dem →
  Nutzen für die Abnehmer,
  abgeleitet.
- Andere Werttheorien versu-
  chen, den Gegensatz zwischen objektivistischer und
  subjektivistischer Betrach-
  tungsweise zu überwinden
  und die Höhe des Tausch-
  wertes aus dem funktionalen
  Zusammenhang zwischen →
  Angebot und → Nachfrage
  am → Markt abzuleiten.

Понятие с. по-разному
интерпретируется в научно-
экономической литературе:
- По теории производственных издержек (А.Смит), с.
  товара отвечает издерж-
  кам на его производство.
- Для К.Маркса единствен-
  ным фактором, опре-
  деляющим с., являлся
  живой труд.
- По субъективным тео-
  риям стоимости, она определяется потребительной
  с. товара, т.е. полезностью
  для потребителя.
- Другие теории с.
  пытаются избежать проти-
  воречия между субъек-
  тивными и объективными
  способами рассмотрения и
  определяют величину
  меновой с. из функцио-
  нальной связи между
  рыночным спросом и предложением.

Wertanalyse	Анализ стоимости

Die W. ist eine Rationalisie-
rungsmethode, mit der systematisch ermittelt werden:
- die Funktionen eines → Produktes,
- der → Wert (→ Nutzen) dieser Funktionen für den →
  Kunden und
- wie diese Funktionen am ko-
  stengünstigsten erfüllt werden können.

А.с. является методом рационализации, при котором
систематически определяют:
- каковы функции данного
  продукта,
- стоимость (полезность)
  этих функций для клиен-
  тов,
- как могут выполняться эти
  функции с наименьшими
  затратами.

Wertpapiere	Ценные бумаги

W. sind Urkunden, die ein
Recht über ein bestimmtes →
Vermögen verbriefen. Dieses
Recht kann ohne diese Urkun-
de nicht geltend gemacht werden. W. werden nach unterschiedlichen Gesichtspunkten
eingeteilt. Nach den verbrief-
ten Vermögensrechten unterscheidet man Warenwertpapie-
re, Kapitalwertpapiere und
Geldwertpapiere.

Ц.б.- это свидетельства,
дающие права на опре-
делённое имущество. Это
право недействительно без
наличия такого свидетель-
ства. Ц.б. делятся по
различным признакам. По
зафиксированному праву на
имущество различают товарные ц.б., ц.б. на капитал и
денежные ц.б.

Wertschöpfung	Величина чистого продукта

Die W. eines → Unternehmens
ist die Summe der durch die
Kombination von → Produk-
tionsfaktoren im Produktionsprozeß des Unternehmens geschaffenen Mehrwerte. Sie entspricht dem geschaffenen

В.ч.п. какого-либо предприятия – это сумма всех создан-
ных на предприятии при-
бавочных стоимостей путём
комбинации всех факторов
производственного процесса.
Она отвечает возрастающей

Wertzuwachs und damit dem Beitrag des Unternehmens zum Volkseinkommen. Die W. kann rechnerisch wie folgt ermittelt werden:

Umsatzerlöse
+ Bestandserhöhungen und aktivierte Eigenleistungen
− Einkäufe von Dritten
− Abschreibungen
───────────────
= Wertschöpfung

стоимости и, тем самым, вкладу в национальный доход. Её можно рассчитать так:

выручка от оборота
+ прирост запасов и активизированные средства собственного производства
− закупки у поставщиков
− амортизационные отчисления
───────────────
= величина чистого продукта

Wirtschaft	**Хозяйство**
W. ist dasjenige Gebiet menschlicher Tätigkeiten, das der Bedürfnisbefriedigung dient. Die W. ist das gemeinsame Untersuchungsgebiet aller Wirtschaftswissenschaften.	Это такая сфера человеческой деятельности, которая служит удовлетворению потребностей. Х. является общим объектом научных исследований всех теорий экономики.

Wirtschaftlich handeln	**Экономно хозяйствовать**
W.h. entspringt der naturgegebenen Knappheit der → Güter. Das Spannungsfeld zwischen den praktisch unbegrenzten menschlichen → Bedürfnissen und den Deckungsmöglichkeiten zwingt die Menschen zu wirtschaften, d.h. mit den vorhandenen knappen Mitteln so umzugehen, daß möglichst viele Bedürfnisse befriedigt wer-	Понятие э.х. исходит из существующей в природе ограниченности материальных благ. Постоянная напряжённость между практически неограниченными потребностями людей и возможностью удовлетворения этих потребностей заставляют людей хозяйствовать так,

den können. W.h. unterliegt
dem allgemeinen Vernunft-
prinzip (Rationalprinzip), das
fordert, ein bestimmtes Ziel
mit dem Einsatz möglichst geringer Mittel zu erreichen. Auf
die kürzeste Form gebracht ist
Wirtschaften das Entscheiden
über knappe Güter.

чтобы расходовать
имеющиеся в наличии сред-
ства таким образом, чтобы
при этом удовлетворить как
можно больше потребно-
стей. Понятие э.х. отвечает
общему принципу рацио-
нальности, суть которого
заключается в достижении
какой-либо цели с наименьшими затратами. Если фор-
мулировать кратко – э.х.
означает принимать соответственные решения по
количественно-
ограниченным товарам.

| **Wirtschaftlichkeitsprinzip** | **Принцип экономичности** |

In allgemeinster Form kann
das W. in folgender Hand-
lungsvorschrift zum Ausdruck
gebracht werden: „Entscheide
in → Betrieben stets so, daß
mit den vorhandenen knappen
Mitteln (→ Gütern) optimale
Ausprägungen der wirtschaftlichen Ziele erreicht werden!"
Dieses W. (auch als ökonomi-
sches Prinzip bezeichnet) läßt
sich mengen- und wertmäßig
formulieren. Die mengenmäßi-
ge Auslegung besagt, daß mit
einem gegebenen → Aufwand
an → Produktionsfaktoren der
größtmögliche Güterertrag zu
erzielen ist. Das entspricht
dem Maximalprinzip. Ein ge-
forderter Güterertrag kann

Сущность этого принципа
можно сформулировать в
следующем предписаний к
действию „Принимай реше-
ние на предприятии всегда
таким образом, чтобы оптимально достичь важнейших
экономических целей, рацио-
нально используя при этом
имеющиеся ограниченные
средства!". Этот п.э. можно
сформулировать
количественно и стои-
мостно. Количественное
выражение данного принци-
па: имеющимися в наличии
расходами производствен-
ных факторов стремиться к
достижению максимально
возможного товарного

aber auch mit einem geringst-
möglichen Aufwand an Pro-
duktionsfaktoren erzielt werden. Das entspricht dem Mini-
malprinzip. Die wertmäßige
Auslegung des W. verlangt, so
zu handeln, daß mit einem gegebenen Geldaufwand ein maximaler → Erlös oder → Gewinn (→ Erfolg) erwirtschaftet
wird. Bezieht man den Gewinn
auf eine spezielle Bezugsgrö-
ße, erhält man die relative
Wirtschaftlichkeit, die als →
Rentabilität bezeichnet wird.
Die wichtigsten Arten der
Rentabilität sind:

die Kapitalrentabilität =

$$\frac{\text{Gewinn}}{\text{Kapital}}$$

die Umsatzrentabilität =

$$\frac{\text{Gewinn}}{\text{Umsatz}}$$

дохода. Это отвечает принципу максимизации. Но
требуемый товарный доход
может быть получен при
наименее возможном рас-
ходе производственных факторов. Это отвечает прин-
ципу минимизации. Стои-
мостное выражение п.э.
интерпретируется так: при
имеющемся расходе денеж-
ных средств хозяйствовать
таким образом, чтобы
получать наибольшую при-
быль или выручку. Если
рассматривать прибыль по
отношению к специальной
исходной величине, то
получается показатель относительной экономичности,
который называют рента-
бельностью. Важнейшие
показатели рентабельности:

рентабельность капитала =

$$\frac{\text{прибыль}}{\text{капитал}}$$

рентабельность оборота =

$$\frac{\text{прибыль}}{\text{оборот}}$$

Wirtschaftsgüter	Материальные блага
Der Begriff W. ist für die Be-steuerung von Bedeutung und umfaßt Gegenstände, Rechte, sonstige wirtschaftliche →	Понятие м.б. имеет значение для обложения налогом и включает в себя предметы, права и прочие эко-

Werte, soweit sie beim Erwerb → Kosten verursacht haben, einer selbständigen Bewertung zugänglich sind und einen → Nutzen für mehrere Jahre erbringen.

номические ценности если их приобретение связано с издержками, если есть возможность их оценки и если они могут принести пользу в течении нескольких лет.

Wirtschaftskreislauf

Als W. bezeichnet man die ökonomischen → Leistungen und Gegenleistungen von → Wirtschaftssubjekten in ihren gegenseitigen Beziehungen. Man unterscheidet zwischen dem einfachen und erweiterten W. Der einfache W. vollzieht sich zwischen zwei Wirtschaftssubjekten als Ware-Geld-Tausch z.B. zwischen Käufer und Verkäufer. Der erweiterte W. umfaßt alle Güter- und Geldströme zwischen den Wirtschaftssubjekten einer → Volkswirtschaft, die zu folgenden fünf Wirtschaftssektoren zusammengefaßt werden können: → Unternehmen, private → Haushalte, Staat, Banken und Ausland.

Экономический цикл

Э.ц. обозначает взаимосвязанные отношения между экономическими результатами производства и встречными действиями хозяйствующих субъектов. Различают простой и расширенный э.ц. Простой э.ц. имеет место между двумя хозяйствующими субъектами как товарно-денежный обмен, например, между покупателем и продавцом. Расширенный э.ц. включает в себя все товарные и денежные потоки между хозяйствующими субъектами народного хозяйства, которые можно сгруппировать в пять основных хозяйственных секторов: предприятия, частные бюджетные учреждения, государство, банки и зарубежные страны.

Wirtschaftsplan	План экономического развития
→ Unternehmen sowie → Haushalte stellen am Beginn einer Wirtschaftsperiode nach eigenem Ermessen W. auf, in denen die wichtigsten Zielvorgaben für die beabsichtigte Produktion bzw. Konsumtion und deren → Finanzierung enthalten sind. W. der Unternehmen werden in Teilpläne untergliedert. Mit diesen werden Sollzahlen für Produktionsmengen, Lieferzeiten, Plankosten, Beschaffungsmengen, → Einnahmen, → Ausgaben usw. als Einzelziele für die Geschäftsführung vorgegeben. Ihrem Wesen nach dienen sie als Orientierung. Sie werden während und nach Ablauf einer Planungsperiode mit den erreichten Ist-Werten verglichen und den sich ändernden Markterfordernissen angepaßt.	Каждое предприятие или частное бюджетное учреждение по собственному усмотрению разрабатывает п.э.р. на хозяйственный период, где формулируются важнейшие цели относительно производства или потребления и возможности их финансирования. П.э.р.предприятия, как правило, разбивается на составные части. В них фиксируются плановые показатели относительно объёма производства, сроков поставок, плановых издержек, объёма закупок, прихода и расхода и т.д. как отдельные цели, служащие ориентиром для работы руководства. Эти показатели постоянно сравниваются с истинными значениями в течении и к концу планового периода и коррегируются с учётом требований рынка.

Wirtschaftssubjekte	Хозяйствующие субъекты
Als W. bezeichnet man jene Person oder Personengruppe, die wirtschaftliche Entscheidungen trifft. W. können demnach sein: Unternehmer, private → Haushalte, Investoren,	Х.с. называют то лицо или группу лиц, которые принимают хозяйственные решения. Поэтому х.с. могут быть: предприниматели, частные бюджетные

Konsumenten, Sparer, Produzenten.

учреждения, инвесторы,
потребители, вкладчики,
производители.

Z

Zahlungsbedingungen	Условия платежа

In den Z. erfolgt die vertragliche Festlegung:
- des Zahlungsortes, der als vertraglicher Erfüllungsort für die Bezahlung der belieferten → Güter gilt,
- des Zahlungszeitpunktes, der geregelt sein kann als Zahlung vor der Lieferung (Anzahlung), als Barzahlung oder als Kreditzahlung,
- der Zahlungsweise.

Bestandteil der Z. ist die Gewährung von → Rabatten und Skonto.

В у.п. входят следующие условия, отражённые в договоре:
- место платежа, которое является договорным местом произведения оплаты поставленной продукции,
- дата платежа, который может быть предварительным платежём, наличным платежём или кредитом,
- способ платежа.

Составной частью у.п. являются договорённости о скидках.

Zins	Процент

Als Z. bezeichnet man den → Preis, der für die Überlassung von → Kapital für einen bestimmten Zeitraum erzielt wird. In der Regel handelt es sich um Geldkapital. Aber auch beim Sachkapital spricht man von Z., z.B. beim Mietzins. Die Höhe der Z. richtet sich wie bei jedem Preis in der → Marktwirtschaft nach →

П. обозначает цену за капитал, предоставленный на определённый период времени. При этом имеется в виду прежде всего денежный капитал. Но и для вещественных ценностей говорят о п., имея в виду арендную плату. Величина п. определяется спросом и предложением, как и любая другая

Angebot und → Nachfrage. Dabei spielen jedoch die Dauer des finanziellen Engagements und die mit der Kapitalüberlassung verbundenen Risiken eine bedeutende Rolle.

цена в условиях рыночной экономики. Хотя при этом существенную роль играют продолжительность финансовой сделки и риск, связанный с предоставлением капитала.

Zoll	Таможенная пошлина

Der Z. ist eine steuerähnliche → Abgabe, die der Staat an der Grenze auf die Einfuhr, Ausfuhr oder Durchfuhr von → Waren erhebt. Er wird i.d.R. als Prozentsatz vom Warenwert berechnet. Der Einfuhrzoll verteuert die importierten Waren und wirkt so als Schutz der inländischen Produzenten vor ausländischer Konkurrenz. Durch die Wirkung des 1948 in Kraft getretenen Allgemeinen Zoll- und Handelsabkommens (GATT) wurden die Z. in der Vergangenheit wesentlich abgebaut. Stattdessen werden jedoch in großem Ausmaß einfuhrbeschränkende Methoden angewendet, die raffinierter und weniger durchschaubar sind.

Т.п. представляет собой взнос, аналогичный налогу, который взимает государство за ввоз, вывоз и провоз товаров при пересечении государственных границ. Т.п. обычно рассчитывается как определённый процент от стоимости товара. Т.п. за ввоз удорожает импортируемые товары и, тем самым, служит защитой производителей внутри страны от иностранных конкурентов. С введением в силу всеобщей договорённости о таможенных пошлинах и торговле в 1948 году, т.п. были значительно снижены. Но вместо них применяется целый ряд различных ограничений на ввоз, которые являются более завуалироваными и хитрыми.

Zusatznutzen	Добавочная полезность
Der Z. ist wichtiger Bestandteil der Nutzenerwartungen, die Käufer an ein → Produkt stellen. Angesichts des hohen Qualitätsniveaus der für gleiche Zwecke angebotenen Produkte hat der Z. für den Kaufentscheid eine immer größere Bedeutung. Der Z. eines Produktes wird durch die Produktform und Produktfarbe, d.h. durch ästhetische Merkmale, durch die Verpackung, die Kundendienstleistungen, den → Produktnamen und vor allem durch die → Zuverlässigkeit während des Gebrauchs bestimmt.	Д.п. является важной составной частью ожидаемой полезности, которую ожидает покупатель от продукта. В связи с высоким уровнем качества подобных продуктов именно д.п. играет всё более важную роль при принятии решения о покупке. Д.п. продукта определяется формой и цветом, т.е., эстетическими признаками, упаковкой и сервисом, названием продукта и, прежде всего, надёжностью в эксплуатации.

Zins	Процент
Z. ist ein Merkmal der → Produktqualität, das auf dem → Markt zum wesentlichen Verkaufsargument wird und für den Kaufentscheid der Käufer von zunehmender Bedeutung ist. Ein → Produkt wird als zuverlässig anerkannt, wenn die Wahrscheinlichkeit für das Auftreten von Fehlern während des Nutzungsprozesses innerhalb eines bestimmten Zeitraumes gering ist. Die Z. ist eine komplexe Eigenschaft und kommt in der Langlebigkeit des Produktes, in der feh-	Н. является одним из признаков качества продукта, который считается важным аргументом для продажи товара на рынке и играет всё более важную роль при принятии решения о покупке. Продукт признаётся надёжным, если вероятность появления дефекта в процессе эксплуатации в определённый период времени очень мала. Н. является комплексным свойством, определяющим долговечность продукта и проявляющимся в безде-

lerfreien Nutzung und in geringen → Kosten für Wartung
und Instandhaltung zum Ausdruck. Da die Z. zum Zeitpunkt des Vertragsabschlusses
schwer nachzuweisen ist, erhöhen viele Unternehmen als
sichtbaren Ausdruck hoher Z.
die Garantieleistungen.

фектном использовании продукта и минимальными
затратами на уход за ним и
на текущий ремонт. Так как
к моменту заключения договора трудно доказать обе-
спеченную н., то многие
предприятия увеличивают
срок гарантии, как налгляд-
ное выражении высокой н.

Literaturverzeichnis

BEA/DICHTL/SCHWEITZER: Allgemeine Betriebswirtschaftslehre, Bd. 1: Grundfragen, 4. Auflage, Gustav Fischer Verlag, Stuttgart, 1988.

BEA/DICHTL/SCHWEITZER: Allgemeine Betriebswirtschaftslehre, Bd. 3: Leistungsprozeß, 3. Auflage, Gustav Fischer Verlag, Stuttgart, 1988.

BESCHORNER/MÄRZ/PEEMÖLLER: Betriebswirtschaftslehre, 2. Auflage, VVF Verlag V. Florentz, München, 1990.

BETRIEBSWIRTSCHAFTSLEHRE DER UNTERNEHMUNG, 11. Auflage, Verlag Europa-Lehrmittel, Haan – Gruiten, 1990.

BEYER/BESTMANN: Finanzlexikon, 2. Auflage, Verlag Franz Vahlen, München, 1989.

BLOOS, J.: Marketing, Vogel Verlag, Würzburg, 1990.

GABLER KLEINES LEXIKON WIRTSCHAFT, 5. überarbeitete und erweiterte Auflage, Betriebswirtschaftlicher Verlag Dr. Th. Gabler GmbH, Wiesbaden, 1991.

GABLER WIRTSCHAFTSLEXIKON, 12. vollständig neu bearbeitete und erweiterte Auflage, Betriebswirtschaftlicher Verlag Dr. Th. Gabler GmbH, Wiesbaden, 1988.

GRUNDBEGRIFFE DER WIRTSCHAFT, 8. neubearbeitete Auflage, Erich Schmidt Verlag, Berlin, 1987.

HILL, W.: Marketing I, Unternehmung und Marketing – Marketinginformationen, 6. unveränderte Auflage, Verlag P. Haupt, Bern/Stuttgart, 1988.

KRUSE/HEUN: Betriebswirtschaftslehre – Kurzausgabe, Winklers Verlag, Gebrüder Grimm, Darmstadt, 1988.

LÜCK, W. (Hrsg.): Lexikon der Betriebswirtschaft, 4. völlig überarbeitete Auflage, verlag moderne industrie, Landsberg am Lech, 1990.

MATSCHKE, M. I.: Betriebliche Planung, Vorlesungsmanuskripte, 1990.

MEFFERT, H.: Marketing, Grundlagen der Absatzpolitik, 7. Auflage, Betriebswirtschaftlicher Verlag Dr. Th. Gabler, Wiesbaden, 1986.

OELDORF/OLFERT: Materialwirtschaft, 5. Auflage, Kiehl Verlag, Ludwigshafen (Rhein), 1987.

SCHIERENBECK, H.: Grundzüge der Betriebswirtschaftslehre, München, Wien, 1985.

SCHMALEN, H.: Grundlagen und Probleme der Betriebswirtschaft, 7. Auflage, Wirtschaftsverlag Bachem, Köln, Deutscher Verlag der Wissenschaften, Berlin, 1990.

SPECHT, O.: Betriebswirtschaft für Ingenieure + Informatiker, 2. Auflage, Kiehl Verlag, Ludwigshafen (Rhein), 1990.

WARNECKE/BULLINGER/HICHERT/VOEGELE: Kostenrechnung für Ingenieure, 3. Auflage, Carl Hauser Verlag, München, Wien, 1990.

WEIS, H. CH.: Marketing, 7. Auflage, Kiehl Verlag, Ludwigshafen (Rhein), 1990.

WIESELHUBER/TÜPFER: Strategisches Marketing, 2. Auflage, verlag moderne industrie, Landsberg am Lech, 1986.

WIRTSCHAFTSBEGRIFFE IN OST UND WEST, Deutsche Bank AG (Hrsg.), Zentrale Presseabteilung

WÖHE: Einführung in die Allgemeine Betriebswirtschaftslehre, Verlag Franz Vahlen, München, 1986.

WOLL: Wirtschaftslexikon, 4. Auflage, R. Oldenburg Verlag, München/ Wien, 1990.

WORZFELD, O.: Betriebswirtschaft, Vogel Verlag, Würzburg, 1990.

100 X MARKTWIRTSCHAFT, Industrie- und Handelskammer Münster, 1990.